U0458412

嘉善历史文化名人丛书

中共嘉善县委宣传部
嘉善县名人与乡贤文化研究会 编

袁黄传

杨越岷 著

上海三联书店

编 委 会

主 编

郭 真

副主编

龚跃华　李剑明

编 委

金治平　金林峰　丁 艺

总　序

嘉善地处吴根越角，为马家浜文化发祥地之一，在文化发展方面，有着十分丰硕的成果。

嘉善人杰地灵、人才辈出，是全国有名的"巍科大县"。根据历代府志县志记载，唐、宋、元、明、清五个朝代，嘉善共出状元2人、进士213人、举人491人。有著作者626人，书画家162人。明清历代县志收入的文苑人物多达788人，被《四库全书》收入或存目的著作达到70多种。其中就有唐陆贽的《翰苑集》《古今集验方》，宋娄机的《汉隶字源》、陈舜俞的《都官集》，明钱士升的《周易揆》、袁黄的《历法新书》，以及清曹廷栋的《老老恒言》等。在书画方面则有吴镇、盛懋、姚绶、项圣谟、许从龙等一大批震古铄今的大家。这些前辈乡贤，为嘉善留下了丰富的文化遗产，值得后辈永远尊敬。

出版名人丛书，意义重大。这次由中共嘉善县委宣传部和嘉善县名人与乡贤文化研究会组织出版的"嘉善历史文化名人丛书"中，传主有被誉为"中国十大贤相"之一的唐陆贽，有"元四家"之一的吴镇，有被谥为"忠节"的明魏大中，有明万历"嘉兴三大家"之一的袁黄和劝善江南的丁宾。他们或忠贞报国、恪守清廉，或视死如归、忠于职守，或淡泊名利、书画传世，或布道天下、光前裕后。在这些乡贤前辈的风骨深处，蕴含了鲜明的地域文化特征，也为今日的嘉善地域文化建设提供了"善文化"的基因。为此，对"嘉善历史文化名人丛书"的出版表示祝贺，对长期从事地方名人与乡贤文化研究的专家学者表示敬意。

嘉善所处的地理区位，在先秦时为吴越争雄之地。当年的吴、越，大致相当于今天的江浙沪，即长三角核心区域。吴是以今天的江苏省苏州市为中心的区域，越是以今天的浙江省绍兴市为中心的区域。吴、越在历史的大融合过程中，分别产生了以"上善若水、兼容并蓄"为标志的吴文化和以"卧薪尝胆、经世致用"为主要内容的越文化。嘉善接受吴越文化的辐射，"长久地镶嵌在吴越两地的边界线上，得两地之气，交融汇淬，千年安详"。进入近代以来，随着上海开埠，西风东渐，以"海纳百川、开放包容"为特点的海派文化，又与吴越文化相互交融，不但深刻地影响历史发展的进程，而且也丰富了嘉善地域文化的内涵，逐渐形成了具有自己特色的"坚韧不拔、敬业争先"的嘉善精神。这也说明古今文化之间具有延续性和传承性。所以，古代的嘉善产生了众多优秀的前辈乡贤，今天的嘉善同样也拥有以中科院院士为代表的一大批优秀儿女。

历代志书告诉我们，曾为吴越争雄之地的嘉善，在两汉至三国时期已经得到开发，渐成江南鱼米之乡。文化建设也逐步展开。但嘉善文化繁荣的最佳发展机遇期，则是在宋室南渡以后。

绍兴八年(1138)起，南宋定都杭州近140年，其间浙江全省的经济、社会、文化都获得飞速发展。其中文化发展主要反映在三个方面，即教育发达、书籍刊印业发展和藏书楼增加。紧邻杭州的嘉兴（当时嘉善尚未建制，隶属于嘉兴府）是畿辅重地，又是宋孝宗赵昚的诞生地，更是直接接受了京城的文化辐射，取得了先发的优势。因此，不仅仅是教育发达、科举鼎盛，还带动了整个社会文化的繁荣。以嘉善的历史文化名人为例，除陆贽等少数人外，大多数都是在宋以后出现的，到明清时形成高峰。这除了说明京畿文化辐射的重要性外（其他方面也同样），也表明嘉善善于抓住这个千载难逢的历史发展机遇，从而促进了自身的文化繁荣。

文化现象的出现从来就不是孤立的。回望过去，除了向前辈乡贤表示敬意，也是为了更好地总结前行。展望未来，嘉善站在新的历史起点上，切实扛起两大国家战略的重大历史使命，以红船起航地的忠诚和担当，迭代升级、再造嘉善，奋力推进"双示范"建设，努力争创社会主义现代化先行示范区，以优异的成绩庆祝中国共产党成立100周年。

是为序。

2021 年 5 月

（作者系中共嘉兴市委常委、嘉善县委书记）

目　录

引 子

　　袁黄(了凡)先生是嘉善历史上的一位才子,也是明代中晚期的一位重要思想家。《辞海》(上海辞书出版社1979年版,缩印本)条目记载:"袁黄,明浙江嘉善人。字坤仪,号了凡,万历进士。知宝坻县,后升兵部主事。对天文、术数、水利、军政、医药等学,多有所涉猎。曾用'功过格'记录'善恶',扩大程朱理学的影响。著有《两行斋集》《皇都水利》《评注八代文宗》《袁了凡纲鉴》等。"(参见《辞海》535页)

　　在我国古代文化思想史上,了凡先生是一位具有开拓精神、成就卓著的人物。时任中国哲学史学会副会长蒙培元在《中国哲学史》编辑部和中国社会科学院哲学所组织的"儒家与生态"讨论会上说:"袁黄的影响非常大,对晚明整个道德思想、伦理思想的变迁影响非常大。"

　　袁黄先生著作等身,他的《皇都水利》《祈嗣真诠》《评注八代文宗》和《庭帏杂录》(注:该书由了凡五弟兄衷、襄、裳、表、衮撰稿,其姐夫钱晓辑成)被《四库全书》存目。他的《群书备考》《宝坻政书》《了凡四训》和《了凡纲鉴》,特别是《了凡四训》以及他积极倡导和践行的"功过格",更是广为流传,并在国内外产生了巨大影响。后来,《辞海》收录了这位明代重要历史人物的名字。他和陆贽(见415页)、吴镇(见731页)、姚绶(见1102页)一起,成为为数不多的被这部大型辞书收录的嘉善人物。

　　知道"袁了凡"这个名字,是在"文革"期间。当时,我在翻阅1937年编印《嘉善地方性教材》时，看到有篇叫《勇敢的袁黄》的课文，写的是了凡东征朝鲜，抗击倭寇的事迹，全文不足两百字，但给我留下了较深的印象。后来，我便开始涉猎这位嘉善才子的史料，并在《浙江日报》和《嘉兴日报》陆续发表《嘉善养生三大家》《驻锡魏塘的两位高僧》和《〈四库全书〉收录的嘉善人著述》等文章，介绍袁黄生平点滴。

进入嘉善报社后，我更加关注这位乡贤。1998年12月，我发表了题为《袁黄与〈菜根谭〉的作者》的文章（参见《嘉善报》1998年12月22日第四版）。2004年9月，撰写了一万字的传记《袁了凡其人其事》，发表在《嘉兴日报》上，较为全面地介绍了这位明代思想家的传奇人生。2011年10月，我又撰写了五万多字的《嘉善之子袁黄》，在《嘉兴日报·嘉善版》上连载。

2016年初，我在以往学习与研究（包括吸收近几年国内外了凡研究成果）的基础上，完成了《了凡及其善学思想二十六讲》和《袁了凡年谱》的写作和出版。今年初，又在中共嘉善县委宣传部、嘉善县名人与乡贤文化研究会的策划和指导下，完成了《袁黄传》的书稿，希望通过讲述袁黄传奇人生，研究分析他的各类著述，从而全面介绍袁黄的道德实践与学术思想，以及对于他所处的那个时代及对后世产生的积极社会影响，同时，纠正某些人对于袁黄身份定位及他在学术思想方面的错误认识。相信大家能够从中了解袁黄先生跌宕起伏、充满传奇色彩的一生，并从袁黄善学思想及其人生实践中得到一些启示。

第一章　少年才俊

今古传奇

前些年，在我们周边的国家和地区掀起了一股"袁了凡热"，作为善书的《了凡四训》更是在东南亚诸国到处传播，这种现象引起了国内社会科学界的关注。

许多人询问，袁了凡（袁黄）在境外特别是宗教界的知名度很高，并产生了相应的社会效应，那么，国内学者和学术研究机构，对他及其学术思想有怎样的认识？应该说，国内学术界在很早以前就对袁了凡及其学术思想有所关注，近现代的几位国学大师，比如章太炎、梁启超以及稍后的胡适、鲁迅、周作人、梁漱溟、林语堂等都曾读过袁了凡的著述，并对其学术思想做过评价。这里可举两个例子。

章太炎在《诸子略说》中，对历代研究诸子流派的力作，诸如《庄子·天下篇》《淮南·要略训》和司马谈《论六家之要指》及《汉书·艺文志》做了全面评析。在谈到阳明学派时，这位国学大师提到了袁了凡先生。他说：

> 尔时老庄一生死、齐彭殇之论已成常识，而抱朴犹信炼丹，
> 以续神仙家之绪。又如阳明学派，盛行于江西，而袁了凡亦江西人，
> 独倡为功过格，以承道教之风。

在这里，尽管太炎先生把袁了凡的籍贯说错了，将其说成"江西人"，但这并不影响他对了凡学术思想的理解。比如，说了凡"独倡为功过格，以承道教之风"，应该说是很有见地的。

梁启超在 1902 年 2 月 22 日写的《保教非所以尊孔论》一文的第二章节《论孔教之性质与群教不同》中盛赞了孔教（儒家文化）。同时，分析了孔教与其他宗教如佛教、基督教等各自不同的性质，他在评说它们的功德和弊端之后，说了下面这段话：

> 吾非必欲抑群教以扬孔子，但孔教虽能有他教之势力，而亦不至有他教之流弊也。然则以吾中国人物论之，若张道陵（即今所谓张天师之初祖也）可谓之宗教家，若袁了凡（专提倡《太上感应篇》《文昌帝君阴骘文》者）可谓之宗教家（宗教有大小，有善恶。埃及之拜物教，波斯之拜火教，可谓之宗教，则张、袁不可不谓之宗教家），而孔子则不可谓之宗教家。

梁启超将袁了凡称为"宗教家"，并将他与道教（江西龙虎山）的开山鼻祖张道陵相提并论。可见，梁启超丝毫没有低估袁的著述及其学术思想的影响力。

在 1949 年以后的几十年间，由于种种原因，学术界对袁了凡确实有所忽视。然而，近年来随着境内外文化的相互交流和国内文化呈现多元化的发展趋势，学术界已开始注意到袁了凡及其学术思想。比如，2002 年 8 月初，由《中国哲学史》编辑部和中国社会科学院哲学所中国哲学研究室共同发起的、在北京举行的"儒家与生态"讨论会上，学者蒙培元就提到了袁了凡及其善学思想。

这次讨论会共有八场，在第一场"开场白"（视频）中，主持人蒙培元先生在评价阳明后学的代表人物周海门（周汝登）时，举了两个例子。其中一个例子，就是谈周对明代嘉善的袁了凡先生的看法。蒙培元说：

袁黄是晚明时影响非常大的一个人物，这个我们也不是很了解。但是像日本的学者，比如酒井忠夫，他写的《中国的善书》，就涉及这个人物。袁黄的影响非常大，对晚明整个道德思想、伦理思想的变迁影响非常大。他写了很多东西，有一个叫《立命》，强调通过自己的迁善改过，来改变现实的命运。而具体的方法就是实行"功过格"，讲因果报应，承认超越的外在主宰。"功过格"也成为晚明广为流传的东西。

"儒家与生态"讨论会的规模尽管是小型的，但却是学术界公认的一次高层次的学术活动。参加讨论的有国家图书馆馆长、哲学家任继愈，北京大学哲学系教授、中国哲学与文化研究所所长、中国文化书院院长汤一介，哈佛大学教授杜维明，著名哲学家、哲学史家张立文，中国社会科学院哲学研究所副所长李德顺等二十多名著名学者，另外还有一些博士生旁听。这是现代学者对袁了凡这位历史人物的认识。可以相信，在构建和谐社会的今天，袁了凡这位积极提倡"功过格"，热心宣传"隐恶扬善"和"迁善改过"的学者，将会越来越被人们推崇，他的学术思想将对人文社会产生很大的影响。

有人说，袁了凡著述及其学术思想，在近现代的日本、韩国以及东南亚一些国家和地区很有影响力，而在国内的名声反而不大，其影响力也仅仅限于宗教界。其实不然，袁了凡著述及其学术思想在中国近现代还是很有影响力的。据我掌握的资料，就可以证明这一点。

袁了凡的著述是多方面的（不仅仅是寺院印送的善书），且在各地书肆中畅销不衰，所以后世还出现了一些托名的伪书（这个问题，将在另一篇文章中做专题讨论）。有资料反映，从晚明到民国时期，袁了凡的书在坊间一直保持相当不错的销量。到了民国时期，还有许多学堂，包括新式学校多把他的书作为历史教学参考书。

比如说，《袁了凡纲鉴》。有史评称其"批评道疑，独具识见"，被现代学者周谷城称为"真正的史书"。鲁迅先生早年也读过《袁了凡纲鉴》，还在其小说《高老夫子》中不止一次提到这部书。这也从一个侧面证明，袁了凡的著述在学界有一定的影响力。

又如，胡适先生在《精本袁了凡先生四训》的封面上，曾做如下题记："少时在家曾见此书多份，是曹庸斋丈印送的。近年因治近世思想史，颇思重读此书，终不可得。今日得此本，重读一过，始信此书果是中世思想的一部重要代表。"胡适认为，此乃"研究中国中古思想史的一部重要代表作"。（参见《胡适读禅籍题记、眉批选》）

在旧中国，还有许多年轻学子都读过他写的书。像毛泽东和刘少奇这些老一辈无产阶级革命家，在年轻时同样都读过袁了凡的书。可见在民国时期，了凡的著述还是很有市场的。

前几年，我阅读了好几个版本的毛泽东传记，包括李锐（曾担任过主席的秘书，"文革"后出任中组部副部长）撰写的《毛泽东传》，都提到在旧中国，《了凡纲鉴》这部"通史类"的书籍在年轻学生中很有市场。当时，湘乡县立东山高等小学堂有个叫贺岚岗的国文教员，还将自己的一部《了凡纲鉴》送给了毛泽东。那年，毛泽东才十七岁。（参见李锐的《毛泽东传》）

在传记《毛泽东与他的二十四位老师》（作者：尹高朝）有关"贺岚岗"的章节中，也记述了这段史实。现摘抄如下，聊以备考：

> 贺岚岗了解到毛泽东在东茅塘读私塾时，塾师毛麓钟为他点读了《了凡纲鉴》，毛泽东很喜欢这本历史书籍。一次，由国文老师谭咏春命题为《救国图存论》的作文课，毛泽东洋洋洒洒，纵横捭阖，又是一篇好文章。贺岚岗阅后赞赏不已，特地把自己的一套丝绸布面装订的《了凡纲鉴》送给毛泽东。

另外，由逄先知主编、中央文献出版社出版的《毛泽东年谱（1893—1949）》（上卷），也记载了这件事情。

关于刘少奇读了凡书的史实，在中共党史出版社出版的《刘少奇同志生平年谱（1898—1930）》中，有这样一段记载：

1918 年，20 岁。在家复习功课，准备报考大学。复习和自学了中学的全部课程和一部分大学课程。还阅读了《御批增补袁了凡纲鉴》和《御撰资治通鉴纲目》等历史书籍。

《青年刘少奇》一书（中央文献出版社出版，作者：黄祖琳），有如下记述：1917 年，刘少奇失学，在家自学中学课程，同时广泛涉猎历代中国思想家的著作，尤其系统研读了《了凡纲鉴》和《资治通鉴纲目》两部古书，在通读之余，还对有的卷册作了重点研读。中国革命博物馆还保存有刘少奇当年读过的七本残破的古书。一册《资治通鉴纲目》全书都加满了读时记上的标点；另六册《了凡纲鉴》则有一部分用朱笔加标点，一部分内容还加上了着重的圈点。

由此可见，刘少奇在年轻时也读过袁了凡的著作。我认为，袁的著述有两个鲜明的特色：一个是历史文献的写作，比较强调它的资治作用；另一个就是现身说法，谈人的思想修养方法。比如，在《了凡四训》中，他提倡和践行"功过格"，宣扬隐恶扬善的思想，并提出了明辨善恶的标准和改过迁善的方法等。

晚清时期的曾国藩，也热衷于对袁了凡学术思想的研究。有文章说，曾国藩后改名为曾涤生，也是受袁了凡的启发。对此，曾国藩在日记中是这样记载的："涤者，取涤其旧染之污也；生者，取明袁了凡之意'从前种种，譬如昨日死；今后种种，譬如今日生也'。"（参见曾国藩道光二十年四月二十二日日记）再翻看《了凡四训》，其中说："余初号学海，是日改号了凡。盖悟立命之说，而不欲落凡夫窠臼也。"

据说，袁了凡最初号"学海"，取"学海无涯"之意。入贡后按当时的规定，他必须到国子监去读书。来到南京后，他先到栖霞山拜见了云谷禅师。通过与云谷促膝长谈，他顿悟了立命的道理，准备与以往凡夫俗子的见解决裂，就自号"了凡"。从此，他开始注重修性养德，认为只有把过去种种坏习气统统铲除，才能浴火重生。

《了凡四训》是曾国藩最推崇的人生智慧书之一，被他列为子侄必读的第一本书。在这本书中，了凡先生给儿子袁俨（字若思）讲述了亲身经历。它满含了智慧的光辉，在明清两代，被尊为"至宝"，后经曾国藩点评，其书更是声价百倍。它震古烁今，对近现代人文与社会的影响极大。

高山仰止，景行行止。袁了凡一生修性养德，不断自我改造，开拓了一条"从平凡走向伟大"的人生道路。从了凡先生的生平事迹及其著述中，我们可以看到他是如何艰难地克服人性的缺点，使自己成为一个善良的人，一个谦虚的人，一个有所作为的人，最终获得了人生的成功和精神境界的升华。

世居陶庄

前几年，有朋友对我说："有韩国友人（投资商）来问，袁了凡在东南亚的名气大得不得了，他到底是不是你们嘉善人？地方志上是怎样记载的？他的故居在哪里，还在不在？"然而，作为接待部门，他们对此并不是很了解，希望我将以前发表的文章，或收集到的有关这位历史名人的资料提供些给他们。

关于袁了凡是什么地方人，在这以前江浙两地确实有争议。在江苏吴江编纂的史料上，大多称其是"吴江人"。说得较为明白的，有清代彭绍升的《袁了凡传》，说其祖父袁祥是"江苏省吴江县人，年轻时入赘到浙江省嘉善县姓殳的人家。因此，在嘉善县得了公费做县里的公读生"云云。当然，在宝坻和吴江的旧志上，也有类似的说法。而新编《嘉善县志·人物》是这样记载的："袁黄，初名表，字坤仪，号了凡。魏塘镇人。"两种说法孰是孰非？

2003年初，为了撰写传记《袁了凡其人其事》，我查阅了传主的相关资料。比如，袁了凡的家谱以及王畿为袁父袁仁撰写的《袁参坡小传》等，基本上弄清了袁了凡个人际遇及其家史的来龙去脉。于是，便在那个传记后面加了《袁了凡何许人氏》和《袁了凡的家族史》这两篇考辨作为附件。

我们知道，袁氏本为嘉善世家，元末时尚家资饶富。据《赵田袁氏家谱》

记载，赵田袁氏将袁颢列为一世、袁祥为二世、袁仁为三世、袁黄为四世。袁颢所作的《袁氏家训》中，有陶庄袁氏家族情况的介绍，作为附录的《袁氏家谱》中载有袁氏家族的世系图。据《袁氏家训·家难篇》记载："袁氏世居嘉兴（明代分出，建嘉善县）的陶庄，元末时候家颇富足。"这是自传性资料，是完全可以采信的。

陶庄亦名柳溪，位于分湖（现称汾湖）东南隅，是吴越分界线上的古老市镇，其地世家鼎峙，名人辈出，故旧有"思贤"之乡名。从《袁氏家训》中可知悉，袁家在古镇陶庄的老宅有两处：一是《家难篇》提及的"陶庄祖房"，也是袁氏族谱所说的"世居陶庄净池滩"，即净池南的袁家汇。袁家汇背靠净池漾，是袁氏家族始迁之地，至今仍是陶庄袁姓的聚居地。镇上的流庆桥，不知始建于何时，据史料载：宋嘉定年间，由陶大猷重建。反正袁家迁来时，此桥梁早已横卧于柳溪之上了。

另一处，是袁了凡的高祖袁顺（字巽之，号杞山）的住宅，位置在陶庄镇东南约一公里处的袁家埭自然村，也就是《袁氏家训》所说的"独镇房数十楹犹有存者"。据本地学者考证，袁家埭位于今陶庄村，在明朝时此处为陶庄集市的中心。镇上有古刹圆觉禅寺，始建于南宋景定三年（1262），元代文学家杨维桢有咏圆觉禅寺诗传世。陶庄集市在明嘉靖三十三年（1554）遭倭寇劫掠焚毁，此寺院独存，而陶庄袁氏是圆觉禅寺的大施主之一。

在袁顺时，袁家在嘉善已拥有"陶庄田"四十多顷（相当于四千多亩）。"明初的土地集中尚不明显，即使在与嘉善毗邻且更为富裕的苏州府，大多数地主的地产不过数顷而已"。学者李勇在其论文《了凡"善"思想的形成》中称，当时"整个苏州府，拥有四十顷以上土地的大地主，也不过两户而已"。由此可见，了凡祖上在江浙交界地区堪称"富甲一方"。

那么，后人为什么会误传袁了凡是吴江人呢？这里有一段隐情，也是形成"袁氏籍贯"谜团的主要因素。在"靖难之役"[1399年，镇守北平（今北京）的燕王朱棣叛乱，于1403年攻破南京，推翻建文帝，夺得皇位，即为明成祖]发生时，因袁顺与支持建文帝的重臣、当时在姑苏（今苏州）准备匡复的黄子澄有往来，所以事发后受到牵连而被抄了家。虽然当时袁顺未被抓获，但要四处奔走逃亡。后来隐匿于吴江的松陵镇，一时穷途末路，曾挥笔题写了《绝命词》一首：

> 北风萧萧秋水绿，木落松陵野老哭。周武岂不仁，乃耻食其粟。
> 生无益于时，九死又奚赎。吾将从彭咸，宁葬江鱼腹。

学者冯玉荣谈及此词很是感叹，说其"颇有风萧水寒的壮士之气"。松陵人吴三贵亦是豪侠之士，愿破家相救，袁顺才幸免于难。其长子谪戍北平，儿媳和年幼的孙子同往。其本人则携妻在吴江落脚，有资料称，他曾一度改姓，以塾师谋生。直到永乐十一年正月初二，由于皇帝敕谕三法司撤销对袁、黄等人的通缉，袁顺始在吴江定居，继续以训蒙为业。第二年，袁颢（号菊泉）降生。因其妻体质差，袁颢送养母徐氏扶养，并改姓氏为徐。另有一说，袁颢"幼年曾寄于芦墟良医徐孟彰家，并改姓徐氏。后又娶徐孟彰之女"。明洪熙元年四月，复还田土之令颁布，袁顺回到故乡嘉善陶庄。袁颢在《袁氏家训丛书》的记述证实了这一点：

> [永乐十一年（1413）]黄子澄一事后，携家眷同往吴江，以训蒙为业……洪熙元年（1425）四月，有复还田土之令，吾父始返陶庄，予始复袁姓。

请注意，了凡的曾祖父袁颢确曾改姓徐，但在洪熙元年就"始复袁姓"了。另外"徐氏无子，故不许袁颢回陶庄，而留下他作女婿。因此袁颢入了吴江籍"也是一说。根据复还田土之令而被归还的土地，仅仅是原有四十余顷的十分之一。此时袁颢的兄长已远戍他乡，袁颢因行医致富，所以把袁顺的遗产分给了嘉善的袁氏族人。

袁颢生前一直在嘉善行医，并积极参与故乡的各种社会活动，故历代《嘉善县志》还是将他列为嘉善籍人氏。

袁了凡出生于嘉善，其父袁仁在《新筑半村居记》中有记载。前面已提到过，了凡的科举考试，就是以"浙江嘉善籍"的身份应试的。这足以证明袁了凡的嘉善籍贯，官方也是承认的。

其实，关于"袁了凡籍贯"误传的问题，早在清乾隆年间就有人提出过。如编纂《分湖志》的沈刚中（字需尊，自号北溪居士）说："潘怪章《松陵文献》云（袁）黄赵田人，地与嘉善接，因入籍焉。考（袁）黄作《叶重第墓志铭》云：庚辰年，得陆龟蒙遗址于分湖之滨，卜筑居之。"其诗作《赵田新居》，也说明袁了凡后来才迁居分湖之北的芦墟北赵田的，其籍贯乃分湖南面的嘉善，"则非赵田人，明矣"。

沈刚中曾追根溯源，对"袁了凡是什么地方人"做过考证。他说："按（袁）黄四世祖杞山为陶庄人，曾祖颢亦居陶庄，其祖赘于嘉善殳氏，始居嘉善。父仁隐于医，今遗药圃在嘉善城南。则（袁）黄始居嘉善，后迁赵田为是。怪章未之考耳。"（参见《分湖志》卷二）

我们知道，袁了凡被罢官后，先回到"分湖之庐"，然后，又卜居于吴江赵田村，但其户籍仍在嘉善，主要的社会活动也在嘉善境内。直到袁了凡去世后二百多年，陈寿熊撰的《袁松巢君家传》（袁松巢是袁黄的裔孙）称："袁松巢君，……先世居嘉善，……至君凡九世，其占籍犹嘉善也。"松巢咸丰八年（1858）编修的《赵田宗祠记》中，也有"余家世居嘉善之东亭桥"的记载。

回过头来，我们查考一下：什么叫"籍贯"？《现代汉语词典》上的注释是：一个人的"祖居地"和"出生地"。那么，袁了凡应该是"嘉善人"，而不是"吴江人"，因为芦墟的"北赵田"既不是袁了凡家的祖居地，也不是他的出生地，他是在万历二十一年（1593）后搬迁过去的，故充其量是"居住地"而已。

至此，袁了凡是什么地方人，也就不辩自明了。记得，对于那位友人提出的疑问，我当时是这样回答的，我说："《辞海》条目上记载'袁黄，明浙江嘉善人'；了凡本人也在其著述中，说自己是嘉善人，所以他是'嘉善人'这是肯定的。关于他的籍贯问题，其实也用不着再争论了。"我还对朋友说："你可以放心地告诉那位韩国人：袁了凡祖居在陶庄，袁家老宅的旧址还在！"

关于袁家祖居的老房子，有一个情况必须补充。那就是，在袁了凡举家搬迁吴江赵田前，他们在嘉善还有多处房产。从手头的资料中，可以知道袁了凡于嘉靖十二年（1533）出生于魏塘镇，并长期居住在那里（在魏塘至少有两处房产：一处在亭桥浒，曰"袁氏园"，另一处曰"东墅"。在陶庄乡下、分湖南岸应该还有一处，那就是前面提到的"分湖之庐"）。此时，袁了凡家在陶庄的房产、田地仍在，而在魏塘镇上的住所，不过是别业（注：业主原有住宅，后另营别墅，称为别业）而已。对于袁了凡家迁居魏塘的原委，《袁氏家乘》有详细记载。

前面，我们已提到过，袁了凡的高祖袁顺"世居陶庄"，"元末家颇饶"，是当地的显贵之家；其曾祖父袁颢，是"下保东一册一甲里长"；其祖父袁祥，字文瑞，明景泰四年（1453）"上门到魏塘镇的殳家为婿"等情况。

袁了凡的父亲袁仁（字良贵）在《家居八景赋·序》中也提到："余家世居陶庄之净池……暨吾父怡杏公赘武塘殳恒轩所……而以殳氏所分之房授婿钱萼，自筑室于亭桥之浒。"顺便提及了袁了凡家在魏塘镇一带的住处。最近几年，有人著文说，在嘉善县城的亭桥一带找到了袁家别业的旧址，据说在现嘉善一中的校园内。而据我考证，清代学者、"东园"的旧主曹庭栋，在《魏塘纪胜》中曾多次提到袁了凡家的魏塘旧址。他在"袁氏园""瑞禾轩"章节中对袁了凡家在"东亭桥浒"宅院方位做了明确的标示：第一，是在"桥东（东北隅）"而不在桥西；第二，"今天尽废为民居"。在书中，曹庭栋又对自家宅院"东园"所处的位置做了补充说明："余家东园，即在亭桥之西浒。"

但不管怎样，对于袁氏来说，魏塘的宅院不过别业而已。据陶庄籍南社诗人周芷畦所纂《柳溪诗征·袁仁》按："一螺集袁氏世居陶庄，自仁迁赵田，后世选家，遂有以为苏州人者，然祖茔旧宅仍在，陶庄子孙均籍嘉善，故袁氏自仁以下住赵田而籍嘉善者，并录入之。"因此家族中要举行某些重大的活动，还必须回到陶庄老家去。所以，袁了凡虽然出生在魏塘，小时候陶庄老家倒并不少去。比如，年底祭祖、清明踏青扫墓、每年陶庄庙会；

又如，秋后净池漾观赏夷婆船和踏白船比赛等，都得回老家。每年住在陶庄镇上的时间不少。

那时候，在陶庄镇上几乎没有不知道净池滩袁了凡的。对于袁了凡来说，陶庄是儿时的乐园，在那里有许多一起玩耍的同伴，在那里撒落了许多童年的记忆。年轻时，袁了凡每次到陶庄，总要邀请分湖北岸的叶重第（后任河北玉田知县）来玩，两人喜欢在分湖沿岸村镇寻旧访古，四处巡游。

联想到袁了凡在撰《叶重第墓志铭》时提到"庚辰年"时，两人"在分湖之滨，寻找陆龟蒙遗址"故事。这里说的"庚辰年"，即万历八年（1580），袁了凡时年四十八岁。当时，确在分湖之畔筑庐而居。那房子，就是真可当年寄迹的"分湖之敝庐"（了凡曾不止一次提及）。直到万历二十一年（1593），袁了凡六十一岁罢归时，才从分湖之滨移居吴江芦墟的赵田安度晚年。

名门之后

有道是英雄不问出处，但作为明代一位思想家成长的励志故事的开始，我们却一点也不能免俗。真的，我们要叙述了凡的传奇人生，一定要从他的世家和他的出生开始。

如果我们只字不提他的那些才华出众的祖辈，不提他那谆谆善教的双亲，不提他那个书屋延香的家庭，不提那部充满了曲折与坎坷的袁氏家族的家史，那会让传主的生平故事，缺失赖以衬托的历史背景而显得平直，会使传主的华彩人生因为没有人文渊源而大为逊色。

下面让我们来了解一下袁了凡出生前的家庭状况，及其家世背景。首先是他的出生，包括他的出生地和他的家庭。

明嘉靖十二年（1533）十二月十一日，袁了凡诞生于魏塘东亭桥浒老宅。在他出生之前，其父袁仁已有三个儿子，所以了凡的排行为老四。其初名表，取字庆远，号学海。后来改名黄，改号了凡。此时袁仁五十五岁，是"老来得子"，属于喜事。在《嘉禾记》中，他对儿子的出生和取名的寓意，做了详尽的记述：

> 嘉靖癸巳岁也。客有朱生永和者，善望气。七月至余家谓：
> "瑞气葱郁，当有善征。"及嘉禾生，朱生复至。余指谓曰："此非
> 所谓吉祥善事耶，尔言验矣。"朱曰："庆色方新，更有进于是者。"
> 十二月十一日，生第四子。是日，朱适自云间返，笑谓予曰："此
> 足庆矣。"因字之曰"庆远"。然嘉禾实兆之。爰追纪其颠末。他
> 日儿子有知，当务秋实，毋务春华也。

袁仁在《新筑半村居记》中，记述了另造新屋的原因，他说："嘉靖癸巳，
四子庆远生，旧厦隘（狭窄）不能容，爰（于是）筑室于其南，中为堂三楹，
堂之前为门，门临溪，即所谓魏塘河也。"造屋的主要原因是又生了个儿子，
住房不宽裕了。由此可见，了凡出生在老宅房子内，而不是后来构筑的"半
村居"新宅。

嘉善袁氏书屋延香，家学渊源，代有"神童"出世，"过目成诵，日记万言"
者更是不乏其例。比如，了凡兄袁裳十四岁时，已五经诵遍，即遣游文衡山
（文徵明）先生之门。袁氏上溯三代咸隐于医，其曾祖袁颢、祖袁祥和父
袁仁皆为杏林高手，且学识广博高深，著述颇多。老宅藏书楼，缥缃盈架，
了凡自幼受家族文化浸润。

上述所说，有文献资料为证。据袁仁的《参坡记先祖菊泉遗事》载，
袁氏家族"世居陶庄之净池"，藏书颇丰；了凡的高祖袁顺，曾"以田房授
伯祖，故所蓄书万余卷悉授先生（袁颢）"；其人豪侠好义，精通三学，有
《易》《诗》《书》《三礼》和《春秋三传》等书的论考；与同邑杨任、胡士
高、庄毅和庄衍数公结成礼仪之社，实践礼义之学（其方法类似于"功过
格"），指导乡里的为善之风。建文皇帝时，因讲《易》与苏州知府姚善契合，
为之举荐，"游金陵诸公卿间"。[注：姚善（1360—1402）系明建文时忠臣，
他与季亨、魏观、况钟和王观，皆贤能之士，称"姑苏五太守"，祭祀学宫。
公卿，是三公九卿的简称，泛指高官。]

了凡的曾祖袁颢在其妻亡故后，过了四十多年的独身生活，并在老宅"堂后构一室，曰杞菊山房，左图右书，焚香晏坐，初十年，客至，惟谈名理，不轻为人诊。远方来恳者，遣吾伯父代之。又十年，不复接客，惟闭门著书。"

了凡的祖父袁祥是袁颢的次子，少小便入赘于嘉善殳（名殳珪，字廷肃，其他史料提及的"恒轩"，疑为其号）家为养婿。殳氏亦为医家，而祥"博洽高旷，不屑为医"，曾著《建文遗事》《革除编年》和《忠臣录归》。妻亡后，复娶平湖富室之女朱氏（另有记载：复娶平湖朱学博之女），卜地于城关镇东亭桥浒，构筑园林式庭院。

袁祥营建的庭院在当地甚有名，"客至则对酒赋诗，评花咏月，陶然有忘世之趣"。了凡父亲袁仁和了凡，均诞生于此，嘉善人谓之"血地"。袁仁在《怡杏府君行状》中则说："卜地于东亭桥之浒，既筑正寝，庖庾馆舍靡不备矣。"袁仁则在《家居八景赋》中，对其父精心构建的大宅院，及其庭院中的景观做了许多描述。袁祥学过医，喜欢结交名士，一生留下了许多著述。章士雅曰："祥念建文不修实录，恐湮没无传，遂博访遗事、诸部院残文旧案，下至军司之册、教坊之籍，亦旁求笔录，以为私记。"书凡四种：一曰《拊膝录》，一曰《从亡随笔》，一曰《致身录》，一曰《铁老先生冤报录》。

有关袁祥的职业史载不详，我们暂且将他的身份定为：嘉善的"民间学者"。而在嘉庆和光绪两部《嘉善县志》上，都称之"隐士"，将他的墓地，称为"隐士墓"。

袁仁是了凡的父亲，生于明成化十五年（1479），号参坡。据王畿的《袁参坡小传》载："参坡袁公，名仁，字良贵，浙西嘉善人氏。祖颢、父祥皆乐隐居之道，著述甚多，吴下推为文献之家。公生来聪颖，过目成诵。"

袁仁一生以医为业，又以贤能闻名于地方，与本县郁九章（天民）、谭稷（舜臣）、沈概（一之）、平湖陆文选（中坡）、嘉兴包凭等，以及沈周（石田）、唐寅（伯虎）和文徵明（文徵仲）等为诗文好友。袁仁《一螺集》中，收录的《哭唐伯虎》，有"敝庤残裘折角巾，石湖零落更伤神。二十年知己灯前泪，两字功名地下尘"句；收录的《寄文徵仲》，有"细草愁生今夜雨，空山落尽隔年萝。相逢欲话雕虫事，为问先生意若何"句，他在诗中写了与这两位苏州才子的交情。

作为江南名士，袁仁还与当时的大学者王阳明、王艮（心斋）、王畿（龙溪）等有交往。王畿为袁仁写的传记中曾提到王艮与袁仁的相会，并将袁仁引荐给王阳明，但袁仁终未入室为阳明弟子，但可称为"私淑弟子"。其后，袁仁听闻王阳明去世，千里奔丧。而袁了凡曾师事王阳明的两个高足：王畿和罗汝芳（近溪）。王畿曾说："武塘袁生表（即了凡）从予学习，聪明无比。"

袁仁生前所著颇丰，有《毛诗或问》（四库存目）、《春秋考误》（四库收入）等。他还精于书法，当时坊间所谓的"赵孟頫书法"，大半出自他的手笔。袁仁在《送裳儿从文徵仲学书书》（参见台北"国家图书馆"藏《袁氏丛书》卷之十《重梓参坡袁先生一螺集》）中有如下记载：

> 第一筹莫展，藏拙江湖，迹逐蓬飞，心随灰稿。少年曾学书，家有松雪遗墨，习之三年，遂酷肖焉。今吴下售赵字者，大半皆仁笔也。

袁仁一生博览群书，嘉靖二十五年（1546）七月，在弥留之际，他将家藏的二万余册书籍做了处理："检其重者，分赐侄辈"，余下均由家中"老四"收藏，了凡时年十四岁。足见父亲对他的信任和期望。

"书香传家久，耕读继世长。"百年传承的嘉善袁氏世家，其重要特征是"书香"，而了凡就是在这样一个花木扶疏的幽雅庭院之中，在左图右史、缥缃盈架的家庭环境中，出生并成长起来的。

袁仁殁后，了凡弟兄遵母（李氏）之嘱，始编纂《一螺集》（诗文稿共八十卷）。母谓：毋贻（留下）后悔。当时，袁了凡年仅十四岁（注：也有说十三岁的，可能是虚岁与周岁之分的原因）。了凡在自述《立命之学》中称"余童年丧父"，没有讲当时确切的岁数。至于，其父的遗稿《一螺集》（十卷本）的刊刻，于嘉靖二十六年（1547）完成。《一螺集》（八十卷本）于万历二十四年（1596）完成。此时，了凡已六十四岁矣。

在浓郁的家庭文化浸润下，了凡打下了扎实的知识基础，为日后个人事业的发展，为报效国家做了必要的铺垫。有关了凡的早年生活，特别是儿童和少年时代，史料的记载很少，但我们可以从了凡弟兄五个合撰的《庭帏杂录》中，找到一点了凡幼年和少年时代的影子，可以从中对袁氏家庭当时的状况了解一二。

嘉靖十八年（1539），了凡（七岁）还在幼年阶段。当时尚未入塾"开蒙"，而是在家由其父亲自授课。所学内容很多，但着重讲家训，讲述做人道理。比如，其父经常给子女讲解南北朝颜之推家法（即《颜氏家训》），让他们从小就懂得做人的规矩（参见《庭帏杂录》，以上男袁表录）。有时，还讲诗歌创作和作文要法。了凡自小聪明伶俐，在五六岁时，就会背诵袁氏传家格言，以及历代名人诗词，所以在东亭桥浒名气很大，有袁家"神童"之誉。难怪，王畿曾多次赞扬了凡，称其是袁仁诸子中"最为颖悟"者。

嘉靖二十年（1541），为了让了凡弟兄几个掌握作文要旨，其父亲自执教，并提出许多严格的要求。据了凡后来回忆："余幼学作文，父书'八戒'于稿簿之前，曰：'毋剿袭（抄袭），毋雷同，毋以浅见而窥，毋以满志而发，毋以作文之心而妄想俗事，毋以鄙秽之念而轻测真诠，毋自是而恶人言，毋倦勤而怠己力。'"强调了文品和文德。

与此同时，袁仁能善于抓住孩子性格特点，注重教学的方式和方法。比如，其父亲经常组织开展家庭诵诗和对诗活动，并对优胜者给予一定物质奖励。了凡的三哥袁裳对当时的情景有这样的回忆：

> 夏雨初霁，槐阴送凉。父命吾赋诗，余诗先成，父击节称赏，时有惠葛者，父命范裁缝制服赐余。（参见《庭帏杂录》袁裳回忆部分）

如此惬意的夜晚，如此温馨的家庭，如此浓郁的文化氛围。读之，不禁让人感怀，让人歆羡，让人难以忘怀。

这样的家庭教学，了凡持续到了十三四岁，也就是持续到其父袁仁去世前。当时，了凡主要是读医学方面的启蒙书。另外，父亲还择要地为他开列了必读书的书单。在晚明时期，以王门后学为中心，再有其他一批学者与之呼应，有"三教合一"之说。其影响甚至不下科举考试的八股文。少年时的袁了凡除受家学影响之外，"三教合一"思想对他也有很大的启迪。了凡曾经说："早岁读书多有未解处，每于《三教集》中阅之豁然。"可见其影响力之一斑。

父亲去世后，袁了凡一下子成熟了许多，对未来的出路与前途有了更多的个人想法。后经来自云南的孔先生的提醒，他决定弃医举业。在说服母亲后，了凡坚定不移地走上了自己选择的道路。那时的袁了凡已不再是父亲和家族"棋盘"上的一颗任人摆布的"棋子"。

同年，在表兄沈称的引荐下，了凡始入沈友夫家的塾馆，拜郁海谷（郁钦）为师，立志举业。尽管了凡入塾馆的时间比其他同窗稍晚，但通过努力，他很快成为塾师引以为豪的学习尖子，成为嘉善城内出类拔萃的少年才子。究其原因，还是与家学渊源有关。我们在前面已提到，了凡父亲去世前留下了两万卷书籍，除赐侄儿做纪念外，全部由袁了凡收藏。这里面包括了其高祖、曾祖、祖父和父亲的许多亲笔手稿，他在接受了那些家传典籍图书的同时，还继承了前辈在学术研究方面的未竟事业。由此可知袁氏家学，儒医易理，渊源甚深，数代积德，为善不辍。了凡的儒学思想及其科举仕途，是其家学及家族历程的延续。在当时，袁了凡不但是个杂家，而且也是许多领域的专家。《辞海》（缩印本）条目，记载了凡"对天文、术数、水利、军政、医药等学，多所涉猎。崇尚程朱理学。著有《两行斋集》《皇都水利》《评注八代文宗》《袁了凡纲鉴》等"。而其中的许多东西，都是在其前辈研究成果的基础上取得的。

春晖意暖

有人说，家庭是人生的第一课堂，母亲则是人生的第一位老师。可见，家庭教育对于一个人的成长与发展至关重要。我在 2015 年写的一篇有关袁氏家风和家教的论文中说过：

> 袁了凡家族形成的良好家风，除了有家规、家训的熏陶和浸润，更有自己的父母和其他前辈树立的榜样。比如袁了凡的母亲，就是一位善于言教身传的好老师。（参见《有关嘉善袁氏家族百年传承的家风》）

了凡先生出身于书香门第。他的父亲袁仁，先后娶过两任妻子，元配王氏（嘉善王氏孟璿公女）三十八岁时去世，后续弦娶李孺人（嘉善李氏月溪公女），共生育子女八人。王氏生两子：袁衷、袁襄。继配李氏，生三子：袁裳、袁表（号学海，后改名袁黄，改号了凡）和袁衮。另外，还有三个女儿，其中，长女嫁嘉善钱南壬，次女嫁嘉兴张高标，三女嫁嘉善钱晓。而了凡诞生时，其父亲已经五十五岁。补充说明一下，前面所说的李孺人，并非是了凡的生母李氏的名字，而是她的封号。所谓"孺人"，系明清时期对七品官的母亲或妻子的封号，也用于对妇人的尊称。

就这样，作为这么一个大家庭的主妇，一个刚出阁的富家小姐，了凡的母亲李氏在家时"大门不出，二门不迈"，而到了袁家必须挑大梁。她既要打理好家务，又要照顾袁仁前妻留下的几个子女。对他们与亲生子女得"一碗水端平"，不能有丝毫偏向。这一切，确实是挺不容易的。

然而，李氏凭着自己的聪明能干，很快地完成了角色的转换，成为了一名好媳妇、好妻子和好母亲。她的贤能，她的善良，她的慈爱，在亲朋好友和街坊邻居中是有口皆碑的。更重要的是，她以身作则，言教身传，在这里，我们可以列举出一大堆例子。

她懂得谦让，体恤别人。了凡的祖父怡杏公袁祥，早年置屋于亭桥东侧的空地。后来有个叫王鸾的人，在袁宅旁边造屋，但没有预留"火巷"（注：古代建房有规定：一组建筑群和另一组建筑群间，应该留一条过道，防止火势蔓延。用现在的话说，也就是消防通道。在江南水乡集镇上，火巷一般沿河而建，便于火灾施救时取水）。那时"邑丞倪玑严行火巷之例"，王家新盖的房子须拆毁重建。了凡的父亲袁仁，觉得王鸾家造屋不易，就主动提出拆毁自家宅院部分建筑，辟为"火巷"。王家对此义举，感激涕零。后来，李氏经常以这个"睦邻"的例子来教育子女。她说，嘉善昔有"千金买屋，万金买邻""邻舍好，护家宝"之俗谚。"毁己之房以代彼"，虽说经济上有点损失，但比起睦邻关系来，就算不得什么了。

她还语重心长地告诫子女："汝体父此意，则一切邻居皆当爱恤，皆当屈己伸人。尝记汝父有言，'君子为人，毋为人所容。宁人负我，我毋负人，倘万分一为人所容，又万分一我或负人，岂惟有愧父兄，实亦惭负天地，不可为人矣'。"后来，了凡胞弟袁裳在《庭帏杂录》中记录了这个"睦邻"故事。

她乐善好施，培养孩子体恤贫穷的美德。李氏一生乐善好施，对生活贫困的亲戚更是关照。儿子说："远亲、旧戚每来相访，吾母必殷勤接纳，去则周之。贫者，比程其所送之礼，加数倍相酬；远者，给以舟行路费，委屈周济，惟恐不逮。"李氏教育家人，自家生活节俭些，以便省下些钱物周济贫穷。比如，有胡氏、徐氏二姑，乃陶庄远亲，久已无服，其来尤数，待之尤厚，久留不厌也。袁裳回忆说："刘光浦先生尝语四兄及余曰：'众人皆趋势，汝家独怜贫。吾与汝父相交四十余年，每遇佳节，则穷亲满座，此至美之风俗也！汝家后必有闻人，其在尔辈乎！'"

她待人仁厚，心胸宽广。昔时，有一条娶亲的大船，摇过袁氏家门前的河港，从亲船的装备看，是富有人家的接亲船。当时船摇得飞快，不慎撞坏了袁家的船坊（即船拱棚），仆人便设法拦截了亲船，并要让船主赔偿损失。李氏闻讯出来，首先询问："新媳妇是否在船上？"得知新媳妇就在船上时，她二话没说，就让仆人放行亲船。她的理由很简单：若要其赔偿，婆家人就会以为不吉利，势必怪罪新媳妇，这样的话岂非罪过？她还主动替船家"打圆场"说："况且我们家的船屋已年久，积朽将颓，你们船大，河港风大水急，这是意外的事故，不能全怪船家。"大家觉得，李氏的话说得有道理，就爽快地放走了"接亲船"。

她为人大方，不怕吃亏。作为家庭主妇，了凡母亲掌管家中"买菜花钱"那些琐事，但每次买完东西、结好账，李氏总要多付些钱给摊主。了凡的哥哥袁裳不解，问母亲："为啥要多给呢？"她说："那些人做的是小生意，利润微薄，我们不能亏待了人家。每次多给一厘银子，一年也只不过多给了五六钱。再讲，我们可以在其他地方节省一点，将那些损失补回来。"

李氏将这种做法叫做"内不损己，外不亏人"，她对袁裳说："我这么做，已做了十多年了。你们做小辈的要懂得这个道理，守住这个规矩，可别改变了啊。"反观今日社会，许多家庭教育子女"在外面不要吃亏"，就生怕自己的孩子在外面吃亏。久而久之，养成了孩子们"不肯忍让"，凡事"非得便宜不可"的坏习惯，最终还是害了小辈。

李氏从小时、小事入手，注重对孩子的品质教育。她十分注意从点滴小事上，培养孩子的道德品德。袁衷说母亲对他们"坐立言笑，必教以正，吾辈幼而知礼。"袁衷谈到，自己小时，有次家僮阿多送他和哥哥上学，回来时，见路边的蚕豆初熟，阿多就摘了一衣兜回家。母亲见了，严肃地教育他们说："农家辛苦耕种，就靠这些作为口粮，你们怎么能私摘人家的蚕豆呢？"还命他们上门道歉、承认错误，并带上了升米，以赔偿农家的损失。袁衷曾回忆道："四兄（即了凡）闻而问母曰：'娘虽付米，阿多必不偿人。'母曰：'必如此，然后吾心始安。'"

她不计前嫌，以无比宽厚的胸怀竭尽全力地去化解世仇，当时在东亭桥浒传为佳话。袁襄在《庭帏杂录》中，详细记述了这段由"仇"转"亲"的过程：袁家院子里的桃树，有的树枝伸展到隔壁去了，沈家觉得碍眼（不顺眼），就让人将树枝锯掉了。儿子们跑来禀告，李氏说："树枝占了邻居家的地盘，应该锯！"但沈家院子种的枣树有树枝伸到了袁家的墙内，后结了枣子。李氏特地叮嘱儿子和仆人：邻居家的枣子一颗也不能吃！并让仆人好生守护。等到枣子熟了，便让人请了沈家的女仆过来采摘，全部拿走。

还有一次，袁家的羊闯入了隔壁院子，沈家的仆人将其宰了。没想到，过了几天沈家的羊闯进了袁家宅院。那些仆人见此大喜，上前捉羊以报"一箭之仇"。了凡的母亲知道了，当即制止说："不可以！冤冤相报何时了？"

并命仆人将羊送还隔壁。

这些记述，尽管都是处理邻里关系的琐事，但却体现了了凡母亲的为人气度，体现一位普通家庭主妇的高风亮节。

有一次，隔壁沈家的父亲生重病，没有钱去请好郎中。了凡的母亲知道了，便让丈夫袁仁主动上门，为之诊治，还赠送自制的丹药。后来，沈家因病致贫，李氏又发动街坊邻居为之捐款。开始，对袁家的仁义之举，街坊邻居们并不是都很理解，李氏就诚恳地对那些人说："疾病相恤，乃邻里之义。"

在李氏义举的感召下，邻居各出银五分以助之，共筹到银子一两三钱五分，而袁了凡家呢，还给沈家送去了一石大米（注："石"是古代的容积单位。在明代：一石等于二斛，一斛等于五斗，一斗等于十升，一升等于十合。一石大米约为一百五十三斤半），使他们家顺利地渡过了难关。沈家对此心存感激，两家从此消除了旧日的仇恨。

后来，袁仁还将自家的妹子嫁给了沈家的儿子沈扬（心松），从此两家便结成了姻亲。沈心松生子：沈科、沈称。袁仁对这两个外甥关怀备至，诲之不倦。在《庭帏杂录》这本小册子中，记载了嘉善历史上有关睦邻关系的这段佳话。

前面已提到，袁氏由于明初"靖难之变"，袁顺出于家族自保，违心地写下了"远离科举考试"的祖训，数代人忍痛割爱，自动放弃仕途发展的念想。从袁了凡这一代开始，袁家有资格参加科举考试，李氏对其子女寄予厚望，并支持了了凡的选择。前面已提到，了凡的父亲遗书二万余卷。他去世前，曾拣了些珍贵的典籍，分赠给侄辈作为留念，余下的全部交由了凡收藏。当时李氏抹着眼泪，指着丈夫留下的那一摞摞书，说："吾不及事汝祖，然见汝父博极群书，犹手不释卷，汝若受书而不能读，则为罪人矣！"所以，了凡为了继承父亲遗志，愈加发愤读书。对此，了凡后来回忆说："因取遗籍恣观之，虽不能尽解，而涉猎广记，则自蚤（早）岁然矣。"

为了支持儿子读书，李氏每天要操持家务，且事必躬亲，已是十分劳累，但每天傍晚，她总是要在一旁，默默地陪伴儿子读书。袁衮回忆说："予随四兄（了凡）夜诵，吾母必执女工相伴。或至夜分，吾二人寝乃寝。""四兄善夜坐，尝至四鼓。余至更余辄睡，然善蚤起，四兄睡时母始睡，及吾起母又起矣，终夜不得安枕，鞠育之苦所不忍言。"

了凡补邑弟子（明清时期，县学生分为廪生、增广生和附生。补邑弟子即入县学。按明制，凡生员初入学皆为附生）时，李氏语重心长地对"末拖儿子"袁衮说："你们弟兄俩好比是一个人，你哥学有所成，而你为弟的学得不咋的，那么不仅你脸有愧色，你哥哥也会为此感到愧疚和不安的，望你能经常想到这些。你必须继续努力，功课没有做完，再疲倦也要坚持，文章写不好并不是你人愚钝，而是你下的功夫还不够。如果你能加倍努力，那么遥远的地方，也一定能够抵达的。"

皇天不负有心人。经过无数个不眠之夜，万历十四年（1586），五十四岁的了凡终于考中了进士，实现了袁氏家族数代读书人的夙愿，实现了入明以来，陶庄袁氏在仕途上的"零"的突破，但作为母亲，作为袁氏大家庭的主妇，李氏的内心是复杂的。对此，袁衮有这样一段回忆："四兄（了凡）登科，报至吾母，了无喜色。但语予曰：'汝祖、汝父，读尽天下书，汝兄今始成名，汝辈更须努力。'"因为，她希望其他几个儿子都能够取得功名。她也知道，对于振兴整个家族来说，还是任重而道远。

李氏一生勤俭节约，热爱劳动，为子女树立了良好的榜样。了凡的弟弟袁衮，对此有这样的回忆："吾母暇则纺纱，日有常课。吾妻陆氏，劝其少息。曰：'古人有一日不作一日不食之戒，我辈何人，可无事而食？'故行年八十，而服业不休。"正如袁了凡的姐夫、订正《庭帏杂录》这部家训类著述的钱晓，在篇末的附言中所评价的那样："李氏贤淑有识，磊磊有丈夫气。"

的确，诚如专家所说，李氏的家训及其以身立范、立教的实践是我国女子家训教化的一个很有特色的代表。专治古代家训的江苏师范大学教授、学者陈延斌说，了凡的母亲李氏，确实是一位人格高尚的女性。她的几个儿子将她与其丈夫平日的教诲，尤其是她本人以身立范、立教的事实记录下来，我们才得以了解这位平凡的女性、伟大的母亲的人格及其对子女们"身教重于言教"的家训实践。

第二章 举业之路

修性养德

袁了凡一生留下了大量著述，其中有鸿篇巨制，如《了凡纲鉴》《群书备考》；也有万把字的通俗小册子，如《了凡四训》《训儿俗说》等。它们为了凡学术思想研究提供了基础性资料，从中我们可以找到他崇尚修性养德、倡导自我修养、重视自我改造实践的生动例子。他的思想修养与人品，无论在当时还是对后代，都是相当有影响力的。万历年间，嘉善县令章士雅去拜访他（此时，了凡已退隐），请他出任县志主笔时对他说："先生文名扬海内外，'琅琅炳炳，迄于今不衰'，就不要再谦让了。"

在日本江户时代（是德川幕府统治日本的年代，时间由 1603 年创立到 1867 年的大政奉还，是日本封建统治的最后一个时代），袁了凡的著述早就由海船运到了日本诸岛。在东征朝鲜时，朝鲜国王李昖还曾让他举办讲座，为朝中的文武百官讲解《大学》。（参见《魏塘诗陈》）

了凡的学识与人品，能够得到这么多人的欣赏与推崇，这恐怕与他长期坚持自我修养有关，与他孜孜不倦地学习有关。下面，我们先从见贤思齐、知耻后勇和自我改造这三个方面，讲述了凡有关修身养德的理论探索与人生实践。

其一，发现他人的长处，真心实意地向他人学习，做到见贤思齐。所谓

"见贤"，就是能够看到别人的好，善于发现别人的长处，并晓得他好在哪里，这样才能明白，向他们学习什么，怎样才能够向他们看齐。所以说"见贤思齐"，是思想修养的一个很重要的方法。但自古到今，一些"以我为中心"的人，就是看不到别人的长处。他们只会揭别人的短处，吹嘘自己的长处。而了凡就不一样，他能看到别人的好，别人的优点，并且以此为例，提醒自己，教育别人。这就是了凡的处世原则，也可以说是他的一种思想修养方法。

以《了凡四训》（以下简称《四训》）为例，在这本万把字的小册子中，提到的人物有丁宾、冯梦祯、夏建所等五十多人。里面列举了许多生动事例，如他本人熟悉的嘉善支大纶家族，列举了支茂、支立、支高、支禄和支大纶五代人的事迹。这些真实的例子，听起来不但有说服力，而且让人感到亲切。

袁了凡在《四训》中，举了丁敬宇（即丁宾）的例子。隆庆五年（1571），了凡到京城去会试，与他一起参加会试的嘉善同乡有十人，而其中的丁敬宇最年轻，而且为人非常谦虚，了凡对同去会试的费锦坡讲："这位老兄，今年一定考中。"费锦坡问了凡："怎样能看出来呢？"了凡说："只有谦虚的人，可以承受福泽。老兄你看，我们十人当中，有诚实厚道，一切事情，不敢抢在人前，像敬宇的吗？有恭恭敬敬，一切多肯顺受，小心谦逊，像敬宇的吗？有受人侮辱而不回答，听到人家诽谤他，但没有去争辩，像敬宇的吗？一个人能够做到这样，就是天地鬼神，也都要保佑他，岂有不发达的道理？"等到放榜那天，丁敬宇果然考中了。

丁宾考中进士后，累加至太子少保、太保（正一品）等头衔，《明史》有《丁宾本传》。他是阳明学说发展的核心人物王畿（龙溪）晚年的得意弟子，为人"至柔""无为""谦虚"，了凡一直对他极为推崇，极言其贤。

了凡在《四训》还给儿子举了个冯开之（冯梦祯）的例子。他说："丁丑年在京城里，我与冯开之住在一起，看见他总是虚心自谦，面容和顺，一点也不骄傲，大大改变了他小时候的那种习气。"冯开之有一位朋友叫季霁岩。那个人既正直又诚实，用嘉善人的话来说，是个"直性子"的人。他时常当面指责冯开之的错处，但开之每次总是平心静气地接受，从不反驳一句话。

了凡觉得像冯开之那样谦虚，一定是个有福之人，便对他说："你老兄今年定能登第！"当年，冯开之果然考中了进士。

了凡喜欢记录好人好事，并以这些身边人、身边事作为例子来教育儿子，激励后人。诚如朱熹所言"见人嘉言善行，则敬慕而纪录之"。了凡这样做的目的，就是要让大家见贤思齐，向好人学习，从而形成"人心向善"的良好社会风气。

其二，如何严格解剖自己，检讨人生的过失和差池，然后知耻而后勇。了凡曾在诫子文中提出，要改过必须发耻心、发勇心。他曾对自己的各种人生错误和过失，认真地做过一番梳理。在《四训》中，他说："仁爱，是生生的根本，若是心怀残忍，没有慈悲，就像果子一样，没有果仁。"并对自己过去的种种，进行了深刻的反省。他说："我只知道爱惜自己的名节，不肯牺牲自己，去成全别人，积些功德。"他检讨说："我爱喝酒，酒又容易消散精神"，"我常喜欢整夜长坐，不肯睡，不晓得保养元气精神。"他很有自知之明地说："其他，还有许多的过失，说也说不完！"看了这些近乎于忏悔性质的文字，我们不能不感受他老人家悔过自新的虔诚之心。

了凡一生严于解剖自己。因而，他深知读书人的"软肋"。他说，读书人大抵有些喜好，或是喜欢女色，或是喜欢名声，或是喜欢财物，或是喜欢发火。他认为，应该为自己"邪恶的一闪念"，或者曾经有过的"不良动机"感到羞耻，并果敢地提出防止过失的办法和措施，这就是"知耻而后勇"的另一种注释了。

其三，采取行之有效的方法与措施，坚持不懈地进行自我修养和自我改造。他在《训儿俗说》中做了明示："像这样的种种的过失，不必要一类一类地去寻求灭过的方法；只要一心一意地发善心，做善事，正的念头出现在前，邪的念头自然就污染不上了。"这就是所谓的"一正压百邪"。

要知道，若是要改过，一定要起劲用力，当下就改，绝对不能今天等明天，明天等后天，一直拖下去。小的过失，就像戳在肉里的尖刺，要赶紧挑掉、拔掉；大的过失，就像毒蛇咬了手指一样，要毫不犹豫地赶紧剁掉其指，否则毒素扩散了，就会危及生命。

上面，我们讨论了了凡思想修养的主要路径与方法。接下来，仍以了凡人生为例，探讨为政者个人的涵养问题。我列了下面这三个小标题：一、对待批评，应有"中国式"的谦谦君子之风；二、"身不由己论"掩盖不了个人的不良人品；三、古人为什么倡导"遭非常之谤而不辩"。而这三个问题，涉及思想修养的深层次问题，即一个人的涵养功夫和人格品位的问题。

首先，谈谈"中国式"的谦谦君子之风。以往，我们经常谈论"批评与自我批评"的问题，那么，我们应该如何对待别人的批评，甚至严厉的指谪呢？了凡认为：如果你自己出了问题，别人提醒你，劝你改正；质询，让你说明，"纵使言之不当，亦宜虚怀听受，痛刷前非"。就是说，别人提醒你、质问你时，可能说重了，或者过头了，你都要虚心听受，好好检讨自己，不能怀抱不满情绪。

要知道，接受别人的指正与批评，正视自己的错误，是消除谬论的好方法，它显示了一个人的大度与谦和的君子之风。了凡在《四训》中很推崇丁宾的人品，多次称赞他"受侮不答""闻谤不辩"之美德。他甚至认为，有时候，对方在批评时有可能夸大了事实，你也不要予以反驳与辩白，更不能暴跳如雷，而要平心静气地听着，做到"有则改之，无则加勉"，因为暗中提醒你的人，出发点是好的，是为了让你改正错误和缺点（可能是由于水平问题。或者方式、方法不对），你不能因此而忌恨对方，而是要心存感激才对。

胡适先生早年读《了凡四训》，曾在这本小册子的封面上做了题记。他甚至认为，此乃"研究中国中古思想史的一部重要代表作"。（参见《胡适读禅籍题记、眉批选》）胡适名满天下，同时也谤满天下，赞扬和批评他的人都表现到了极致。他有句名言，"容忍比自由更重要"。他从不以激烈的言辞攻击自己的反对者，而是正视别人的批评，表现了"中国式"的谦谦君子之风。

第二个问题是："身不由己论"，掩盖不了个人的不良人品。别人让你去干不好的事，你去了，根子还在你自己，怨不得别人。从古到今，官场上"身不由己论"颇为盛行，它的潜台词很多，最为核心的意思是：自己的所作所为，包括所做的"违法乱纪"之事，并非自己的主观愿望，而是有被"胁迫"的味道。

被谁"胁迫"？当然是自己的上司，抑或是他所处的那个环境。学者刘伟见在解读《宝坻政书》有关为政者的思想修养时，提到了"建立为政自律的中和之道"的"三个要点"。他说：一是治己与养己结合；二是养治结合，先养后治；三是治养皆在正心诚意。

在其中的第三点中，也提到了上述这种非常有意思的现象。那就是，某些当官的人总说自己"身不由己"。他们都认为："我们被带到这个体系里，有时候不能自主。"干了坏事，"拆了烂污"总要以此来掩盖。比如有人说，上司"带他出去，到歌舞厅应酬，因为要招待一个大客户"，或者是重要人物，上司"就招来了几个女孩子，一人一个，开好了房"。于是乎，大家就随波逐流了。许多人包括领导干部，就是这样"沉沦进去了，有的后来甚至还乐此不疲"。刘伟见认为，了凡强调"治养皆在正心诚意"。"我们总认为身不由己，其实深层次自我觉照，根源还在自己。"即使真的行政环境很恶劣（比如，顶头上司腐败），你自己应该把持住，否则世上就没有"出淤泥而不染"的高风亮节了。

最近，网上有一条"点击率"很高的新闻《官员受贿905万受审，庭上哭诉称：不收怕领导报复》。初读，觉得可笑至极，但最后还是笑不出来。我想，此公如果读过了凡的书，就不会在法庭上说出这番让人哭笑不得的、政治"低能儿"才说的话。所以，那些老以"身不由己"为托词的人，应该去买刘教授解读袁了凡"为政之道"的那本书来读一读。

最后，我们要谈的是：古人为什么倡导"遭非常之谤而不辩"的处世方式？一个人生活在世界上，可能要经历各种各样的遭遇，特别在古代官场上，朝廷各种利益集团间的钩心斗角，各种不同政见的抗辩与摊牌，政治斗争严酷无情，有时甚至充满了血腥。在嘉善历史上，蒙受冤屈、罢官回家的高官不少，用现代的、比较委婉的话说，就是"遭受了一种不公正的待遇"。"遭非常之谤而不辩"，这是一种"忍辱负重"的生存之道，也就是人如何在逆境中生存的方式。袁了凡一生也曾遭受过许多攻击和诽谤。

比如，生前由于得罪太监、勋戚和不同政见者而被弹劾，死后遭到无情鞭挞和讨伐。其中有不公正待遇，也有不被理解（曲解）和误读等。

而了凡是怎样对待、处理这些问题的？他的人生实践，生动地体现了一种高品位的人格修养。其中最主要的一条，就是做到了"遭非常之谤而不辩"。

那么，为什么不辩？道理很简单，所谓诽谤大抵都是小人干的勾当，而你遭到的又是非常之谤，不是一般性的谤，那么就应了"欲加之罪，何患无辞"这句老话。面对"莫须有"的罪名，你还能说什么？这是一种政治修养，一种人生策略，更是一种高风亮节。在封建社会中，那是一种很高境界的道德规范。为什么这样说？因为当你被诽谤时，往往已处于劣势，对方又往往是小人，那么去辩驳、去喊冤，又有什么用呢？

其一，处在绝对劣势的情况下，只有相信历史是公正的，相信是非曲直终将弄清。事实也是如此，真相终将会大白于天下。"天下第一奇冤"的魏大中案，不是昭雪了吗？袁了凡的历史沉案也不是被平反，其历史功绩不也得到了公允的评价了吗？

其二，有时候也可以理解成"顾全大局"，历史上常有"我不下地狱，谁下地狱"的那种悲壮的故事。比如，虎门禁烟的民族英雄林则徐。许多人为了国家与民族的利益，常常代人受过，委曲求全，甚至于含冤受屈……

这是属于最高境界的一种思想修养，一般人则很难做到。袁了凡被弹劾，在朝鲜战场上不到百日就被解职。实质上，这是明朝军队内部"南方兵"与"北方兵"、"文官"与"武官"两个系统，长期抗衡、博弈的结果，是大明王朝各种派系、各个利益集团矛盾激化的直接反映。

其三，"不辩"是一种策略，不辩不等于是"无言以对"，而是一种无视与轻蔑。对于水平（见解）不在一个层次上的，或者说人品有严重问题、属于下三烂的那种人，任何道理都是讲不清的。鲁迅先生不是有句名言，叫"无言是最大的蔑视"吗？这时"不辩"，就成为坚决斗争的一种武器了。

浴火重生

这几年，印发《了凡四训》这本小册子的单位和地方很多，除了出版社正式校注出版之外，大多数是寺庙和民间研究性社团印发。但真正对这本书进行解读与辅导的资料却不是很多，以致许多人只知道"它是一本善书"，所以认真阅读这本书，并且读懂它的人并不多。

这里撇开佛教信众是如何解读的（因为佛教界已有许多解读和辅导的小册子），在此我想就其他阶层读者，特别是青少年读者如何阅读与理解《四训》，发表一点个人的意见。在切入这个主题前，先应该弄明白以下几个问题。

一、我们应该如何评价《四训》这本书，或者说它究竟是怎样的一本书？前面已提到"是一本善书"。关于"善书"这个词汇，《现代汉语词典》中没有收录，也没有人给它下过定义。日本学者酒井忠夫在《中国善书研究》中，将《四训》列为"中国善书"的代表作，我们中的大多数人因此而知道了日本人所说"善书"的大概意思。虽然汉语词典上没收录这个词汇，但在民间却老早就有"善书"这说法，但它与酒井忠夫博士译意的这个词汇，意思并不完全一样。

二、那么"善书"在中国，是指什么东西？我们知道"善书"是一种流传于湖北、河南、四川和湖南部分地区的曲艺曲种，一种说唱结合的民间曲艺表演形式，俗称"宣讲善书"。它起源于清顺治年间的"宣讲圣谕"，说唱的都是宣扬封建伦常的故事。

到了清光绪年间，"宣讲圣谕"渐渐地被"十全大善"所代替，具体地提出了孝敬父母、和睦乡里、设义学、设义渡、施茶水和恤孤贫等十大善行，以提倡正直善良、勤劳俭朴，反对奸盗邪恶、伤天害理为说唱内容，因而称之"宣讲善书""说善书"。后来，干脆简称"善书"。所以说，它与这里讲的"善书"并不是一个概念，至少它们的形式和载体并不相同。

三、那么，我在这里讲的"善书"的概念，是从日本学者"中国的善书"的译意中引申过来的。《中国善书研究》（上、下卷）译著说明，可以帮助我们加深对酒井忠夫博士的"中国善书"提法的理解：

> "善书"即劝善之书，不仅常见于宋代以后的史籍，在民间
> 也广为流传。始于《感应篇》的中国庶民文化中的善书运动，
> 在明末清初达到高潮。

酒井忠夫在《中国善书研究》序言中，列举了所谓的"中国善书"的经典之作。他说：

> 吉冈义丰博士用所谓"民众道教"的经典来理解"善书"，论
> 定了"善书"的代表作——宋代《太上感应篇》的著作者（李石）。
> 笔者将继感应篇之后成书于明代的《阴骘文》、成书于清代的《关
> 帝觉世经》及成书于清末的《关帝明圣经》等，作为宋代以后的
> 新道教（与 Neo-Confucianism 对应的 Neo-Daoism）及与 Neo-
> Daoism 对应的所谓"民众道教"的经典……

此书（上卷）专设了有关袁了凡的章节，其第四章的标题《袁了凡的思想与善书》，重点介绍了了凡的著述及其"善书"思想。以上这些，无疑为我们了解"中国善书"之概念提供了具体的帮助，让我们的读者非常直观地知道："噢——原来这些就是所谓的'中国善书'！"

我本人非常欣赏，也完全赞同"'善书'就是'劝善之书'"这一说法。这样的话，中国善书的外延就扩大了，其内容也更加丰富了。儒、释、道诸家都有善书作品。明清时期出现的"劝人为善"的说部；融合"三教合一"的《七十二朝人物演义》，也都应该属于"善书"范畴。其社会效果是：善书的读者群体会扩大到社会各界，劝善的思想内容渗透至三教九流，有利于"人心向善"的社会风气的形成。

其实，我们说袁了凡的思想文化包括他的善学思想，是一个精深博大的系统，它已渗透在他的许多著述之中，而绝非仅是《四训》这本小册子。

比如，他的善政思想及其措施，他的廉政建设思想，他的民本思想和自我修养的方式方法等。因此，我们读袁了凡的书，不能只着眼于在做好人好事上，更不能拘泥于小册子所列举的那些有关"因果报应"的实例。我们要了解与研究了凡的思想文化，不光要读他的《四训》，还应该读他的《宝坻政书》《了凡纲鉴》《群书备考》和其他著述。

当然，了凡的著述及其思想是有其时代局限性的，毕竟他生活在四百多年前的封建社会，毕竟他从小浸润于封建礼教之中。这就要求我们运用历史唯物主义者的观点去看待这个问题。其实，也是我们正确对待传统文化，或者说国学的共性问题，这就涉及该如何发扬其精华、抛弃其糟粕的问题了。用毛泽东的话来说，就是要"批判地继承"，任何"照单全收"和"全盘否定"的做法都是错误的。

有些朋友读了《四训》后，认为这是一本讲"因果报应"的书，也就是说"做好事会有好报"。还有一些人更是严重误读了凡，认为他一味强调功利："不生儿子"要做好事，"当不了官"要做好事，唯恐"寿命短"也要做好事等，不一而足。如果"行善"真的要"讲条件，图回报"的话，那就与"普度众生"的佛教教义相悖了，它与某些烧香老太太的世俗观点又有什么两样，因而它不是了凡善学思想传播的本意了。

由此可见，那些人读了凡只懂了点"皮毛"，并没有真正地读懂这本小册子，没有透过了凡罗列的那些表皮的现象，看到它所揭示的问题实质，或者说到底阐明了什么观点。那么，《四训》的核心思想究竟是什么，他到底想告诉人们什么呢？

确实，在这本小册子中，袁了凡举了好多"因果报应"的例子，但我本人认为，他决非要讲述，或者去证明"因果关系"，而是借此证明"人的命运不是天定的，而是通过后天努力是可以改变"的道理。《四训》的核心思想，就是要人们"通过努力，去改变自己的命运"，这也是了凡先生撰写这本小册子的本义。

作为明代的思想家，袁了凡的伟大之处，就在于他在民间"善书"中融入了"反天命"的思想观念，他能巧妙地利用老百姓包括佛教信众的世俗的宗教认识,成功地利用了"因果报应",特别是"今世报"这些功利性极强的实例来宣传"命自我立"这个论点,并通过身边人,包括自己的经历和遭遇来证明:人只要"通过努力,可以改变自己的命运"这个观点的正确性。

《四训》在"因果报应"实例的背后,悄无声息地向"天命论"发动了猛烈进攻,从而撼动和颠覆了"生死由命,富贵在天"这一个几千年来,在民间一直占主导地位的认识论。当人们在乐此不疲地谈论"因果报应"的时候,实质上已在潜移默化中否认了"听天由命"的观念。

那么,《四训》的核心价值是什么,如何弃芜存菁地读懂这本书?这几年,我一直在思考这个问题,并始终这样认为:《四训》这本小册子的思想贡献是"通过努力,改变人的命运";"功过格"的践行和推广是"人心向善"社会风气形成的良好开端。我们读衰凡,就应该充分注意到这两点,这也是《四训》作为"中国善书"代表作之一的重要学术贡献。

以上这些,是我对于《四训》的学术思想的理解,也是我本人这几年一直在不遗余力地宣传的主要观点。

接下来,要讲的是了凡人生中最重要、也是最为华彩的那一个篇章。"昨日已经死了""新的生命从今日开始",这是了凡先生从思想认识上,彻底改变人生态度的开端。如果说,了凡人生的华彩之处是"命自我立,改变命运",那么《四训》的核心思想则是"命运可以改变",人可以"浴火重生"。

那么,什么是"浴火重生"?大家都知道"凤凰涅槃"这个佛教典故。传说,当凤凰的生命快结束时,便会集梧桐枝以自焚,在大火烈焰中得以新生。重生的凤凰其羽翼更丰满,叫声更清澈,神采更焕发。后来,人们将此引申为:一个人如果要达到最高的理想境界,就必须经受苦痛和磨难。佛语中的涅槃就是指死而复生。了凡先生在《四训》中有一句名言:"从前种种,譬如昨日死;从后种种,譬如今日生。"这就是梵文中"涅槃"一词的意译。

了凡先生的高明之处,就是利用当时的"民众文化"(民众宗教和民间信仰)心理,以身边人,甚至是自身的例子,证明一个重要的思想观点,那就是人的命运,通过自身努力是可以改变。也就是说它并不是由天,或者说由上帝掌握的，而是由人自己掌握的。了凡的"现世报"似乎带有浓烈的功利味道，但恰恰给人们十分清楚地证明了一个道理，那就是"命自我立"，即通过努力，命运是以改变的。换言之，如果《四训》的本意是要宣扬"因果报应"的话，那么这本小册子的作者"万历二十一年，被陷革职"，"后曾一度被乡贤祠拒之门外"又怎么去理解呢？

我们在前面已多次重复，《四训》的核心是：通过努力，命运是可以改变的。云谷禅师是明代的一位高僧，在听了了凡的自我剖析之后，对了凡做了一番开示，教导了凡："求在我。"那么，如何像孟子所说的那样"反求诸己"呢？云谷禅师教导他"从前种种，譬如昨日死；从后种种，譬如今日生"，以此扫除积习，改过自新。这个过程就是浴火重生的过程。这一思想观点，对于希望改变现状的人，或者是正在努力奋发的人是很有启发和诱导作用的。在前面，我们已经提到晚清的曾国藩读到《四训》中这一段后，被深深地打动了，遂改号"涤生"，勉励自己塑造全新的自我。

不仅如此，云谷禅师还教了凡填写"功过格"，逐日登记，三省吾身。"功过格"在明末很流行，原本有很多种，儒家、佛家、道家都有登记功过格的做法。做了好事、做了坏事自己算账，日清月结，目的当然是劝勉人要多做好事。

过去，我们常说"袁了凡首创'功过格'"，其实那种说法并不正确，应予以纠正。如果说他倡导和积极践行"功过格"，那倒是实事求是的。我们知道，"功过格"是记录人善恶功过的一种道德日记。它肇始于宋朝，最初是道教在推行的，但与袁了凡搞的那种模式并不一样。袁了凡这个人有个性、有想法、有主见。他觉得"功过格"好，但接受了"功过格"这种方式、方法后，不是生搬硬套，也不是依样画葫芦，而是根据自己的实际情况，对此进行了修正和改良。经他改良的"功过格"有好几种，最有意思的便是"居官功过格"，它自明代中晚期开始，流传了好几百年。我们暂且称它为"功过格的了凡模式"，或者"袁式功过格"。

在历史上，"袁式功过格"影响很大。清代学者彭绍升在《袁了凡传》中这样写道："知归子曰：了凡既殁百有余年，而功过格盛传于世。世之欲善者，虑无不知效法了凡。"（注：这里的"知归子"，即彭绍升的号）可见了凡其人在清代中前期一直有影响，尤其是他所倡导的功过格，更是泽惠后世。

在《沈钧儒传》中，有这样的一段记载：沈钧儒"十六岁时，开始力行袁了凡的'功过格'。每晚入睡前，自省一天的言行，'检讨身心，改过从善'，注重个人修养"。由此可见，直到民国初年，江南一带还有许多文化人，以此法来行善积德，进行自我改造。

了凡先生倡导和践行的"功过格"，曾经燃起了成千上万人悔过自新的希望，给人们提供了一种自我改造、自我修养、改过自新的模式，为整个社会人心向善、人心思善提供了具体操作的方法，让人们通过努力改变，得到实实在在的效果。了凡先生一生做了一万六千件好事，前六千件是实做的，"做件算件"每件都有记录，后来的一万件是"折合而成"的，所以了凡很不放心，多次询问大德高僧："在宝坻实施减粮善政，能不能抵一万件好事？"得到的答复是明确的。万历十六年（1588），了凡上任宝坻知县，将功过格置于座右，一直在身体力行地做好事。数年后，他被提升为兵部职方司主事。曾围绕"朝鲜之役"出谋划策，也曾率军立功。归国后，他闲居在家十余年，七十四岁去世。了凡先生一生积德行善，努力改造自己，从而浴火重生，由一个凡夫俗子，变成一个品德高尚的人。

功成名就

说到古代的"科举"和"科考"，那可是一个刻骨铭心的话题。在历史上，人们向往"金榜题名"的荣耀，曾有多少人为之"囊萤映雪"，十年寒窗。尽管，大家都晓得"古今将相在何方"，最终还不是"荒冢一堆草没了"。但古往今来多少"读书人"，还是趋之若鹜地奔走于仕途之上，因为他们只看到"满朝朱紫贵，尽是读书人"（《神童诗》）。当时的客观事实就是这样，你要当官就得读书，就得举业走仕途。

当然，也有个别人"看穿"的，比如清代的曹雪芹，其人科举屡屡失第，最后成为落魄文人。他算是对举业看穿的，然而他也只能借小说《红楼梦》中"跛足道人"之口，酸溜溜地唱《好了歌》，以此来嘲讽："世人都晓神仙好，惟有功名忘不了！"在科举时代，"读书做官"毕竟是许多人为之努力奋斗的人生出路。也就说，某个人通过一番奋斗取得了功名，谋得了一官半职，或者说得到了应有的社会地位，实现自己的人生价值，这就是封建社会所谓的"仕途经济"。

作为世代书香门第的嘉善陶庄袁氏，何尝不想通过科举考试来实现"飞黄腾达"的家族梦想。作为富甲一方的了凡的高祖袁顺，何尝没有携剑报国的人生追求。但是1399年8月初，中国政坛发生了一件非常事件——"靖难之役"，而袁顺正好被牵扯其中，直接后果是，被明成祖朱棣通缉。其长远影响是：袁氏的子孙后代，必须远离科举考试。其实"作为犯逆之家，已被剥夺了科考资格"，这是学者章宏伟先生提供的观点。

"靖难之役"后，袁家命运骤变，袁顺长子被发配至北平。他自己更是死里逃生，后来只好隐姓埋名。有记载说"陶庄祖房拆毁无余"。当时，性命也难保，哪还会考虑功名利禄？所以说，发生于1399年至1403年的"靖难之役"是袁氏家族命运的转折点。

直到二十多年后，朝廷下了归还田地之令，袁顺"始返陶庄"。人"既归故乡"，但他对于"永乐"政权缺乏信心，对于血腥的明初"官场政治"心有余悸。再讲，科举考试需要申报父、祖和曾祖三代的姓名，袁氏家族当时出于避祸的考虑，为了家族的安全，为了子孙后代的太平，他们在《袁氏家训》中，做了诸如"不求仕进"等硬性规定，以此来避免后辈人进入仕途后可能会带来的厄运。

有史料说，袁顺的儿子，也就是了凡的曾祖袁颢在十八岁时，也曾雄心勃勃地准备参加县试。当时，袁顺以"但为良民以没世，何乐如之"训诫他，让他彻底放弃了科举考试的念头。（参见《袁氏家训·民职篇》）最终，袁颢不得不认命，也认为，"盖功名出处，原有定分……生死贫富，生来注定"；"惟医近仁，习之可以资生而养家，可以施惠而济众"。

后来袁颢在《家训》中，也这样要求他的儿孙们："吾家既不求仕，亦无心富贵。读书明道，约己济人，绝无分毫望报之意。惟愿学问日进，道德日盛，无愧于良民也。""不走仕途"是袁氏家训所规定的，曾支配了袁氏几代人的生活。如曾祖颢、祖祥、父仁，上辈人均"隐居不仕"，但有著述传世。袁氏家族这种谨守祖训、不求仕进的消极态度，对少年了凡曾产生过很深影响。

在《了凡四训·立命之学》开首，有这样一段叙述："余童年丧父，老母命弃举业学医，谓可以养生，可以济人，且习一艺以成名，尔父夙心也。"直到后来，了凡在慈云寺遇到孔先生后，在这位来自云南的高人的启发下，才起了举业读书的念头。后来，了凡又说服了父亲遗嘱的执行人，那位既通情达理又善解人意的母亲，并在她老人家的支持下，开始了其漫长而又曲折的科考之路。

然而，上面说的这些，只是人们对了凡"弃医业举"的一般性解读。事实上，对于"举业之学"，陶庄袁氏家族几代人包括了凡的父母，心情是很复杂的，心理是矛盾的（原因前面已讲了），整个家族对这件事情的态度转变，也远非那么简单和轻巧。其实，让儿子们去学医或者学别的什么，不过是无奈之举。尽管，袁仁和妻子李氏一再教诲儿子们："士之品有三：志于道德者为上，志于功名者次之，志于富贵者为下。"但对儒学具有很高造诣的袁仁，对举业这件事并非漠视，应该说，在暗中还是比较关心的。

了凡的父母认为："近世人家生子，禀赋稍异父母，师友即以富贵期之。其子幸而有成，富贵之外，不复知功名为何物，况道德乎。吾祖生吾父，岐嶷秀颖，吾父生吾亦不愚。然皆不习举业而授以五经义古义。生汝兄弟始教汝习举业，亦非徒以富贵望汝也。伊周勋业、孔孟文章，皆男子常事，位之得不得在天，德之修不修在我。毋弃其在我者，毋强其在天者。"（参见《庭帏杂录》）

对此，日本学者酒井忠夫是这样评说的："这段话把学问的最高目的归结为道德，一边对为了追求富贵而学习的世俗观念进行了批判，一边又让袁仁之子学习可以达到显耀功名富贵的举业之学。这与《立命篇》上说因为丧父仁，依母亲之命学习家业医学，后来听信孔某的预言才有志于举业的说法有出入。"酒井忠夫又认为:"恐怕《庭帷杂录》上记载是真实的,而预言之事可以认为它只不过是证实了仁之诸子黄等有志于举业而矣。《庭帷杂录》卷下有'吾家积德,不试者数世矣,子孙其有兴者乎?'这句话应该是袁仁期望儿子举业成功的话。"[参见《袁了凡及其善书(二)》"四、举业之学"酒井忠夫著,尹建华译]以上这些,正是了凡父母对儿子应该参加还是不参加"举业之学"的复杂心理的真切反映。

最终,袁了凡还是走出了父辈的心理阴影,毅然决然地弃医业举,而其母亲李氏后来的态度也是非常积极的。她对几个儿子的举业学习抓得很紧,并夜以继日地督促和照顾儿子的学习。这些,在前面章节中我们已提到:了凡被补为邑弟子(县学的生员)时,她鞭策袁裒要加倍努力;得知了凡登科消息后,她鼓励袁裒说:"汝祖、汝父,读尽天下书,汝兄今始成名,汝辈更须努力。"了凡母亲对儿子们获取功名的急切心情可见一斑。所以说,袁了凡的弃医业举的转变并非我们以前所说的那么轻巧,云南孔先生的劝导只是其中的一个因素,而更深层次的原因恐怕还是袁氏家族希望实现其"携剑报国"的夙愿。

我们已在"名门之后"小节中提到,袁仁去世后,在表兄沈称的引荐下,了凡始入沈友夫家的塾馆,并拜郁海谷为师,为的就是走举业之路。古时候"科举考试",就是通过乡试、会试、殿试等方式,层层选拔政府官员。而想走仕途(当官),都得经过这样的考试,都得历经赶考路上的千辛万苦。

嘉靖二十七年(1548),十六岁的袁了凡在县考(即县试,院试前的预备性考试)中,考了第十四名。但县考只是举业整个过程中"万里长征走完了第一步"。嘉善旧有"一世老童生"的俗谚,就是指那些读了一辈子书,但没有取得功名的"白衣人"。到了嘉靖二十九年(1550),袁了凡正好十八岁。那一年,他在院试中,考中了秀才(即生员),取得了功名。

后来,了凡在嘉兴与著名学者唐顺之(1507—1560,字应德,一字义修,号荆川)邂逅,遂拜其为师。了凡对此有如下记录:

忆予十八岁,见荆川唐先生于嘉兴天宁寺之禅堂,即礼之为师,相随至杭，往返几两月（注：这里的"几"有"近"的意思）。先生之学，大率以理为宗，每作一文，必要一段千古不可磨灭之意，见其阐发题意，往往皆逼真入微。我朝夕执书问业，《学》《庸》《论》《孟》，大约皆完，除平常易晓者不录，录其深奥者，曰《荆川疑难题意》，先生躬阅而手订之，始付剞劂。

唐顺之系明朝"嘉靖八才子"之一，其学问非常了得，是当时文坛上"尊唐宋、反复古"的知名学者，与王慎中齐名。作为一代军事家、武术家，他还担任过兵部郎中，曾督师浙江，破倭寇于崇明岛。

了凡拜师后，与唐顺之走得很近，参与了《荆川疑难题意》（举业用书）的策划。在这本书中，唐顺之从科举考试的角度，对"四书"进行阐释，可惜未能流传下来。由于袁了凡的学术素养，唐顺之对他高看一眼，厚爱三分。在给袁了凡的信中，唐顺之这样说："适见王龙溪（王畿），道吾弟（了凡）负一方盛名，浙中士子俱视为准的。"唐顺之与了凡称兄道弟，可见对他的倚重。

嘉靖四十四年（1565），了凡已经三十三岁，但仍在科举征途上艰苦跋涉。鉴于了凡多次考贡名落孙山，但其人为文早已炉火纯青的实际情况，浙江提学（提学，是中国古代官职，大致上负责教育行政，与掌管各级学校，与学生授业科举之事，又称学政使）屠宗师曾答应，让其破格补贡。谁料想，那一年，屠宗师被调离浙江学台，让了凡先生补贡的决定，后被署理学台的杨宗师驳掉（否决）。补贡之事泡了汤，了凡对此难免有点懊丧。

然而，是金子总会发光。那年，新任嘉善知县许锰在城内新辟书院。所谓"书院"系古代的教育、教学组织机构，也是学术研究的机构。最初时，书院是藏书和修书的地方，后逐渐发展成为讲书或讲学的场所。许锰喜欢了凡的文章，知道其家学渊源，在经学方面造诣很深。据《分湖志》（卷二）记载："岁大祲（祲：古代迷信称不祥之气节；妖气），邑令许某问策于黄（即了凡），黄引《洪范·五行》及管辂、邵雍语以对。令大服，乃辟书院。"便令书院中的青年才俊跟了凡学经。其中，许多人在学业上长进很快，有所造就的人不在少数。其间,了凡又去山阴(绍兴)游学,还拜了王畿(其父好友)为师,并得其青睐。

又过了两年,也就是明隆庆元年(1567),了凡已经三十五岁。宗师殷秋溟看到袁了凡的场中备卷,不禁拍案叫绝,叹道:"五策即五篇奏议也,岂可使博洽淹贯之儒,老于窗下乎?"令知县许镃申文(呈文)准贡。殷秋溟慧眼识珠,终使屡屡受挫的了凡先生,破格升补贡职(为贡生)。正式升补贡职后,了凡便取得入国子监就读资格。

据了凡先生自述:"此前,曾参加过五次乡试均失败。直到丁卯年,才得以正式升补贡职。"根据当时的规定:补贡后,了凡即赴北京,到国子监学习,隆庆三年(1569)转至南京,在国子监肄业。在栖霞寺,得云谷大师开示,遂将其号"学海"改为"了凡"。

明隆庆四年(1570),了凡在南京参加乡试(即秋闱,由礼部主持的考试),中了举人(第三十六名),时年三十八岁。请大家注意:了凡从十八岁中秀才,到三十八岁中举人,花了整整二十年的宝贵时间。隆庆五年(1571),了凡参加会试,但未考中。

万历五年(1577),了凡再次进京参加会试,但很遗憾,了凡又因"五策不合式下第"。新编的《嘉善县志》上有:明"万历五年,赴京会试""初拟取第一,因策论违逆主试官而落第,遂改名黄,字坤仪"的记载。会试两次落第,对于年已四十五岁的袁了凡来说,打击确实很大的。以致近人所撰《袁了凡年表》上,有"万历七年(1579)四十七岁。跟李渐庵入关,欲上终南山隐居,未果"的记述。

应该说,了凡"欲归隐"并非无中生有,李世达(字子成,号渐庵,家住陕西泾阳,万历间官至刑部尚书)曾撰文记述了袁了凡下第后,谋归隐终南山的这一段经历。但我认为,这只是他一时"意气用事",所以,在修编《袁了凡年谱》时,我只将此作为"一说",录以备考。另外,我发现了凡上终南山还有不同的版本,不同的说法。比如,沈刚中的《分湖志·人物》(卷二),则说了凡公当年随李渐庵出塞入关,受兵法于终南隐士刘,他到关外的真正目的,是去学习军事知识。

关于沈刚中"一说"的详细内容，我们再作进一步的分析与探讨。但我觉得，上述两种说法并不矛盾，它正好反映了了凡比较复杂的心路历程，或者说是"进"还是"退"的思想斗争的直接反映。然而，"进取"毕竟是主流，并且最终战胜了消极的归隐思想。

根据了凡生平事迹的梳理与分析：会试落第后，他一方面积极备考，"在五十三岁前，刻苦学习举业，认真研读当时和前朝举业名家的范文，还曾师从唐顺之、薛应旂、瞿景淳等八股文名家，学习作文"。（参见《袁黄与科举考试用书的编纂》，作者：张献中）另一方面，频繁地出关入塞，主要是投师访友，为的是更多掌握报效国家的真才实学。所以说，从万历五年至万历十四年，了凡的人生是积极有为、努力进取的，这是有史料证明的。

功夫不负有心人。万历十四年（1586），袁了凡再次赴京参加会试，终于中了进士（丙戌科唐文献榜）。从三十八岁考中举人，到五十四岁中进士，又花了十六年时间，将之"韧劲"称为跑"马拉松"毫不为过。对于艰难曲折的举业之路，袁了凡是有着切肤之痛的，他在《寄夏官明书》中说：

> 弟凡六应秋试，始获与丈齐升，又六上春官，仅叨末第，奏裳履敝。齐瑟知非，落魄春风，孤舟夜雨，此时此味，此恨此心，惟亲尝者脉脉识之，未易为傍（旁）人道也。

了凡共参加了六次乡试、六次会试，其间历尽了艰辛与磨难，连续考了三十多年，直到万历十四年时才中进士。从中可以看出，了凡艰难困苦的功名之路，以及他那种不屈不挠的精神。

刻藏伟业

佛教大藏经《嘉兴藏》（又称《径山藏》）的刊刻滥觞于明万历年间。刊刻工程始于山西五台山紫霞谷妙德庵，后移至杭州径山寂照寺等处继续雕刻，直到清康熙十五年（1676）才大功告成（还有一说，《嘉兴藏》后来是在嘉兴楞严寺完成刊刻流通的）。它是中华大藏经诸种版本中，规模最大、内容最为完整的一部典籍。

袁了凡是刊刻佛教大藏经《嘉兴藏》的首倡者。早年，他蛰居于江浙交界的分湖（现称汾湖）之畔，常在附近的寺院里走动，与当地的大德高僧交往甚密，曾为"将梵典翻为方册"这一伟业做了大量开拓性的工作。但遗憾的是，现在许多人都已不知道这些陈年旧事了。

早些年，为了撰写《曾在魏塘驻锡的两位高僧》的文章，我曾翻阅了北师大教授、历史学家何兹全主编的《中国历代名僧》，在真可（自号紫柏）传略中看到了"在万历初年，真可就听到法本谈起袁了凡，感叹请经困难，有变梵夹为方册的心愿"的记载。尽管后来，袁了凡因为一个人势单力薄，且刻藏的工程量确实巨大，未能付诸行动，但作为提出"将梵夹变成方册"这一构想的第一人，他的历史功勋还是应该肯定的。

那么，"变梵夹为方册"到底是怎么回事？梵夹者，贝叶经也。据《辞海》注释，以板夹之谓之梵夹。这种名贵经卷极易损坏，不利于佛经的宣教弘扬；而方册之经始于明代，是雕板，便于印刷和传播。但是要将大藏经这么多的经卷全部雕板，然后印刷装帧成卷，其工程极其浩大，历史上一般都是由"官刻"的，也就是说由政府斥资，作为国家工程来搞。

2002年秋天，我曾怀着仰慕之情来到径山，寻访了首部方册大藏经的刊刻之地。是晚，我叩访了地处山巅的径山禅寺。非常遗憾的是，年轻的山僧居然不知道《径山藏》，更不晓得袁了凡其人，这使我非常失望、感慨。

然而，袁了凡及其追随者的历史功勋是永存的，我们将此称为"刻藏伟业"毫不为过。早年，我写过有关介绍袁了凡功绩的文章，对由他提议刊刻的《嘉兴藏》，曾做过这样的评价：

> 从宋代到清代的一千年间，官方和民间共刻了二十次大藏经，每一次工程都非常浩大，但唯有袁了凡先生动议刊刻的《嘉兴藏》，拿到了汉传佛教典籍的"四个第一"：第一部"将梵夹变成方册"的大藏经；第一部依靠民间力量，由民间募资刊刻的大藏经；其

工期跨越了明、清两代，为我国历时最长的刻藏工程；是中华大藏经诸种版本中，规模最大、内容最为丰富的汉传佛教典籍。

2005 年新年刚过，出版界传出了"佛教大藏经《嘉兴藏》将编纂出版"的重大消息，距袁了凡等人倡议首次刊刻成功（1676）已三百二十九年矣。刊登于《中国新闻出版报》（1 月 7 日）头版的消息称："我国规模最大的一部佛教大藏经，国家古籍整理'十五'重点项目《嘉兴藏》已完成筹备工作和出版前期工作，进入全面实施阶段。"这无疑是我国文化发展史上的一大盛事。在被列为国家重点出版工程的《嘉兴藏》发掘与整理工作启动之时，我再一次想到了嘉善历史上有功于《嘉兴藏》刊刻的几位草根人物：前者是《嘉兴藏》刊刻的最初倡议者袁了凡，后者则是刻藏事业的实践者幻余和真可两位大师。

早在四百多年前，嘉善的几位先驱者提出了两个大胆的设想：一是要"变梵夹为方册"；二是要依靠民间的力量刊刻佛教大藏经。这些想法在当时，近乎于"天方夜谭"式的梦想。然而，从明代到清代经过了几代人前赴后继、不懈努力，梦想终于成真。

这是佛教经典版本的一次划时代的革命，也可以这样说，如果没有明末清初刊刻的方册大藏经，我们现在实施的古籍整理工作将无从谈起。2005 年 1 月 24 日，《嘉兴日报》（第 7 版）刊发了我撰写的《刻藏伟业的两位先驱者》，其中的许多文献资料，是我在 2004 年前为袁了凡撰写传略时搜集和积累的。当时由于限于版面的篇幅，我将袁了凡发起刊刻《嘉兴藏》的那个章节割舍了。

后来，在《中国新闻出版报》上看到《嘉兴藏》重新编纂出版的新闻报道，就想到了那些搁置的史料。比如，袁了凡作为刊刻《嘉兴藏》的发起者，清代撰写的《袁了凡传略》中说：袁了凡带头与幻余、密藏两禅师一起商议刊印小本藏经的事宜。《刻藏缘起》收集了有关明末所谓《嘉兴藏》刊印的资料。其中，《幻余大师发愿文》和袁了凡本人写的《刻藏发愿文》，最能说明问题。《幻余大师发愿文》中记载：

> 万历癸酉，自金陵参云谷和尚，归锡武塘。……时项东源、袁了凡两居士，日过我为法喜游……一日，了凡居士与本矢言，欲将梵典翻为方册，俾家传人拔邪见稠林，归萨婆苦海。奈何弘愿难发，而实行不加，法本竟滞寂山林，居士亦羁迷世纲……

从中可见，在万历元年（1573），幻余大师法本参拜了云谷禅师，并与已经受到了云谷指教的袁了凡有了交往。袁了凡和法本发誓刊印这套方册大藏经。当时，由于这一工程十分浩大，很难实行，但这一刊印方册大藏经的计划，后来却成了跨越明清两代、长达八十七年刊刻《嘉兴藏》的起始！

幻余法本的发愿文，写成于万历十七年（1589）。这一年，幻余为了刊印大藏经，向当时已任宝坻知县的袁了凡求助。就在这一年，袁了凡如约撰写《刻藏发愿文》，后被收录于《刻藏缘起》中。袁了凡这篇发愿文，也记述了明万历元年（1573）以来，有关刻藏的一些具体事宜：

> 于万历癸酉，余偕幻余禅师，习静于武塘塔院逾十年。癸未，达观大师（即真可）寄迹于汾湖（亦称分湖）之敝庐。余复与商榷，谓利益甚大。又明年甲申，遇密藏师兄于嘉禾之楞严，相与筹画，颇有次第。即命余草募缘文，而请益于吾师五台先生。厥后具区、洞观、健参、宇泰诸兄弟，相竭力谋之，事遂大集。余则株守渠阳，不得与奔走。

根据上述记载，我们可以了解到，在万历癸未年（1583），刻藏早期主要推动者达观大师和袁了凡商量了刻藏之事，第二年万历甲申年（1584），袁了凡和达观的弟子在嘉兴的楞严寺筹划了这一事业。很明显，一直到这时为止，袁了凡是推动刻藏的热心居士之一。其后，多名居士致力于这一事业，而袁了凡于万历十四年（1586）考中进士以后，就没有时间和精力为刻藏事业奔走呼号了。对此，他自己也做了说明。

另外，《中国历代名僧》有这样的记载：万历初年，真可曾听法本谈起袁了凡为请经困难而感叹，两人都有"变梵夹为方册"的愿望，但由于势单力薄，一直未能付诸行动。真可想，刻藏确实是个大工程，仅靠几个人是不可能完成的，只有依靠大家的智慧和力量，才能把事情办好。万历十七年（1589），在真可及众僧的努力之下，刻藏伟业终于迈开了万里长征的第一步。有资料称：

> 方册藏（世称：嘉兴藏）始刻于山西五台山，四年后，南迁至浙江径山，由达观大师的弟子如奇等主持其事，贮藏经版于化城寺。达观大师时年四十七岁（参见何兹全《中国历代名僧》第616页，河南人民出版社，1995年1月）。

另据《清凉山志》（明释镇澄撰，为五台山九部志书之一）载，真可（达观）大师于万历十七年，在五台山紫霞谷妙德庵正式开刻《嘉兴藏》。两者记述相差了一年时间。

那么，真可究竟是个怎么样的人？据我所知，他在万历年间，早已是丛林中的大德高僧。其人字达观，晚年自号紫柏，门人称为尊者。据《中国历代名僧》载：万历中，慈圣李太后钦佩达观之道风，万历皇帝也素知达观之学行，曾经说："若此真可名一僧。"达观遂取之为名。由此可见，当时他的名声是非常大的。

然而，真可刻藏事业的起步，在于袁了凡等人的启发，但能印证两个人彼此交往的资料罕有。前几年，我在无意中发现的袁了凡的一首《紫柏可上人六十》赠诗，可以作为两个人有所过从的证据。诗云："新愁黯黯寒烟积，故里萧萧春昼晴，我已七旬君六十，莫留燕市滞浮名。"真可尽管比袁了凡小了十岁，但毕竟也已进入暮年。而他们从事的"刻藏大业"刚起了个头，这诗应该是两位"壮志未酬"的老者之间的相互勉励罢。

到了清康熙十五年（1676），也就是在袁了凡逝世后七十年，举世瞩目的《嘉兴藏》（亦称《径山藏》）终于刊刻成功。这项工程历经明清两代，持续了整整八十七年时间。全藏分正藏、续藏和又续藏三个部分，共二千零九十部，一万二千六百余卷。

期间，在支持和直接参与刻藏的僧俗信众中，涌现了一大批功勋人物。其中，真可和袁了凡、幻余大师法本等人，应该是功不可没的。如果说，真可及其追随者是这一浩大的文化工程的开启者和实践者的话，那么，袁了凡与幻余大师法本，则是《嘉兴藏》刊刻的最初策划者。

第三章　宝坻之治

减粮善政

袁了凡于明隆庆四年（1570），经乡试中了举人；明万历十四年（1586）考上了进士。初入仕途，袁了凡就被朝廷指派到江南，对"苏松"钱粮进行清核。实质上是，入赵用贤幕，参与清核苏松钱粮。嘉庆《嘉善县志》对此是这样记载的，了凡"奉都御史制，随都察院赵用贤（幕主）至苏松地区清核钱粮"。赵用贤，字汝师，号定宇，江苏常熟人，万历初，官检讨。

作为"钦差大臣"，回到父母之邦，本来是件愉快的事情，但是袁了凡却高兴不起来。他每天要花许多时间去与乡党周旋，别看这些旧官僚老态龙钟，且早已归隐山林，但他们的势力范围还在，盘根错节的社会关系还在。袁了凡当时在《赋役议》中提出：分赋役以免混派，清加派以绝影射，修实政以省兵饷，查派剩以杜加赋，免协济以恤穷民。又请"减额外加征"十余条，将矛头直指那些既得利益者，但很快遭到了他们的反击。"清核"工作经历了千难万险，最终还是被那些既得利益集团挫败了。

袁了凡领教了官场上"死虎"的余威。"苏松"就是当时苏州、松江两府所管辖的地区，"钱粮"则是指明代按"田亩"所确定的"徭役赋税"，就是通常说的"皇粮国税"。那么，朝廷为什么要派官员到那里去搞核查工作呢？因为《明律》规定：官僚可以根据品级的高低，拥有减免徭役赋税的特权。当时一些中小地主、富农和少数自耕农，为了逃避过重的徭役和赋税，自觉或不自觉地将田地寄献给官僚地主，这就是《明史》上所谓的"投献"。由于官僚地主隐匿了大量不缴税的土地，独占剥削果实，封建王朝的财政十分困难，"帑藏匮竭"。一部分在朝的官吏对此不满，不断要求查田，要求限制"皇庄"和其他庄田，限制继续兼并中小地主的"民田"。

朝廷为了调和朝野之间的矛盾，调整各个官僚集团之间的利益关系，同时也想遏止日趋严重的税源流失的势头，所以经常派出一些较为清廉或刚入仕、与旧官僚集团瓜葛不多的官员，前往各地执行清查任务。然而，其结果大多由于既得利益集团的极力反对与阻挠而不了了之。当然，也有成功的个案。如在《海瑞罢官》中，官僚大地主徐阶就被迫"退"出了许多"投献"的民田，但当时整个江南地区"兼并土地"之风，并未因此而有所收敛。

袁了凡刚入仕，就被委以"清核钱粮"之重任，他确实也是踌躇满志，一心想把事情办好。他提出的一系列措施也是比较有针对性的，清钱谦益曾著文称，"进士袁黄商榷四十七昼夜，条陈十四事"，提出了减少当地额外加征米粮的十余条建议（参见《牧斋初学集》，作者：钱谦益）。但终因既得利益集团势力太大，使得袁了凡的清核工作前功尽弃。

对此，地方史料也是这样记载的："（袁了凡）初入仕途，即奉命清核'苏松'钱粮，上《赋役议》，又请减免额外加征米银十余条款，被豪绅所阻而作罢。"而《明史》上却给出了另一条理由："用贤官庶子时，与进士袁黄商榷数十昼夜，条十四事上之。时行、锡爵以为吴人不当言吴事，调旨切责，寝不行。"（参见《明史》）张廷玉、朱轼等人则将"清核"失败，归咎于"吴人不当言吴事"的朝廷"规矩"。

时行、锡爵即申时行（字汝默，长洲人）和王锡爵（字元驭，号荆石，太仓人），两人均为明万历间的大学士。袁了凡人微言轻，其苦心孤诣提出的建议被搁置，还遭到上峰的斥责，这在封建社会，也是属于正常的情况。

万历十六年（1588），袁了凡又奉命到北直隶宝坻县（现天津市宝坻区）做知县。如果说，在苏松地区"清核钱粮"时他遭遇的都是些老奸巨猾的官僚的话，那么在辽阔的燕赵大地，袁了凡更广泛地接触了农村，直接与勤劳淳朴的北方农民打交道。在宝坻任职期间，袁了凡的善书思想才真正付诸了行政实践。

袁了凡了解农村，深知农民生活的艰辛，曾在《劝农书》卷首感叹"今天下租税皆出于田，故惟农受累最深"。作为宝坻百姓的"父母官"，他同情农民的处境，并想方设法扶助他们。其间，袁了凡根据宝坻的实际，提出了"与民休息"的施政纲领，希望通过发展农业经济，从而使百姓能够过上"丰衣足食"的日子。

刚走马上任时，他经常与下属（官吏）一起探讨治县之策，甚至还到市井、村野与商贩和农夫们交谈，并在听取各界人士意见的基础上，制定了具有宝坻特色的治理方略，其核心就是推行"休养生息"之法，探索改革长期以来"官扰民"的吏治制度。

什么叫"休养生息"？它源自于黄老哲学。历史上著名的"文景之治"就是"无为而治"的成功案例，就是"让百姓休养生息"的实践成果。用现代的话来表达，"休养生息"就是以轻徭薄赋（减轻税收和兵、徭役）作为主要手段，并采取奖励生产、减轻刑法、提倡节俭等办法和措施，来减轻对百姓的压迫和人身依附关系，使社会安定，经济得以恢复和发展。

让老百姓休养生息，不等于"父母官"自己闲着不干事。袁了凡想得最多的就是如何发展经济，怎样使老百姓的日子过得好一些。他曾多次跟在玉田任县令的叶重第（了凡的同榜进士，叶绍袁之父）写信，详细谈了治理宝坻的整体构想和一系列具体做法，还率领下属官吏专程到盛产"绿畦香稻粳米"（至清代已成"贡米"，嘉善谢墉有《竹枝词》咏之）的玉田县参观考察。他想在盐碱地上发展稻米生产，让宝坻的百姓不再饿肚子。

宝坻位于华北平原北部、燕山山脉南麓，邻近渤海湾。在历史上，这个地方由于洪水、干旱、风沙和蝗灾等原因，植被破坏严重，生产力低下，农民生活水平很低。但不知什么原因，就是这个在京东地区出了名的贫困县，每年上缴"皇粮国税"的任务却要倍于周边的其他县份。到袁了凡上任那年，这个县历年积欠的粮赋已达万石之多。

初来乍到，作为宝坻县的父母官，袁了凡看到老百姓衣衫褴褛，食不果腹，心情十分沉重。于是，他就将在宝坻的所见所闻，写成材料奏报朝廷。在材料中，他备陈民间疾苦，恳求朝廷减免旧额，并建议由会通河水运"皇木"代替车运，革除运木重夫、重马及采石、箭手等劳役。他的要求得到了朝廷的允准，当地老百姓因此而减轻了负担。

宝坻县衙有个当差的，见袁了凡不像以前某些知县拼命捞钱，还到处奔走，想方设法替平头百姓减免钱粮，有点想不通。有一次，那个当差的与知县一起下乡，半路歇脚时，他将自己的想法跟袁了凡说了。了凡并没有责怪他，跟他讲了许多"官不能与民争利"的道理。他还以打鱼做比喻，了凡说："放水养鱼是一个办法，竭泽而渔也是一种办法。过重的税收好比竭泽而渔，其结果就是鱼越来越少，最后就没有鱼吃了。"用现在的话说，就是生态平衡被破坏了。那个当差的觉得了凡说得对，从此对他心服口服。

清乾隆《宝坻县志》（卷十八），在张兆元所撰的《三岔口河堤记》中，对宝坻的水情有这么一段评述："畿南邑称迫河海者，无如宝坻。故潟卤涔淖，农桑利不溥。又时中水患，每溢溢，民其鱼乎！"

由此因势利导，变水患为水利，进而发展农业，乃关切民生的首要政务。宝坻县地处沿海地带，加上堤岸长期失修，经常由于海水倒灌而形成水患。针对当地历史上"十年九涝"的状况，袁了凡把治理水患列为第一要务，经常深入农村，与当地农民一起想办法，兴修水利。在他的亲自指挥下，他们将当地的三汊河疏通，筑堤坝以防御水患；还到灾区各地，指导老百姓沿海岸堤坝种植柳树。袁了凡列举了在海涂上修渠、种树的种种好处，动员当地老百姓积极参与海边滩涂的开发。久而久之，海塘堤防变形成了绿色的屏障，堤边的柳树被后人誉为"袁柳"。

水患得到了暂时控制，最要紧的是发展经济。袁了凡认为"濒海之地，潮水往来，淤泥常积，上有咸草丛生，……初种水稗，斥卤既尽，可种稻"。所以，他竭尽全力地劝说农户到沿海地区去开垦荒地，大面积引种水稻，并在城北开源水门外（今北城路北侧）百里河中建拦水坝一道，壅水开沟入田，使大片荒废的土地得以开垦。当地百姓因此而受益，他们将由了凡指挥修筑的拦水坝，称为"袁公坝"。了凡重视农业生产，亲自督导百姓在海边滩涂上筑堤坝、修水渠，大力推进农业生产发展，收到了预期的效果。

根据宝坻的实际状况，袁了凡撰写了《皇都水利》和《劝农书》两部有关农业和水利的著述。在《皇都水利》中，袁了凡对海涂农垦做了这样的描述："劝民农亩，相地高低导沟引泉，筑堤置闸，以时蓄泄。沿沟之堤或植榆柳可以作薪；或植桑栗可以为粮；戎马过之可为蔽覆。"通过几年努力，连绵不断的海堤形成了一道道绿色的屏障。袁了凡又督导百姓在堤坝外围种植芦苇和树木，在堤坝内建造沟渠，并鼓励百姓在此耕种，使海涂的生态环境得到了改善。

将筑堤、淤沙和耕种结合起来，这是袁了凡在沿海滩涂开发方面的一大创举。"邑地洼下，比岁大潦，（袁）公浚治三岔河，筑堤捍之。海水时溢入为患，令海岸多植柳，高数尺，潮退沙遇柳辄淤，渐成堤。因于堤内治沟塍，课耕种，旷土大辟。"朱鹤龄所撰的《赠尚宝少卿袁公传》记载了了凡综合开发海涂农业的这一业绩。

风沙和干旱也是威胁宝坻农业发展的祸害。袁了凡组织发动农民植树种草、治理风沙、筑渠引水，缓解灾情。经过几年的奋斗，荒废的土地渐渐地被开垦了，宝坻农村的自然环境和耕作条件也有了改善。在治县的过程中，袁了凡又主动免除了百姓的一些杂役。为了让更多农民过上丰衣足食的生活，他还总结了当地农业生产的经验和教训，写成了宝坻《劝农书》（五卷）。

袁了凡还对当地所缴"皇粮国税"的情况进行了调查，调查发现农民负担过重，以前，宝坻县农户每亩田要付二分三厘七毫银子，而且各处向县衙缴纳的钱粮也有多有少，用现代的话来说，就是"税负不公"。他认为，要适当减轻农民负担，否则不但不公平，更有碍于农村经济的发展。

于是，袁了凡就具禀帖详报，奏请皇上减轻百姓的钱粮。他还派人把宝坻县所有的田地清理一遍，并宣布：每亩田减免钱粮九厘一毫。就这样，田亩的负担减轻了将近五分之二，全县农民为此雀跃欢呼，奔走相告。袁了凡在《谢屯院启》中，对宝坻当时的景况做了生动的描述：

捧流涕零，感激心醉。窃惟本县连年饥馑，颇切蹙眉，卑职
竭力抚循，尚多掣肘。惟是宽征缓敛，庶可惠众安民。

此举，在明代历史上被称为"减粮善政"。袁了凡在宝坻县当了五年知县（万历十六年至二十年），由于采取"轻刑缓征，与民休息"的政策措施，宝坻的地方经济有所恢复，老百姓对此感恩戴德。

南稻北栽

中国古代经济基本上属于农耕经济，那时候国家的财政收入除了盐、铁之外，主要是田亩收入，也就是收缴所谓的"皇粮国税"，所以县一级官员的主要职能是审案、收缴漕粮、兴修水利和派遣各种徭役。袁了凡来到宝坻后除了减免税赋、减少徭役推派，推行"休养生息"的政策外，就是放手发动农民从事稻米和蚕桑生产。主要抓了两件事：

第一件，就是南稻北栽，推广水田耕作制度。使这里坑坑洼洼的盐碱地，全部变成高产稳产的米粮川。特别是他蹲点的葫芦窝村（今属宝坻区林亭口镇）试点，成了当时京东地区开垦水田，推广水稻种植的"样板村"，比徐光启在天津从事垦荒、发展水稻生产早了三十多年。

第二件，总结农业生产经验。根据当地特点撰写、刻印宝坻《劝农书》，并每户一册，分发到农民手中，这对普及农业技术、提高农民种植技能，起到了积极的促进作用。编书的初衷，他在序言中说得很明白："吾将挟此书以告父母吾土者，推而行之，以与吾土之人人共乐之，吾愿亦足矣。"

以往我们只知道，明代著名科学家徐光启在天津从事垦荒，发展水稻生产，日后根据自己的实践经验写成了《农政全书》，而许多人却不知道，明代最早在天津开发水田、引种稻子的先驱者是袁了凡，也不知道他写的宝坻《劝农书》。

袁了凡虽然是读书人，且从小居住在嘉善城里，但他对水稻种植还是

有所了解的，因为他们家有祖传的几十顷"陶庄田"，平时常有佃户到城里来说些农事。秋收时节，他还常跟催收租米的老管家一道回老家，打小就听农民议论"春耕夏种"；听下乡催粮的官吏们议论"运送漕粮"的事。袁了凡认定，既立志举业，励精图治做大事，就必须懂得农业生产，因为它是关乎国计民生的大事。

袁了凡对农业生产很有兴趣，这与他父亲的农桑情结有关。袁仁虽说是读书人，后来又继承祖业当医生，但对农田和农业收入非常关注。他经常与陶庄佃户讨论稻米的品种和收成，甚至还亲自下田体验农户躬耕之艰苦。在了凡任主笔的明万历《嘉善县志》有这样一段记载：

> 嘉靖十二年癸巳，隐士袁仁家盆中栽禾，一茎五穗者二，四穗者六，三穗者十有九，二穗者无算。凡九盆，悉送之官。仁作诗纪之。

袁仁将此作为"祥瑞"之兆，在《嘉禾记》中郑重其事地记述了这件事，他甚至还将家中的厅堂也取名为"瑞禾轩"。由此可见，其父对稻谷的重视和敬畏了。了凡先生从小耳濡目染，懂得了"盘中之餐"来之不易，应该把农民当作"衣食父母"，将粮田视为"活命根基"。老家分湖沿岸盛产大米，据《湖隐外史》记载，分湖米"煮熟，粒长大而色泽光润，性柔滋而味甘香，即恐锡山亦未必胜之"。一到秋收时节，陶庄镇上便热闹了起来。住在城里的东家来了，各地米号的商贩来了，催解漕粮的官吏也来了。袁了凡在与农家分享丰收喜悦的同时，又为被上缴"皇粮国税"逼得走投无路的农民而感到担心。当时，他曾想，"天子脚下"难道没有种田、不产大米？非得那么远的路，运来运去的真是劳民伤财。在嘉善时，他目睹了"漕法之苛"。每临兑如蹈汤镬，嘉善的农民为完成征收数目，只好剜肉补疮，吃糠咽菜，甚至于饿着肚子，而这一切都是漕运惹的祸。袁了凡深知，原本"善邑粮赋之重甲于全国"，而迁都北京后，漕运给当地农民又增加了额外负担。如运往京都的转运费用（加征耗粮）、路上的漕耗和优恤官军的行粮、月粮也要由粮户分摊，由于每亩耗粮增加，农户们不堪重负。

他来到宝坻任职不久，得知尚宝少卿徐贞明已在永平（今河北省卢龙）招募南方人引种水稻。对此，明廷朝野议论在京东地区推广水稻种植，若京东垦荒成功，水田种稻，可年取粮食数万石于畿内，将大大减轻"南粮北运"的压力。袁了凡就是这一主张的积极响应者。

徐贞明在永平着力推广水稻种植，袁了凡则在宝坻发动农户垦荒，两人不谋而合。袁了凡在《皇都水利》中，曾反复阐述过在京畿之地，垦荒种植水稻的好处。他在《论畿内田制》中感叹"江南无寸土不耕，而畿内荒芜弥目"，实在是莫大的浪费。

土地不产出，"皇粮国税"安在？所以，袁了凡又在《论开田赏功》一文中说，应该倡导官员领衔垦荒、种粮，还拟定了相当具体的"按功行赏"的奖励制度。他认为："徐尚宝（徐贞明）谈水田凿凿矣，然不与天下共功，而欲以一人之力相视，倡导岂不夐夐乎难哉？"提出了要组织发动人们都去垦荒，要建立健全激励机制，要靠政策指引，而不是靠你徐贞明一个人单打独斗。

为了大面积推广水稻生产，袁了凡还实地考察宝坻辖内湿地和主要河道。他根据宝坻的自然条件，提出了在宝坻"东部洼淀推行水田"，因地制宜发展农业生产的思考；在水利建设方面，他主张以疏浚河道、蓄水灌溉为主，做好"借水兴农"这篇文章。大家知道，以往北方不种稻子，即使有小面积种植，也都是旱稻而不会种水稻。袁了凡想，要发动农民大面积种植水稻，先得做个样子，这样对北方农民才有说服力。于是，他选定了离城几十里远的葫芦窝村做试验，亲自教百姓在低洼地修圩造田，开沟筑渠，并制作各种灌溉和排水设施，引潮白河之水灌溉水稻。他又从家乡请来富有水稻种植经验的种田能手，手把手地教当地农户育苗、插秧和中后期管理。公暇得便，还亲自到田间地头视看禾苗长势。

"南稻北栽"试点，很快获得了成功，这在宝坻的历史上是件"破天荒"的事件。清朝的林则徐曾在《畿辅水利议》中，提及袁了凡在天津地区推广水田的事情，他说"宝坻营田，引蓟运河、潮（白河）水。潮水性温，发苗最沃，一日再至，不失晷刻，虽少雨之岁，灌溉自饶"，对他的做法与经验评价甚高。

推广水稻生产，除了舆论宣传的开道外，试点村的经验推广和必要的种植技术培训也是很重要的。袁了凡想到了写一部有关农业技术的书。于是，他在宝坻任职期间，根据当地的生产实践，在吸收南方地区经验和前人经验的基础上，写成了《劝农书》。

袁了凡著述的《宝坻劝农书》作为农业技术专著，它所讲授的内容不但通俗易懂，而且操作性很强，一般人都能看得懂。全书分天时、地利、田制、播种、耕治、灌溉、粪壤和占验等篇，共一万余字。

袁了凡在每篇中，除了介绍前人古法外，主要是向当地农民传播新的作物品种与耕作技术。比如，讲述如何顺应农时、辨别土质肥瘠；怎样播种与中耕管理、沤制肥料；还介绍了开垦荒地、兴修水利以及制作闸、涵、槽与汲水工具等方面的实用技术；亲手绘制了翻车、水转翻车、牛拽水车、筒车、木筒、架槽、戽斗和高车等十七幅插图，大多数为水田灌溉所用的农具。

其中《劝农书》中介绍的改良土壤和积粪之法，对北方农业的影响极大。比如《农政全书》的作者徐光启，曾亲手抄录了宝坻《劝农书》中有关的"制粪之法"。宝坻学者倪守强在《〈宝坻劝农书〉评说》一文中说："徐光启手抄该书的原件，至今还存世，由此可见徐光启对《劝农书》的重视程度。"

另外，在清初湖广布政使俞森所辑《荒政丛书》中，也收录了《宝坻劝农书》，说明该书不仅在北方较有影响，在南方也颇受重视。清代官修《授世通考》、吴邦庆辑《泽民要录》均收录此书。

近代历史学家吕思勉曾两次引用《宝坻劝农书》："施肥和改良土壤技术的发展"中，对袁了凡"基肥能改良土壤、追肥滋苗"和"以落叶腐草沟泥可作肥料、以改良土壤强化抗风作用"等见解给予介绍。另外，也对袁了凡"以中和原则改良土壤与积粪之法"大加赞赏。

最为有趣的是，袁了凡在这本书的序言中提出：凡青壮劳力，"人给一册，有能遵行者，免其杂差"，借以推广。这种技术推广的方法，以前是很少听到的。最近，有专家著文称，袁了凡写的宝坻《劝农书》是天津历史上最早的农业专著，后来的某些农技书籍，特别是水稻种植的专著，或多或少都要参考或引用宝坻《劝农书》的内容。

袁了凡在宝坻任职期间，还做了一件相当有意义的事，就是利用业余时间，对京津地区的水利和其他农业资源做了一番考察，并写成了一部极为重要的专著《皇都水利》。袁了凡在此书卷首，开宗明义地说"水利乃经世第一事，畿内乃天下第一地"，天津卫东临渤海湾，又属于京畿之地，其治水工作尤为重要，"功亦伟矣"。

作为宝坻的一名地方官，不好好地待在县衙内，为什么偏要在京津地区满山遍野地跑？这不是瞎跑，因为治理水患是一项区域性的工作，它常常会涉及一个流域，一个地区。倘若某一地方（或者局部）出了问题，它会"牵一发而动全身"，影响到整个耕作区。所以，袁了凡在抓好辖内工作的同时，考虑到了如何做好整个流域（耕作区）的治理。只有这样，才有可能彻底解决畿内的水患问题。为了摸清宝坻以及周边地区的水利状况，他跋山涉水走遍了燕赵大地，先后对北易水、南易水、涞水（拒马河）、督亢沟、白沟河和卫河等流经华北的主要江河、湖泊进行了考察。

在考察期间，袁了凡不但对诸水系进行追根溯源的查考，还对诸流域的土地使用、农田灌溉和粮食产量等情况，也做了较为全面的调查记录。在此基础上，他陆续写了《泸沟河考》《滹沱河考》和《大通河考》（包括《二易合考》）等十一篇"考察报告"。可以说，它是人文精神与科学精神的结晶。

袁了凡平时勤于思考，"点子"又多。他将沿途思考的一些问题和形成的想法，分别写成了《论建都当兴水利》《论畿内田制》和《论沿海开田》等六篇有关沿海地带资源开发利用的论文，它与上述"考察报告"合成了《皇都水利》一书。

袁了凡在京畿之地的考察与实践，得到历代治水专家的肯定，以至清代的林则徐在《畿辅水利议·总叙》中还在念叨："近畿水田之利，自宋臣何承矩，元臣托克托（脱脱）、郭守敬、虞集，明臣徐贞明、邱浚、袁黄、汪应蛟、左光斗、董应举辈，历历议行，皆有成绩。"这里也提到了袁了凡的功绩。

有专家称,《皇都水利》对当今京津地区的生态保护和水利建设,仍具有较为重要的参考价值。这是袁了凡在历史上的又一贡献。

勤政廉洁

万历十六年（1588）六月初九日,袁了凡奉命来知宝坻县事。距明成化十九年（1483),嘉善人杨霖任宝坻知县一百零五年（注:杨霖,字时望,天顺中以贡,领应天乡荐知玉田,改任宝坻。其人抑强扶弱,清白自持,有循吏风。明正德和万历两部《嘉善县志》上均有传),袁了凡成为第二名担任宝坻最高行政长官的嘉善人。可见,浙江嘉善与天津宝坻的缘分和情分了。

这一年,了凡已经五十五岁,却是初涉政坛,虽年近花甲,却壮心不已。他在宝坻县衙厅堂上挂了“后乐”两字的条幅,以“先天下之忧而忧,后天下之乐而乐”的信条自勉。他为官勤政廉洁,为百姓办事呕心沥血,深得当地百姓爱戴。

就任当天,了凡先生在城隍庙发表《到任祭城隍文》,还有《议置木闸文》《谕乞休书隶示文》《申请银鱼苗公移》等文告。提出了“我愿宽刑弛罚,以活无知犯法之民”“兴民之利而辟其荒芜”“防民之患而修其沟畛”等一系列积极有为的行政措施。诚如,了凡教诲儿子时所说的那番话:只有一片心肠都在百姓身上,才能“视他如骨肉则亲,敬他如父母则亲”。（参见《训儿俗说》）在任职五年间,袁了凡勤政廉洁,始终如一,不愧为百姓的“父母官”。他在宝坻主政时期的主要功绩是:

一、当官功过格,矩矱绳尺。“当官功过格”（又被称为“居官功过格”）是了凡吏治实践的成功举措。它脱胎于僧俗信众修行之用的“功过格”,又根据吏治功能和宝坻县情有所创新。那么,何谓矩矱绳尺? 矩、矱、绳、尺,均为画方形及直线时的工具,引申为规矩,法度。清代朱彝尊《沈明府不羁集序》曰:“分体制之正变,范围广,勿使逸出矩矱绳尺之外。”袁了凡自释褐授宝坻知县后,仍谨守立命说和功过格的矩矱,身体力行,将“祛恶扬善"作为施政的座右铭。

他在《了凡四训》中说："余置空格一册，名曰'治心编'。晨起坐堂，家人携付门役，置案上，所行善恶，纤悉必记。夜则设桌于庭，效赵阅道焚香告帝。"为此，了凡先生制定的具体条文"用以自警"。其"功格"列二十四条。前面提到的赵阅道，是宋代的一位文学家。字阅道，自号知非子，衢州西安（今浙江衢县）人。在宋仁宗时，赵官至殿中侍御使，此人学佛颇有成就。袁了凡讲他每天"焚香告天"，其实他在用"功过格"，将自己所犯的过错记录下来。

作为地方父母官，了凡先生在任期时，忠实地履行了自己的职责，认真践行自己"远思扬祖宗之德，近思盖父母之愆；上思报国之恩，下思造家之福；外思济人之急，内思闲己之邪"的人生主张。他对老百姓充满慈爱之心，后在《训儿俗说》中这样告诫儿子："百姓走到吾面前，视他与自家儿子一般，故曰如保赤子。"

二、为百姓请命，不惜丢官。了凡上任那年，京东之地连年大浸，进入宝坻邑境，流离满目，饿殍在途。当时宝坻的民生状况，用袁了凡的话来说，是"生计之计诎，而赋役之扰倍"。（参见袁了凡《答张道汀书》）"本道本府科派甚多。弟委曲调停，任劳任怨，不惜一官，以救万民。此等苦心，惟天地鬼神知之而已。"在宝坻甚至于用薪俸替农户偿赋税，以应付上司的催征。就这样"四五年来，弟（了凡谦称）只一味坚忍，宽徭薄敛，弛禁缓刑，所以安养休息之者"。

在任上，了凡深入民间，体察下情。一年夏天，淫雨为患，粮薪俱绝。了凡看到民不聊生的景象，"恻然悯之"，他不怕上官威吓，多方奔走，为民请命，上书请免了银鱼贡、库子厂夫、皇木车、花板石等贡赋，宝坻乡民省去数以万计的劳役。

了凡先生就是这样，怀怜悯之心为民请命，诚挚与上司沟通蠲免负担。如"水沴屡罹，即恻然流涕，为琐尾（流离苦痛之民）请命"。其效果是："幸监司相信，得算减浮费四千三百余两。一切供应，如四轮车、采石、夫匠之属，举得赐免。"他在宝坻任知县的五年时间里，宽徭薄敛，弛禁缓刑，实行与民休息的政策，使地方经济迅速得以恢复。

三、为救荒济时，筹划工赈。对于民生困苦的状况，了凡抱着同情怜悯之情，他说："（宝坻）今也贫矣，生计之计诎，而赋役之扰倍矣……其谁能堪之。"因此，他极力为百姓谋解救之道，在此荒年，官府多方煮粥，救济本县及外来的难民。为此，袁了凡在《当官功过格》中写道："荒年煮粥，本县来食者，一人算一功。他方来食者，一人算二功。"但了凡知道，这并不是根本性的办法。只有抓好"灾后重建"，迅速恢复生产，才是根本之策，万全之计。于是，他想到了在宝坻筹划工赈（以工代赈）。

上任伊始，了凡的首要急务是救灾。万历十七年（1589）春，筹划工赈，具体涉及"三岔口古堤""县南通水旧渠"和"西北小堤"三项水利工程。工程"自二月初一起工，至四月二十七日始毕，约用过夫五万二千九百五十余，工银六百二十一两五钱七分，粮六百三十一石五斗一升"。对于历时三个月的工赈效果。其门生称："万历戊子，公下车，宝坻大潦五年。躬行阡陌，教民浚导，增筑三岔口堤，分凿林亭口，诸河积水尽泄，遂获有年。"但袁了凡说工赈当年"新种春麦既无收成之望，而工役已毕，又无就食之资，四野惶惶，朝不谋夕"，完全没有"全活若干人"之类的记载。（参见《宝坻政书》卷九）了凡先生的说法应该是实事求是的。

四、为孤老解难，千方百计。作为知县官，勤政廉洁是必须具备的政治品质，但这样还不行，还必须有处置棘手问题的行政智慧。最能体现了凡"德政"实绩的是，在任职的五年间，他妥善地安置了全邑的一千多名孤寡老人，让他们能够衣食无虞地安度晚年。这件事，被后人列为宝坻"善政良治"的成功案例之一。

为了做好这件事，争取上级对济困助老事宜的支持，袁了凡亲自起草相关"公文"，如《申请收孤老公文》和《申请加给看堤孤老月粮公文》等，充分阐明自己的主张，并提出了一系列行之有效的办法和措施。

袁了凡的做法是：对当时极贫穷、残疾无依的老人，从县内仓储中拿出"仓米"提供粮补，并要求每个主事官员亲自发给孤老三斗粮米，以体现官府对孤老的慰问救济之心意，还特别强调不许经手人克扣，并将符合救济条件者的名字和人数造册申报。

了凡上任时，全县需要照顾的孤寡老人有一千多人，而库存的粮食解决不了赡养老人的实际问题。袁了凡按老人们的状况，分门别类地进行处置：通过官府上门劝诫，将其中的六百十四名老人分别安置到他们的亲戚家，让亲戚负责收养。对既无亲戚可依靠，又丧失劳动的一百二十五人，一部分由官府收养（住在养济院）每月供食粮；对一部分身体尚可的老人，暂安置在各处看堤的堤铺中，每月供粮食，以确保其基本生活需求。另外，对于四百七十一名身体强健的孤寡老人，由县衙门统一安排某些力所能及的工作，比如，让他们看护堤岸，以堤铺为家，以众人所募之粮，用来供养周济之用。这样的话，既保证了县里的工作有人做，又让老人得到了供养。后来，由于全县各地开挖沟渠，水利工程发挥了效能，各乡不再需要"出粮雇人去守堤"，了凡向上级提出申请，要求动用国家积存粮食，解决孤寡老人生计问题，以体现朝廷之恩典。

五、为教化犯人，推出善举。袁了凡认为，为官之道应该加强对老百姓教育和管理，这是为官者的责任。在平时，当知县的应该不断地教育、提醒老百姓该做什么、不该做什么，用现代的话来说，就是要让百姓懂规矩，遵纪守法。孔子说"不教而杀谓之虐"（《论语·尧曰》）。而作为一个地方的父母官，必须爱民如子。加强对百姓的教育和训导，把他们视作自己的家人或者是子女，让他们能够安居乐业，让他们远离犯罪行为，免遭牢狱之灾、避免责罚之罪，那才是真正的爱民之举。

对于犯了罪的人，也要有慈悲、仁爱之心。袁了凡上任后，加强了对监狱的管理，并对牢狱的制度进行了许多重大改革。将过去对犯人以刑罚惩处为主，改变为以教育感化为主的方式。他的"当官功过格"中，有"听讼免刑"的条款，如"免大辟一人当百功，免永戍一人当五十功。凡听讼，能伸冤理枉一事，算一功。能海诱顽民平其忿心，使之无讼，算十功"的记载。

袁了凡在任期内，因政声卓著，成为宝坻自金代建县八百多年以来最受人称道的好县令。后他上书应对日本侵略朝鲜的方略成为兵家指南，被朝廷考评为贤能之首，万历二十年（1592），被擢为兵部职方司主事。

在履新之日，宝坻城中空巷相送。袁了凡除了极其简单的行李外，只有书籍五车多，余财竟不够去北京的路费。前往送行的人为此感动得泪流满面。原来讲定一清早走的，但由于远道赶来送行的百姓太多，竟然拖到黄昏才得以动身，由此可见老百姓对他的拥戴。袁了凡在宝坻，清光绪《宁河县志·人物传记》（卷八）有这样一段记载："孜孜焉日以化民为急，开导引掖，务使同归于善而后已。其《劝农书》《水利说》凡数千言，周详委曲，因地制宜，尤有关于民生大计。监是邑凡六年，民安其业，士佩其训，当时令邑感戴，建生祠于城北，四时咸致祭焉。迄今宁邑虽分，仰溯恩施，实与宝坻并受其赐，以故乡闾中谈公遗事，每津津乐道之，谓大有造于吾土者也。"

在任时，宝坻县内已有很多人家供奉了凡的画像，每日供饭上香，用敬神一般的礼遇表达对这位"父母官"的崇敬和感激之情。了凡离境不过半月，县内士绅、学子和其他老百姓感念他的功绩，纷纷自发筹资，为他建了袁公祠，并以最高的"用牲之礼"进行祭祀。教谕韩初命撰写了《袁侯德政碑》，以纪念这位"爱民重而官爵轻"的知县。

宝坻人邳赞在所撰《刻〈宝坻政书〉序》中，称赞说：了凡"以清俭律身，以慈仁抚众，以恭逊事上，以正大睦僚，以礼法训士，以严明驭胥吏，以至诚格鬼神，吾邑二百年来所未有之良牧也"。"在任五年，贤声赫赫，前后膺二十七荐"，其政绩非常了得。

值得注意的是，为刊刻这本书（注：指《宝坻政书》）许多人自觉自愿地掏了腰包。他们都是宝坻人，从各级官员，一直到各级的学生，到锦衣卫，到生员，到乡民，一共有一百二十八人捐了钱。这表明什么呢？表明了不同阶层的宝坻人，对袁了凡的政绩以及他勤政廉洁的作风的肯定和感谢。（参见香港理工大学朱鸿林教授在"天津宝坻袁了凡思想文化国际论坛"即席演讲）袁了凡是平凡的，也是伟大的。

他以"一行抵万善"的办法完成了"做万件好事"愿。虽然是变通，也可以说是灵活性，但他在宝坻实施减粮善政，出台一项政策，使上万户农户受益，被当地的父老乡亲称为"一疏奏可，万户生春"。

宝坻良牧

前几年，到天津去参加有关了凡的"宝坻论坛"，并认识了北京社科院国学研究中心主任、北大教授刘伟见先生，获得了他赠送的新著力作《了凡处》，有幸聆听了他在论坛上发表的有关"宝坻之治"的精彩发言，"宝坻良牧"的形象跃然眼前。我们透过那本明万历间的地方"政府文件汇编"《宝坻政书》，了凡主政时期的某些决策细节清晰毕现。

刘伟见先生在《了凡处》一书中，提出了"地方为政"值得关注的三个内涵。了凡先生为官时间不长，但在任上却有很多建树，被后人认为是实至名归的"天下良牧"。其实，他在宝坻任职期间就做了下列三件事：一是带好队伍，形成合力；二是多办实事，造福一方；三是接引好人才，做到后继有人。

然而，袁了凡初来乍到，要在较短的时间内做好这三件事，并非容易。当时，他的处境可套用"当知县官难，在穷地方当知县官更难"那个特俗的句式来描摹。但了凡却只用了五年时间，就初步改变了宝坻原来的状况，做到了政治昌明，百姓安居乐业。

作为宝坻的主政者，在短期能取得诸多业绩，一需要有眼光，二需要胸怀，三需要智慧。这是在综观了凡人生、阅读《宝坻政书》之后，对"宝坻之治"及其主政者做出的评价。下面，我们来看袁了凡主政宝坻时写的两篇重要文章：一篇是《睦僚书》，另一篇是《答李四可书》。（参见《宝坻政书》）从中，我们可找到了凡治理宝坻的"为政真经"。

其一，团结合作，搞好班子建设。了凡十分重视领导班子内部的和睦。他认为，领导层如果能够敦睦相处，相互体谅，有助于形成政通人和、惠风和畅的良好局面。上任伊始，了凡便写了《睦僚书》。在这份与同僚合作的书面约定上，他说"同官有兄弟之义，较之同年尤为亲厚。盖同年系一日开榜之情，而同官有数年义聚之乐，其分颇殊"。在这里，了凡从"情"入手，分析了"同榜"与"同官"的不同情分,从而点出了"同官"团结一致的重要性,并针对以往"官场"尔虞我诈,钩心斗角状况,提出了力戒"窝里斗"的措施,以避免行政资源的内耗,从而能够集中精力为民多办事、办好事。

其二,防微杜渐,吹拂清廉之风。在强调班子团结的同时,了凡又十分注意领导层内可能发生的另一种倾向,那就是"集体腐败"和"整体塌方"的产生。为此,他亲自制定规章制度,以防止地方官员暗中勾结,贪赃枉法,形成相互包庇,官官相护的流弊和积疾。另外,经常开展"为官必须廉洁自律"的警示教育,频吹清廉之风。

袁了凡在《睦僚书》中狠批了衙门"贪污受贿"的丑恶现象。对此,他做了这样的比喻:"官之受贿,犹女之失节也。失节之女,人尽鄙之。官受贿不耻者,良心丧尽也。"就是说,一个女人自己有老公,还整天与别的男人厮混,"人尽鄙之",就是大家都看不起她。而当官的人接受了别人的贿赂,而不感可耻,反而自鸣得意,那么他的良心已经丧失殆尽了。

他又说:"我辈既号同心,各当砥砺名节,以清廉自誓。"就是说,我们既然有缘分在一起共事,就应该同心同德,相互提醒、相互督促,要忠于职守,保持清正廉洁。用现在的话来说,就是我们要以自己的行为打造"清廉政府"的形象,用实际行动来捍卫政府的公信力,这是全体公职人员的责任。

作为地方政府主要负责人写的《睦僚书》,我觉得这种文体很独特。在此,我们可以把它看作是他与其他班子成员廉洁自律的"约法三章",也可以看作是宝坻政府工作人员勤政廉洁的"共同宣言"。

其三,以身作则,树立政府形象。许多时候,社会上的不良现象,比如讲排场、比阔气等奢华风气会影响官员。反过来,官场上的不正之风更会带坏社会风气。所以,袁了凡提出为政要正确对待"名闻利养"(注:佛家语。指名声远闻,以利养身。"名闻"一般是指人的名声、名气等;"利养"一般是指人的收入及财源。"名闻利养"是指使人堕落的名利。对于堕落,我们大多数人都是嗤之以鼻的,可是有些人却选择了堕落)的问题,积极倡导政府工作人员要以身作则,当好社会的表率。而食声色最容易使人陷落,所以首先要解决的是"公务接待"这个问题,它不但关系到行政开支,还与打造廉洁政府形象有关。

以往新官到任，县衙门里一般都会组织活动，以示庆贺。比如，请个戏班子来热闹热闹。但了凡上任后一再叮嘱下属，坚决不搞这些东西。他说："这几年宝坻连续闹灾荒，老百姓日子都不好过，作为父母官我哪有心思喝酒、看戏呢？还是把这些钱节省下来，为老百姓多办些实事为好。"后来，他又在"为官功过格"条文中强调，县衙"演戏作乐、恣情酒食，算一过"，"或习成奢侈、阴伤风化，算十过"。

了凡上任不久，对公务宴会做了明确的规定。他说："今后每会，食不过五品：三荤二素，不许宰牲，不许开卓（"卓"通"桌"，"开卓"即摆宴席）。有随时鲜果或用一二，不得过丰。"他认为，政府不能搞奢靡之风，而要带头节俭，要以良好的政风去影响民风。了凡认为："盖民间风俗，自当官府敦之。宝坻士风颇厚，倘不崇俭素，岂惟有损士风，兼当得奢侈不惜福之报矣。"在宝坻任职期间，了凡先生是这样说，也是这样做的。他甚至在县衙的闲地上"皆令种蔬，尽足供给，且不使家人辈无事而食，长其游惰"。

其四，和睦相处，关键要有雅量。领导班子成员和睦相处，是搞好工作的关键。往往当工作碰到了困难，或者出现了某些差错时，同僚之间不是一起商量对应之策，探讨解决方案，而是相互推诿责任，相互指质对方，甚至于暗中越级"告状"，这些就是同僚之间不和睦，甚至于发生争斗的根源所在。

了凡深知官场争斗、倾轧之祸害。上任伊始，为了防止这类官场流弊侵袭宝坻政坛，腐蚀宝坻的政府官员，他就给同僚和所有工作人员打了"预防针"。他别出心裁地写了所谓的《睦僚书》，并语重心长地提醒、告诫和警示县政府班子成员，并与全体工作人员共勉之。

了凡在《睦僚书》中提出领导班子成员，不但应有高超的领导艺术，更要心胸阔广，为人要大度，要有雅量，不要怕吃亏，这就涉及领导干部的私德和思想修养的问题了。人的个人修养十分重要，特别是领导干部的思想修养，它不但体现了一个人的人格魅力，还会产生（散发）一种激励、引导下属的正能量。所以说，领导者的个人私德很重要，会影响一班人，甚至影响整个事业。

了凡在著述中，反复地讲人的思想修养的重要性，还提出了许多提高思想修养的方法。对于个人修养的问题，了凡先生在《宝坻政书》中论述很多。刘伟见对此做了总结，其中有一条，叫"建立为政自律的中和之道"。如何建立？可提炼为三点：一是治己与养己结合；二是养治结合，先养后治；三是治养皆在正心诚意。其中这第三点最重要，我们将在后面做进一步解读。

总之，作为一个地方官，了凡先生在《睦僚书》中，与同僚及众人约定，一起相互监督改过，这在以往的官场上较为罕见。

其五，知错即改，不断完善自我。在工作中，过失和错误是在所难免的，难能可贵的是能改正，改得越快、越彻底越好。了凡说"改过、迁善原非二事，改一分过便迁一分善。故我辈自朝至暮，只有改过一着工夫"。刘伟见先生在讲解这段话时，发表了自己的见解。他说："为官治政，有过错是难免的，重在能改。"这是"官德"。任何文过饰非、隐瞒差错，推卸责任，或者寻找"替罪羊"的做法，都属于政治品格上的问题。

刘伟见认为，治政者应该"敢于改过，君子之过"。"我们这些为官的人应当从早到晚，只有改正这个功夫。"原来为官，做错了事，如能改过，就是对百姓的最大贡献。

其六，相互批评，要有君子之风。如果发现同僚的缺点和问题怎么办？了凡先生认为，应该做到"既为良朋，所贵实心攻病，苦口发药。或有所闻，即密规诲"，意思是同僚有问题，贵在真心帮助他改正毛病，苦口相劝，胜过良药。发现或者闻听他有过错了，就要悄悄地提醒他，或者"贻书箴劝"。

那么，我们如何对待别人的批评与指责呢？了凡先生认为：如果你自己出了问题，别人提醒你，劝你改正，"纵使言之不当，亦宜虚怀听受，痛刷前非"。就是说，别人提醒你时，可能说重了，或者过头了，你都要虚心听受，好好检讨自己。要知道，接受别人的指正与批评，正视自己的错误，是消除谬论的好方法，显示了一个人大度与谦和的君子之风。

有时，对方在批评时可能夸大了事实，你也不要当场予以反驳与辩白，更不能暴跳如雷，而是要平心静气地听着，做到"有则改之，无则加勉"，因为暗中提醒你的人，出发点是好的，是为了让你改正错误和缺点，你不能因此而忌恨对方，而是要心存感激才对。

刘伟见先生还推荐了凡的另一篇文章《答李四可书》，这是一篇"如何当好地方官"的心得体会，是了凡退隐之后，有个叫李四可的人来向了凡求教问道。据推测，可能是位新上任的知县，了凡便以书信的方式，对其提出的问题一一做了回答。

了凡在信中说，在地方为官有"两要"：一是要事情办好，要有政绩；二要接引人才，把人才队伍抓好。而这些就是所谓的"德政之要"。办事之道，是了凡的执政精华。应该注意三点，也就是处事之道"三要"：一曰防微，二曰举重，三曰存礼。这三个方面抓住了，那事就办成了。

何谓防微？事起于微，宜早加检点；何谓举重？每开县门众事纷至，而一身不能理百事，须择其重者而举之止，取目前最急者料理；何谓存礼？凡事须识大体，其余零星节目，不必深求。

另外，了凡的所谓接引人才"三法"也至关重要。他认为地方上要接引好人才，有三个方面：一是谦卑忍辱，二是礼让接人，三是收罗豪杰。这些都是了凡制定的较为独特的人才战略方式。

吏治新篇

古人云：郡县治，天下安。明代万历年间的"宝坻之治"可以说是明清时期郡县治理的一个"样板"。它的成功经验，对于后世有借鉴意义。在这里，我们试图从"宝坻之治"的成功，从它的"善政良治"举措中，去探寻袁了凡县域管理思想与行政实践的历史意义和时代价值。

一、革新图治，着手进行制度改革。

《礼记·礼运》曰："故人不独亲其亲，不独子其子，使老有所终，壮有所用，幼有所长，矜（'矜'通'鳏'字，老而无妻曰'鳏'）、寡、孤、独、废疾者皆有所养，男有分，女有归。"这是人们的一种愿景。其意思是：那时候，人们不只是孝敬自己的父母，不只是关爱自己的儿女，而是考虑"如何让所有的老人都能安享晚年"，"让孤寡老人和残疾人的生活得到保障"。

我们知道，袁了凡是个理想主义者，他试图让宝坻成为实现这个美好社会愿景的地方。但要实现那些美好的社会理想，必须变革，要从制度层面上消除那些与社会生态不相适应的痼疾。有时候，甚至于施以"刮骨疗伤"之术。了凡上任后，发现宝坻官场积弊很多，比如说"军队吃空饷""'宫女户'冒领补贴粮"等问题。经过调查，发现本县的"宫女户"历年领粮时多有冒充，甚至有宫女亡故已百余年者，但其家属每年仍在地方上冒领补贴粮。

了凡将此情况如实上报，这种不当行为很快得到禁止。这样，全邑每月大约可省粮一十五石有余。袁了凡又适时向上申请，提出将部分粮食供给邑内孤寡老人，使粮食不增加支出而有以供给生活所需。这样，全县孤寡老人的生活有了保障。

袁了凡十分关注民生，深知发展农桑之重要性。他上任后，发动老百姓在海涂和低洼地筑堤防、开沟渠，大规模开垦荒芜的土地。率先在宝坻葫芦窝和黄庄等地改旱田兴水田，推广水稻种植，以此来解决广大农民的衣食问题。不仅如此，他还经常深入民间，体察下情，关心百姓疾苦。一年夏天，淫雨为患，粮薪俱绝，民不聊生。了凡先生看到这一切，心急如焚，"恻然悯之"。他不怕上官威吓，多方奔走，为宝坻百姓请命，最终减免了诸多赋税，大大减轻了当地农民的负担。

在宝坻境内，高官权贵侵吞民田的现象比较普遍。当时，由于疆界不明，豪强以马房官地之名义，倚势作威，大肆侵占农户耕地。了凡在《与黄葵阳太史书》中说："敝邑（宝坻）之地，自县治至南境，凡二百五十余里，盖兼杭秀二郡之地而过之。然纳税之田，止六千余顷，十分中一分在官也。大率多为勋戚豪宦所隐占。"情况十分严重。

宝坻的土地面积相当于浙江的杭州、嘉兴两个府的总和。了凡到任前，勋戚、中贵（即中官、宦官，泛指皇帝宠爱的近臣）以及一些未出京诸王大肆侵吞民田，皇亲国戚的庄田布满京师周围，导致京东地区税收锐减，农民负担过重。针对历史上遗留下来的弊端，特别是这些顽症，了凡先生敢于碰硬。了凡经过调研发布告示，宣布"先遣佐贰等官丈明，继复亲加勘实，画图贴设，极为详备。虽有豪强，不得复肆矣"。对辖内的牧马草场，进行了全面清理。此举对扼制勋戚、太监兼并庄田，起到了一定的作用。但由于他的改革措施，触犯了那些既得利益者，他们对此记恨在心、伺机反攻，所以也为袁了凡后来被弹劾、罢官埋下了祸根。

二、胸怀大局，兼顾地方和国家利益。

我们知道，了凡先生并非朝廷大员，但他位卑不忘国忧，深知"郡县治，则天下安"的道理，考虑问题总能立足郡县，放眼全国，做到统筹兼顾，用现在的话说，是"全局观念"，是"眼光远大"。这里可以举几个例子。

其一，他在宝坻竭尽全力引种水稻，并非单纯为提高农户经济收入，而"南稻北栽"之举，除了振兴当地农业，改善民生的考虑外，更深层的是，从国家的战略角度来决策。他说，"京畿之地"每年能增产数万石粮食，可以扭转以往"南粮北调"的局面。他甚至这样想，如果宝坻周边各郡县都开荒种稻，"则四百万之漕粮，可取足于畿内"。所以我认为，"南稻北栽"在当时是具有战略意义的举措。

其二，宝坻是沿海地区，是外来军事力量入侵的门户之地，袁了凡总结以往抗倭斗争的历史经验，将兴修水利作为"限戎御寇"的一项重要战略措施。他在《复抚按边关十议》《论开田御寇》和《阅视八议》中总结了"三大好处"：首先，因水设防，使得胡马难驰；其次，屯垦戍边，胜于擒虏斩首；再次，寓兵于农，修筑无形长城。了凡先生还根据军事要塞的特点，在宝坻提出了武装民众、坚壁清野的防倭斗争措施，并坚持战备训练，做到了常备不懈。对于新河、塘儿沽和塘儿上三处海寇必经之道，袁了凡下令，要求"土著人民等，凡有船之家，编派字号，以备烽堠缓急之用，每家自备弓矢、炮石、器械等项"。如果有敌人来袭，与官兵共同迎战。

袁了凡不但精于"马政"术，而且擅长"韬铃"的用兵谋略，他长期关注和研究沿海的防务事宜。所谓的"马政"，是指古代官方马匹管理包括对官用马匹的牧养、训练、使用和采购等的制度。那么，"韬铃"是什么意思？古有《六韬》和《玉铃》两部兵书，后来人们取"韬""铃"两字，将其代称用兵之谋略。了凡先生虽为文官，但颇有军事方面的才华。早在张居正当国之前，了凡先生已看出了潜在的国防危机，便潜心于军国事务（具体事迹后面还将提及）。他以"晓畅边事"著称，其议论皆深刻而切中要害，被兵家借为指南，究其缘因，不仅在于他早年勤学兵法，而且长期注重实地考察。"未第时，尝受兵法于终南山隐士刘。又尝服黄冠，独行塞外者经年。九边形胜、山川、营堡，历历能道之"。

其三，至宝坻后，了凡先生又"亲至海滨周围踏看"。他在《宝坻政书》中有这样的自述："二十年来逢人下问，遇事遍咨，颇尽苦心。"然而，五十岁前，袁了凡作为"布衣"，显然是报国无门。后来，虽然当了宝坻知县，一个地方官员也无权僭越上书。但了凡毕竟是"体制中"人，在上峰垂问、征求救时之策时，他大胆陈述自己的见解，并将历年"目睹时艰，细筹国事"，且"久欲献于当道"的多项议策奉上。袁了凡任职宝坻时，除恪尽知县职守外，还先后接受蓟州巡抚和密云等处兵备的指示，参与边防事务的谋划和建议。

朱鹤龄所撰的《袁公传》曰：

> 是时蓟镇主客兵不满十二万，而年例银及屯田、民运诸项计，且至一百五十万。抚军以公晓畅边事，檄令酌议。乃列十事以献……又兵备王某令议防海事宜及军民利病，公各列八款上之，语皆石画。

袁了凡的策论集中在《宝坻政书·边防书》的"倭防初议""倭防二议""边关十议"和"阅视八议"等数万字长文中。

三、建功立业，打造县级吏治之样板。

要强县必须兴教，而教育抓得好不好，其绩效如何就看科举考试录取人数的多寡。袁了凡到任后，得知宝坻已连续五科没有人得中举人，便制订了"读书举业"的规划。为此，他亲自动员寒门子弟去读书，青年才俊参加科举考试。每月初一、十五，了凡先生必临县学宫的"明伦堂"，为学子们讲学，激励大家读书上进。后来，为倡导学风教化，袁了凡又多方筹资，在宝坻城内（东城路与学街东交口处）修建了文昌阁。了凡还亲自到文昌阁，为宝坻士子讲解经书义理，认真检查生员作业，给予批点阅读，并制定《会约》与生员共勉，倡导"知行合一"的学风，激发生员立志进取，极大地调动了县内生员的读书积极性，生员们纷纷效仿前贤，读书举业。在先生的苦心教诲下，当科就有两人中举，从而打破了宝坻县"五科无及第"的局面。

据乾隆《宝坻县志》记载，文昌阁"高阁嵯峨，负城临水，西望京都，如在咫尺，自了凡袁先生建后，人文由此日盛。……邑之才隽，恒联社于文昌阁，数科以来，郁郁彬彬，称望邑焉"。

有人说，司法腐败是最大的腐败。在封建社会，各地官场腐败盛行，司法腐败尤甚，而衙门监狱更是吏治最黑暗的角落。袁了凡上任后，针对监狱的吏治乱象，着力革旧布新，果断铲除积弊。首先提出了"慎用刑"，与此同时，对县中刑具，一律依律改正。比如，按照国家刑具定制规定，枷以干木为之，许重二十斤，而宝坻县之枷一般都在七八十斤重。了凡上任后，将全县木枷刑具按二十斤规定制作，其他不合规范的木枷全部弃之不用。

了凡对同僚和下属反复强调，慎用"夹棍系"讯刑，"非强盗不得妄用"。他还根据自己掌握的医务常识，对用刑的身体部位做了具体的规定。他说："人之十二经脉，皆在手足指上，夹足者犹在踝，而拶手则全在指，痛连五脏，最为难忍，切勿轻用。""人之上、下二体，受刑先后稍殊，生死立判。如先拶而后打，则气血奔注于下，易愈；先打而后拶，则气血逆冲于上，往往致死，切宜慎之。"由此可见，他的人道与慈仁之心。

对于用刑的问题，了凡有其精辟见解。他说："民吾同胞，岂忍加刑？所以忍心而责之者，盖小惩而大戒。吾今日用刑，使之警惧，他日反可省刑耳。所谓刑期于无刑也。凡将用刑，必度此刑有益于人，方可用之；不然，宁失不经耳。刑一人而使千万人惧，杀一人而痛宁谧，吾如何来杀？如此用刑，则刑即是德，鞭朴即是教化，所谓刑罚之精华也。"

那么，人们常说的"吏治清明"，到底应该体现在什么地方？我们究竟怎样看待"宝坻之治"的成功？可以举这样一个例子，这是我在查阅《宝坻县志》时无意中发现的一个很能说明问题的个例："十七年秋，大雨墙圮，而重囚相戒守法，无一人敢逸，斯亦奇矣。"译成白话是：万历十七年秋，宝坻境内大雨，监狱围墙被冲倒，而墙内关押了犯有重罪的囚犯，他们相约守法，无一人逃逸。而在以往，宝坻监狱里经常发生犯人越狱的事件。而现在"大雨墙圮"乃天赐良机，但犯人们都不愿逃跑。许多人都认为，这是吏治清明的象征，这与了凡坚持对犯人施以教化、感化，"慎用刑具，废止酷刑"的主张有关，也与监狱内部实施人性化的管理制度有关。这就是"宝坻之治"所创造的"惠风和畅"的社会生态环境。

天津宝坻区史志办原主任张殿成最近著文说：袁了凡主政宝坻五年，"县内多项弊政得以免除，农工商各业复苏兴盛，附近流民纷纷前来落户，监狱一空而仓库积存增长了二十多倍。不仅民众生计得以保障，教化百姓也大为改观，呈现出政通人和、百姓安居乐业的大好局面"。这些就是了凡先生用自己的辛勤和汗水，在宝坻大地上谱写的吏治新篇！

第四章　家国情怀

东征驱倭

参加"明万历朝鲜之役",是袁了凡一生中最为辉煌的时期,也是他从仕途巅峰跌到谷底的一个转折点。这次发生在朝鲜半岛的抗日战争,起始于 1592 年(朝鲜宣祖二十五年,明万历二十年,日本文禄元年),至 1598 年结束,在历史上被称为"明万历朝鲜之役",亦称为"朝鲜壬辰卫国战争"。

前些年,我曾查阅了这一战役的相关资料,发现了袁了凡写的《再与项玄池书》和《与伍容庵书》等几封提到"赴朝抗倭"反击战的信函,以及少量在朝鲜写的诗歌。这些珍贵的文献资料,把我们带到了四百年前的那场抗击倭寇、"保家卫国"的反击战之中。

万历二十年,日本军队进犯与我国一江之隔的邻国朝鲜。4 月,入侵者集结了二十万陆、海军兵力在釜山登陆,并很快占领了朝鲜沿海的釜山镇和东莱城,接着又长驱直入,攻打古都平壤。朝鲜守军奋勇抵抗,后终因兵力单薄,寡不敌众而撤退。同年 8 月平壤失陷,从而使朝鲜半岛局势处在千钧一发之际。

大家知道,在历史上,我国与周边的某些国家或部落存在宗藩关系,长期以来我们对这些地方有防务上的义务。明万历二十年,倭寇入侵朝鲜,并对平壤进行围攻。朝方向明朝政府请求派兵援救。袁了凡在《上兵部石尚书书》中提到了"日者朝鲜使至，痛哭请师"，说明朝鲜的军事形势异常吃紧。

吃紧到什么程度？朝鲜方面的史料是这样记载的：四月，朝鲜"浃旬之间，三都失守，八方瓦解"（注：〔朝〕柳成龙《惩毖录·序》，《壬辰之役史料汇辑》本，全国图书馆文献缩微复制中心1990年影印出版）。朝鲜国王不断派遣使臣到明廷求救。当然，明朝政府也意识到"倭寇之图朝鲜，意实在中国，而我兵之救朝鲜实所以保中国"，诚如大学士王锡爵所言："倭奴本情实欲占朝鲜以窥中国，中国兵之救朝鲜，实所以自救，非得已也。"（注：王锡爵《王文肃公文集》卷二，《明经世文编》卷三百九十四。）

如果对日本侵吞朝鲜中国坐视不管，其后果不堪设想。明朝政府十分清楚日本"谋犯中国"的意图，故义无反顾地组织出征，支持朝鲜军民抗击日寇、收复失地的斗争。同年7月，明朝政府正式宣布：出兵朝鲜。并派参将戴朝弁和游击史儒率官兵二千余名作先锋，率先跨过了鸭绿江。副总兵祖承训、游击王守官带大部队继后进入朝鲜，先后总共有五千人马。8月，平壤失陷。史儒率骑兵救援，在平壤城内遭日军火枪队伏击，全军覆没。戴朝弁、史儒亦相继中弹身亡。祖承训仅以身免。消息传来，中国朝野震惊。

同月，袁了凡升任兵部职方司主事。后朝廷命宋应昌（兵部右侍郎）"经略备倭事宜"并诏天下督抚举将才。了凡（主事）"随行赞画"，并随宋应昌到关外辽阳调兵筹饷，采集军需。（参见《明神宗实录》）袁了凡和刘黄裳的官职本来只有六品（另有一说，了凡原为从五品），神宗"特赐四品服以示重"。所以说袁了凡服膺四品，随行参赞，是在宝坻知县任后在仕途上的一次飞跃。军前赞画是司后备及参谋的职务，负责军马管理、军火器械、伙食军饷、士兵健康、侦察敌情、战略筹划、驿站管理等。

辽阳地处辽宁省的中部，东依辽东山地，西望辽河平原，辽阳古城是明代东北地区规模最大、最为坚固的要塞。对此，袁了凡在《与毛仁山侍御书》中有这样的陈述："军中军书繁忙，六十老翁驰骋兵马间。关外寒冷，冰天雪地。幸靠主帅虚心，筹划周密，三军协力齐心，胜利可待，若得成功，当即告老回乡。"由此可见，中国军队正在加紧备战。

另外，这次出战的增援军主帅李如松，也在积极进行战前准备工作。李如松（1549—1598），字子茂，号仰城，辽东铁岭卫（今辽宁铁岭）人，辽东总兵李成梁之长子，祖上是朝鲜的内附民，祖先是唐末避乱迁入朝鲜的汉人。李成梁（1526—1615），字汝契，号引城，镇守辽东三十年间，率领辽东铁骑先后奏大捷者十，边帅武功之盛，二百年来前所未有。应该说，李如松堪称将门虎子，与其父同为明代著名将领。

12月25日，总兵官李如松从宁夏胜利归辽后，尚不及休息即挥师朝鲜。四万三千余人的增援军阵营浩大，前面已经提到，当时朝廷任命兵部侍郎宋应昌为经略，以李如松为总兵官，李如柏、李如梅为副总兵官（均为李成梁之子），袁了凡为军前赞画。作为兵部主事的袁了凡，这次出征朝鲜，是由"经略"（驻朝鲜军事长官）宋应昌奏请朝廷而确定的。他当时的职务相当于行军参谋，参与机要并兼督导支援朝鲜的军队。

是年，袁了凡与增派的中国官兵，冒着岁尾的风雪，乘渡船抵达鸭绿江的对岸。在渡江前，袁了凡给曾"晨夕过从"的老友伍容庵写了封信。信中他描述了三军开拔时，"旌旗蔽日，金鼓如沸，马鸣萧萧"的壮观景象，抒发了准备为国捐躯的雄心壮志。他说："今将渡鸭绿（江），适朝鲜奋武海邦，立功绝域，匪男子之壮游，实夙生之业债未了耳，弟已飧松服柏，不食五谷，万一功成，即当解□游矣……"有一点悲壮，有一点凄怆。

渡江后，袁了凡见到了李朝宣祖李昖（即朝鲜国王）。双方接洽后，就部队物资供应等问题进行了协商和沟通。李昖，初名李钧，他是朝鲜王朝第十四代君主。当时，袁了凡写了《借兵朝鲜呈国王》一诗，并在诗中阐发了中朝两国"毁唇必及齿，左右宜相呼"的那种休戚相关的地缘政治。有关这次会见，朝鲜史料上有如下记载：

> 是日，兵部主事袁黄渡江。上（即李昖）出迎于龙湾馆……
> 袁黄曰："天朝为贵国发大兵，若到安定绝粮退军，则奈何？"
> 上曰："各站皆遣官支候，似无不足之忧。恐或军卒暮到，不及分给也。今闻下教，当更加申饬。"袁黄曰："炮车无牛，尚滞途

中，大军虽进，将何为乎？"上曰："当更差官督运。"袁黄虽然支持宋、李二人在战争动员未全部完成之前就开战的主张，但对此前担心的后勤补给并没有放松警惕。

史料上的"上"即朝鲜国王李昖，"龙湾馆"是在鸭绿江朝鲜一侧的国王的避难之所，也可以称作战时的"行宫"。朝鲜方面由于物资匮乏，中国明朝远征军增援部队生活非常艰苦，但了凡和李如松部与朝鲜军队并肩作战，抗击侵略者。在朝鲜，冬季到处冰天雪地，援军在原野上扎营，有时找不到取暖、做炊的柴火，袁了凡和将士们一样，晚上和衣而睡。刺骨的寒风从营房的缝隙里钻进来，有时甚至冷得睡不着觉，只好半夜爬起来，打几套拳暖和暖和身子再躺下。

朝鲜盛产大米，但官兵们曾一度吃不到热腾腾的米饭，只能是"一把炒米一把雪"地过日子。即便到了新年也是清汤寡水，吃食根本不能与国内相比。有时打了胜仗，官兵们三五成群地在莽原上走马逐兔，弯弓射雉，获取各种猎物。然后燃起篝火，割鲜而烤食，算是庆功宴了。

战地生活虽然艰苦，倒也别有情趣。袁了凡是南方人，开始时并不习惯高寒地区的生活。后来他坚持每天以冷水洗脸，用雪团反复摩擦手脚，用他的话来说是"以冷御冷"。久而久之，他凭着坚强的意志适应了异国严酷的战争环境。

在朝鲜的生存环境是险恶的，袁了凡在《谢祝邻初大尹书》中，以"狼虎为朋，鸿毛为命"来比喻自己的处境，用嘉善人的话来说，就是"今朝不晓得明朝"，随时都有毙命的可能。对此，袁了凡早已将生死置之度外。"报国捐躯御虎狼，天山一箭泪千行。不辞独树频遭雪，但愿群枝尽向阳。"他在《朝鲜闻报》一诗中抒发了自己尽忠报国的情怀。

袁了凡虽然是文官，但他熟知兵法，足智多谋，对历史上的攻守战例做过全面研究分析，并把这些成果应用到实战之中。中国援军在战略反攻中高招迭出，其威名使日寇闻风丧胆。1593年1月3日，中国援军进驻肃川，会合朝鲜军队，开始第二次平壤攻防战。战前袁了凡让部下竖起一面白绸大旗，上书"自投旗下者免死"，向日军士兵发出了最后通牒。6日拂晓，中朝两军"克复平壤"的战斗打响了。中国援军在李如松的指挥下，在南城门发起进攻。盘踞在城内的日军三万精锐部队，居高临下进行阻击，攻城战斗相持了两天。1月8日，援军冒着猛烈的炮火，向城中的日寇发起总攻。

李如松亲率"敢死队"冲锋陷阵，袁了凡指挥以火力支援，中朝将士奋勇当先。日军的小西行长则凭借有利地形，用火枪不断射击，双方阵地劲弩齐发，火焰蔽空，战斗打得十分激烈。对此，史料上有这样一段记载：

> 神机营参将骆尚志冒险登城，腹部被滚石打伤，仍然巍然屹立。游击将令吴惟忠，胸部中弹洞穿，犹奋呼督战不已。李如柏的头盔中弹，李如松的坐骑被炮击毙都置之不顾，愈战愈勇。

激战至中午，日军渐渐招架不住，纷纷弃阵逃窜，中朝军队遂破城而入。在与日寇残余展开了一番"拉锯式"的巷战后，中朝两军终于在午后收复了平壤城。当时的战报称："此役共消灭敌人一万余人，俘虏无数，逃散日军不及总数的十分之一。"朝鲜史书对此是这样记载的："正月初八日壬戌进攻平壤，不崇朝而城破，除焚溺斩杀之外，余贼丧魄，逃遁。其军威之盛，战胜之速，委前史所未有。"但在这次战役中，袁、李由于战术问题发生分歧。袁了凡坚决反对李如松采用"以诱兵迎战倭寇"的战术，并下令禁止李部诸将"割敌尸级报功"的做法。双方为此发生激烈争吵，李如松为之极为恼怒，竟然独自引兵东去。

平壤收复后，袁了凡率领部下及三千名朝鲜兵，担任扼守城池的任务。倭寇贼心不死，多次前来反攻，均被袁了凡部击溃。而李如松部打了胜仗，自以为很了不起，产生了骄傲和轻敌思想，后来被日寇击败了。李想推卸责任，遂以十项罪名弹劾袁了凡。于是，袁了凡被朝廷革职，回到老家嘉善。直到天启元年（1621），吏部尚书赵南星追叙袁了凡的"东征"功勋，赠尚宝司少卿。

清乾隆二年（1737），了凡入祀魏塘书院内"六贤祠"。朝鲜方面在战后也为其建了生祠，朝鲜陪臣字元翼所著的《生祠碑》，记述了了凡在"朝鲜壬辰卫国战争"中的卓越贡献。具体来讲，他在朝鲜抗倭战场上，提出的一系列军事谋划得以奏效，比如激励士气、稳定军心、整顿传报和探听倭情等。另外，如前面提到的、他在扼守平壤城和在咸镜大破倭寇等战斗中屡建奇功。日本学者酒井忠夫认为，袁了凡"在咸镜大破倭寇将领（加藤）清正，而获得战功"。但由于"了凡因与其他各位将领在战略上的不合，以及最终因为同列之主事刘黄裳之嫉妒他的功绩，而受到刘与提督李如松的合谋陷害"。酒井忠夫对此的评论还是比较客观和公允的。

在此还要补充一点，那就是袁了凡其人一生，曾同时被浙江嘉善、天津宝坻、江苏吴江和朝鲜列入祠堂，以供后人祭祀、瞻仰，其中宝坻和朝鲜则为他建造了生祠（祠：即祠堂，原本是祭祀死去的祖先或先贤的宗庙。为活着的人建造的祠堂，称为生祠），这在明代历史上，也是并不多见的。

情系分湖

分湖（亦称汾湖），位于现浙江嘉善、江苏吴江交界处。整个湖泊狭长，东西延绵达数公里，半属浙江、半属江苏，是春秋时期吴越的界湖，故称"吴根越角"之地。其流域涉及现在的苏浙沪三省（市），是一片美丽而又富饶的大平原。自南宋"大迁徙"以来，沿湖许多村镇日趋繁荣，袁了凡的祖居地陶庄集镇也不例外。

陶庄亦称柳溪，坐落在风景秀丽的分湖的南岸，是江浙交界处的文化重镇，又是分湖沿岸最为丰饶的地方之一。学者姚立军说：这里"古称柳溪，或称溪口。……据笔者所查现有史料，宋代名臣'漫塘病叟'刘宰最早提到了'柳泽'一词，而最早提到'柳溪'名称的是元代大画家吴镇的《李成江村秋晚》题诗。自宋朝至元朝直至明初，是陶庄的鼎盛时期"。

明正德年间编的首部《嘉善县志》，称其"土腴而谷嘉，西成之利，倍于他乡"。陶庄早在宋代已成集市，名门望族从各地迁徙而来，宋元时期，就成为这一地区（嘉善尚未建县）最为繁华的集镇之一。

陶庄历来人文荟萃，翰墨飘香，曾出过许多著名的人物。比如，宋代的陶文幹家族屡登科甲，官居要职。其中举人数占嘉善地域（参照明宣德五年建治后的版图）的三分之一，刘宰称其"荣之浙右"。元代的吴泽家族，虽数代隐居不仕，但其后裔中却出了像吴森、吴弘道（洪武初，任太医院御医）那样的名医；像吴镇、吴瓘（字伯阳，吴镇堂弟吴汉英之长子）那样的大画家。而袁顺家族，尽管明初以来历尽艰险，但到了袁了凡那代人命运有所改观，取得了"一门三进士"（分别为袁了凡、袁俨和袁嵩龄）的家族荣耀。

关于陶庄袁氏的家世。袁仁在《怡杏府君行状》中有这样的记述："余上世，自陈州（现河南省淮阳县）徙江南，散居吴越间。八代祖富一公，由语儿溪（现桐乡崇福镇东南）徙居嘉善之净池（陶庄）。"而我的忘年之交、老中医袁鼎樵（了凡公二十世孙）在世时，曾给我抄了一份陶庄袁氏的世系资料，内容与《怡杏府君行状》略有不同。现转录于后，聊以备考。

那份资料称，袁氏始祖是袁安，其时由原籍河南洛阳迁徙而来，后在江浙一带安营扎寨。族人最初以金、木、水、火、土"五行"为辈分。陶庄柳溪始祖是袁顺，也就是袁了凡说的"高祖杞山公"。他看到这里湖荡密布，水草丰美，决意在镇附近买田造屋，落地生根。从此，袁氏家族便在分湖南岸繁衍生息，后来便成了分湖沿岸的名门大族。

分湖是陶庄的母亲湖，它的乳汁哺育了沿岸的子民，它的血液流淌在千年古镇的躯体中。在这里，田畴因分湖水脉分支而得到滋润；村舍因柳溪秀色相衬而显出妩媚；人丁因依傍着陶庄古镇而日益兴旺。分湖之滨，是袁氏陶庄一支的发祥地，它早已成了整个家族刻骨铭心的集体记忆。

尽管，后来袁氏家族中许多人搬进了县城，搬到了分湖北岸的赵田村，甚至搬到了更远的地方，但他们始终没有忘记，自己是喝着分湖水长大的；永远记住袁家的祖居地在陶庄，并宣称"我是嘉善陶庄人"。关于这一点，有文献为证——

袁了凡的父亲袁仁在《家居八景赋》一文开头说："余家世居陶庄之净池。"袁了凡的曾祖袁颢在《袁氏家训》文首即言："予家世居嘉兴之陶庄。"

袁了凡在《重梓袁氏家训跋》中称"吾家旧住陶庄";在《刻袁氏丛书引》中则说:"予家世居嘉兴之陶庄,今析归嘉善。"这样的记述,在袁氏父子的著述中俯拾即是,不胜枚举。

袁仁说的"净池",其实就是那个位于陶庄集镇中心,人称"净池漾"的湖泊。旧时,分湖周围有五条支流在此交汇,俗称"五龙朝阳"。元人杨维桢有《净池》诗:"分水南头第几湾,净池初晓日光寒。渔舟晒网日将出,酒肆招帘露未干。杨柳淡烟迷隔浦,桃花新水涌前滩。习家回首今何在,风物争好此地看。"

如果说陶庄"净池",是袁氏家族的异地创业之处,那么分湖就是袁了凡魂牵梦萦的精神家园了。在前面我们已提到袁了凡出生于距分湖约四十里地的魏塘,后来也基本上居住在那里。但陶庄始祖"杞山公"的墓地还在那里,每年得去上坟祭祀。另外,在陶庄还有房子、田产需要管理,所以他和他的家人必须经常往返于魏塘与陶庄之间。

可以说,袁家几代人都是喝分湖水长大的。袁了凡从小就喜欢陶庄,惦记着那里的父老乡亲。父亲常对他说:"不能忘记老乡,他们是我们袁家的衣食父母!"袁了凡对于分湖这个位于吴越间的巨浸,更是一往情深,是它用厚重的文化积淀培植、哺育了少年袁了凡。分湖是他的知识宝库,又是他不断进取的力量源泉。

小时候,父亲经常给了凡讲述分湖的故事。例如,"伍子滩"(石底荡)吴越交战,陶文幹迁居柳溪(即现陶庄),杨维祯泛舟分湖,夏元吉治水驻跸泗洲寺(在分湖北岸)等历史人物和事件。父亲还让袁了凡背诵历代名人有关分湖和陶庄的诗文。比如,元代陆宣的"翠岩亭下问棠梨,上客问舟过柳溪",程翼的"楼船载酒分湖上,万顷玻璃新绿涨",王佐的"湖光远带柳溪水,春色好在桃源家"等。袁了凡在四五岁时,就能将"神童"陶振近千字的《分湖赋》倒背如流。

年轻时,袁了凡每次到陶庄,总要邀请分湖北岸的叶重第(后任河北玉田知县)来玩,两人喜欢在分湖沿岸村镇寻旧访古,四处巡游。他们雇船来到二十九都"南役圩"寻访张翰墓,就是为了凭吊那个"因见秋风起,乃思吴中菰菜，莼羹、鲈鱼脍""遂命驾而归"的西晋文学家（张翰，字季鹰，官至大司马车曹掾，为"莼鲈之思"典故出处）。他们结伴而行，几经周折找到了木瓜漾西的"鸭栏泾"（古地名），无非是想找到唐代太守陆龟蒙在此养鸭的遗址。袁了凡所撰《叶重第墓志铭》，有"庚辰年，得陆龟蒙遗址于分湖之滨"等语。

在那里，袁了凡感受到了分湖滩上厚重的文化积淀，触摸到了陶庄古镇正在律动的文脉。诚如，二百五十多年后，柳树芳（柳亚子的高祖）在《分湖小识》的自序所感叹的"夫分湖虽一隅地，百年以来其人才之出，亦有足以盖一省者，盖一郡一邑者"（道光二十二年四月上浣），足见其人文渊薮。

分湖是著名的文人湖，自古以来一直为古风高士的隐逸之处，是文人墨客的游览之地。春季是游览分湖的最佳时机，那时，湖中烟水苍茫，渔舟点点，令人难忘的是"春水桃花之鳜"。袁了凡喜欢邀三五好友，或在滨湖茅亭雅集品茗，或效仿先贤乘坐画舫游湖。他们一边喝酒做诗，一边观赏湖景，尽享"得鱼沽酒醉相携"的聚会乐趣。

到了秋季，天高云淡，湖面微波不兴，一碧万顷；沿岸层林尽染，色彩斑斓；滩头芦苇萧瑟，鸥鹭低翔；远处重峦叠嶂，隐约如云起，更何况还有"秋风莼鲈"之邀约，滨湖蟹宴之盛况。

其时，袁了凡与友人每每载酒泛舟，"一手持其螯，一手持酒卮"地饕餮，享用着"黄金填胸高块垒，十月尖脐更精彩"的分湖紫蟹。船至伍子滩，大家触景生情，则高吟王庭润（明成化年间隐逸诗人）"斜日胥滩吊子胥，英灵千古岂曾无。云开山口如吞越，潮怒江心似恨吴"的诗句。一时间，吐露出万丈豪气。

万历八年（1580），袁了凡时年四十八岁。他干脆从魏塘搬回老家，并在分湖之畔筑庐而居，也就是了凡在《刻藏发愿文》（写于万历十七年，即1589年）中提及的紫柏真可曾在万历十一年（1583）寄迹的"分湖之敝庐"。

万历十六年（1588），袁了凡到宝坻去当知县。那时，他常常念叨嘉善老家，并把家乡的许多好东西介绍到宝坻，比如引进了分湖沿岸农民制坯烧砖和种植水稻等生产技能。

蓟州镇修筑边关始于嘉靖二十九年（1550），但当时还未完备。后续工程预计八年时间，后又由于建材问题改为十三年完工。了凡到边关现场巡看后，得出"今天看则永无完工之日了"的结论。于是，他在《答王道尊军民利病议》"设工匠慎重修筑边防"那个章节中，针对军士不擅长此行，生产的城砖"不精良"，导致"所修的城墙随筑随倒"的严重问题，提出了应"召募工匠来修城"的建议，而让那些长年累月从事制砖、烧石灰的士兵（外行）回归军营，这样不但节省费用，而且筑城的功效也大大提高。在这个文本中，了凡提到了要采用嘉善烧砖的"联窑"（即两个窑相联的"和合窑"）和石灰窑等设备和技术，以加快国防建设的步伐（参见《宝坻政书·边防书》卷十）。

又比如，了凡刚到宝坻时，便发动那边农民开垦荒地。在推广南方水稻种植技术中，他特别注意引进吸收分湖沿岸的种植技术和措施，如怎样选种、沤肥和灌溉，如何耕田、插秧等。他还把这些嘉善的成熟技术写进了宝坻《劝农书》之中。可以说，袁了凡将分湖沿岸的生产经验，将嘉善劳动人民的智慧结晶，融入到了宝坻的治县方略之中。

在宝坻，袁了凡十分眷念在嘉善的生活，眷念在分湖边度过的快乐时光，特别是在遭遇政治挫折和打击时，尤其会想到"清溪抱村流，茅屋荫疏柳"的陶庄老家；想到"清风江上下银钩，一片芦花万顷秋"的那种闲情逸致。并认定画舫锦帆的分湖之滨，才是自己最为理想的人生"避风港"，他甚至做好了晚年归隐分湖的种种打算。这些，在他的诗文中都有所吐露。从《宝坻思归》（两首）"苑上有花皆落去，微臣无计可归来""何日春提高系艇，五湖三岛任徘徊"，"青枫夜雨多遗恨，金阙疏钟欲解缨，闻道故园今寂寞，柴门长掩落花深"。可以窥见其思乡的心绪。

后来，袁了凡奉旨出征朝鲜。在异国他乡，他思念祖国，思念家乡，思念分湖。他在《重至定州（朝鲜地）》中写道："残月残花照眼明，孤灯野火绕空营。同官一别枢中树，异域重登岭上城。已被青莼催解缨，况兼黄大欲全生。思家万里肠千结，卧听胡笳雨后声。"这首诗写出了作者魂牵梦萦的那种乡情。最后两句，写了异国、深夜、雨后的情景：空旷的营地，悠远的胡笳声，烘托出了作者袁了凡对于家乡深切的思念之情。

万历二十一年（1593），袁了凡罢归时，又从分湖之滨移居吴江芦墟赵田村，在那里度过了他的晚年。有史料将了凡先生称为"袁分湖"（如紫柏真可在《刻藏缘起》中说"嘉隆间，袁分湖以大法垂秋"云云），这是旧时文人的传统习惯。在明清时期，"姓氏"加"籍贯"的称谓，是对官员和知名人士的一种雅称。

前面已经讲了，袁了凡出生于分湖南隅的魏塘（其祖居地在陶庄镇净池）。中年时，他从魏塘搬回分湖之畔居住，到了晚年时又从"分湖之庐"（南岸），迁居分湖北部的吴江北赵田（现属吴江区）的。了凡先生的一生，大多数时间都在分湖沿岸生活，在某种意义上说，他是分湖沿岸人民的共同先哲。人们称其为"袁分湖"，我觉得是恰如其分的。

佩剑行吟

大家知道，袁了凡是个才子，在明万历年间有"嘉兴三名家"之称。他文韬武略，才华出众，是难得的全才。我曾在《〈四库全书〉收录的嘉善人著述》一文中，称其为"嘉善著述第一人"，这个评价应该说也是名副其实的。袁了凡著作等身，到处讲学，且涉及了经、史、子、集各个领域，应该称其学者；他探索南稻北栽、兴修水利、主张改良土壤，且功勋卓著，应该给个科学家的头衔；他运筹帷幄，足智多谋，在出征朝鲜的平壤自卫战中，屡建奇功，算得上是个军事专家吧；他长期致力于善学思想的研究与实践，且身体力行倡导和践行"功过格"，有人又将他排入了明代思想家的行列。

但他还有一个身份——那就是诗人，却没有引起人们足够的关注和重视。其实，这对于我们研究袁了凡来说，是很重要的一个方面。我国历来有"诗言志"的说法，因为诗歌是真实感情的流露，又是对现实生活的艺术化提炼。

袁了凡也同样，诗歌构成了他多彩人生的许多方面。我们在其诗歌中，看到了他出任宝坻知县，如何成为造福一方的"父母官"；看到了他在异国他乡朝鲜的军旅生活；看到了他退隐山林后，奋笔著述的书斋情趣。这些内容，都为我们研究袁了凡提供了翔实的第一手资料。

另外，我们还可以从字里行间发现了凡先生某些与生俱来的、骨子里的东西。比如，他悲天悯人的情怀、热情奔放的性格、高洁如梅的品质和不断进取的精神等；在袁了凡的诗词中，有他的青春梦想，有他的人生追求，也真实地记录了他——一个伟人跌宕起伏的感情，一个普通人峰回路转的心路历程。

袁了凡与其父辈一样喜欢诗词，或在茫茫原野引吭高歌，或在深山茅舍浅酌低吟，或与三五诗友夜宴唱酬，通宵达旦。他一生留下了许多诗词作品。但比较遗憾的是，他的诗歌没有引起诗坛的足够注意，传世作品也不是很多。这是为什么？据我分析，有下列原因：

其一，他的诗歌方面的才能，被他自己在其他领域所取得的辉煌成就掩盖了，使其未能放射出夺目的光彩；其二，他生前没有"将诗歌作品留底"的习惯，更未能及时地收集与整理诗作，每有新作"写了就扔"。《槜李诗系》说他，"至所作诗文，不自珍惜，散佚过半"，以致到了民国时期，坊间已很难找到了凡的诗集了。

我手头有好几部有关嘉善诗人的结集。例如，《魏塘诗陈》收录了袁了凡家族四代人的诗作七十一首，其中袁了凡的诗作有二十首；《柳溪诗征》收录他的诗作二十六首；《两行斋集》（十四卷）是袁了凡的诗文集，其中卷八为诗词集，该书内容丰富，诗词的收录数量要比柳亚子先生在民国五年（1916）的手抄本多一百余首，有五言古、五言绝句、五言律、五言排律，还有七言古、七言绝句和七言律，总共二百余首，可以说是洋洋大观。

燕山匹马杏花丛，露滴春枝映日红。

一任黄鹂啼晓色，不随桃李竞东风。

——《北平道中见杏花酬钱湛如》

当我们打开这部诗集时，可以看到一位佩剑行吟的伟大诗人，正在从久远的历史中走来。

千古兴亡事，乾坤此一枰。

战酣明月上，谋定晚风清。

黑白观玄化，围攻耻世情。

边庭有骄气，乘兴欲谈兵。

——《对弈》

这些瑰丽无比的记忆碎片，为我们展示了四百多年前，大明帝国多姿多彩的社会风情。

昔宰渔阳今渡辽，弯弧吐月落云雕。

可怜一夜心头血，化作全萝万里潮。

报国捐躯御虎狼，天山一箭泪千行。

不辞独树频遭雪，但愿群枝尽向阳。

——《朝鲜闻报二首》

而这些雕板镂刻的方块字，则向我们披露了这位嘉善之子对国家、对君王、对百姓的情怀。诗集真实地记录了袁了凡一生对于真、善、美的追求。

世事如春草，荣枯不上眉。

尝怀千古虑，肯为一身悲。

机息忘多难，才疏负有司。

相逢更相助，何以答明时。

——《下第》

诗歌记述了在那个时代，他那甜酸苦辣的各种生活经历。而人生的经历，就像原野上的蓬莱一样冬枯春发，留给人们的只是无限的感慨。

袁了凡的诗词作品体裁多样，题材丰富，脍炙人口。其中有"结屋分湖滨，渔樵自为伍""孤舟自傍芦花宿，老鹤应拟道士归"那种高雅冲淡的、恬适的田园诗；有"秋风驰羽檄，烽火近甘泉""马鸣芳草短，弓倦阵云偏"那种金戈铁马、壮怀激烈的边塞诗；有"明主九天高，有怀不得吐，驱车出东门，脉脉泪如雨"的那种有志难展，且被君主冷落（不被重视）的哀怨诗。

还有"新秋里吏来责逋，前村犬吠风雨多""新谷未登拟卖禾，卖禾未售奈若何"那种体察民情、关注民间疾苦的悯农诗。说起袁了凡的悯农诗，可以说它是袁了凡诗词作品中，最为感人、最为震撼人心的篇章。

我们知道，了凡曾任河北宝坻知县。虽说官衔很小，但他身为地方"父母官"，深知民间的疾苦，感叹民生的艰难，了解农村的苛捐杂税，同情生活在社会最底层的农民。他曾这样感叹："今天下租税皆出于田，故惟农受累最深。"

他生前写了许多悯农诗，其中最为著名的有《农父篇》和《农父叹》等作品，这些诗篇描述了"春日郊行江水绿，春云黯淡家家哭。昼锁千门断野烟，白骨纵横满川谷"的农村凄惨的景象；描写了广大农民"耕耨贵及时，终岁困征徭"，遭受封建官吏和地主压迫和剥削的生活状况。

与此同时，了凡先生还奋笔挥写了许多揭露封建社会对广大劳动人民进行残酷剥削的诗篇。他的《催租吏》就是当时农民的血泪控诉——

> 新秋里吏来责逋，前村犬吠风雨多。
> 黄昏扣门惊沉疴，猛虎一吼山嵯峨。
> 东家老翁出荷戈，西家织女久停梭。
> 新谷未登拟卖禾，卖禾未售奈若何。

再读一首《农父叹》：

> 骄骄兮维莠，萧萧兮维苗。农父岂不力，荷锄魂先消。
> 耕耨贵及时，终岁困征徭。鸡犬夜不宁，风雨益无聊。
> 予手日已胼，予臡日已凋。眷此田中稷，难供硕鼠食。

了凡先生是完全站在广大农民立场上的，他在诗中悲愤地发出了"眷此田中稷，难供硕鼠食"的呐喊。这在封建社会，确实是难能可贵的。袁了凡的悯农诗，反映了人民大众的疾苦；其诗风与杜甫的"三吏三别"一脉相承；其艺术手法完全可以与白居易的《卖炭翁》《观刈麦》相媲美。

值得注意的是，袁了凡的《两行斋集》还收录了他赴朝鲜期间的一些诗作，例如《朝鲜歌》《借兵朝鲜呈国王》和《朝鲜闻报》等抒写异域风情的诗篇。诗中涉及两国历史上的"宗藩"关系；联系到两国人民兄弟般的传统友谊和两国地理位置。下面，我们来赏读一下，了凡先生写给朝鲜国王李昖的那首长诗：

> 飞蝗食嘉禾，错怨东山狐。晏安不可怀，清宵觅驹騄。
> 毁唇必及齿，左右宜相呼。毋以厨中鱼，取笑獭兴鸬。
> 借此充朝饥，一餐胜醍醐。旌旗间白日，深山伏鸱鸬。
> 征骑屯咸镜，分兵守当途。胡为缩如猬，低首失良图。

袁了凡在《借兵朝鲜呈国王》诗中所说"毁唇必及齿，左右宜相呼"，这就是中朝两国那种比较特殊的地缘政治。大家知道，我国与朝鲜隔江相望，历来有着唇齿相依的密切关系。而在中国古代历史上，被派遣出国打仗的诗人不多（以往诗歌评论界所说的"边塞"，都不是真正意义上的国界线），能够留下的诗篇则更少，这就显示出了袁了凡诗歌的重要性与特殊性，这些都是我国古典诗词研究和评论界长期以来所忽视的。

关于袁了凡赴朝抗击倭寇的事迹，有资料说，袁了凡在朝鲜战场上虽戎马倥偬，但也写了不少诗文，然而由于战火纷飞，文稿大多数都散佚了，留下来的篇什屈指可数。为了写这篇文章，我再次查阅了相关著述，发现有几封提到朝鲜抗倭的信函和一些有关朝鲜的诗歌，它真切地反映了中国军队挥戈东征的某些实况。

比如，《东征被参（时犹未离长安）》"读尽五车惟白发，空提三尺又辽阳""东邻国破青山在，北海潮生子夜长"，写了一介书生随军出征前的景况，情调中带了几分悲壮；《重至定州（朝鲜地）》"思家万里肠千结，卧听胡笳雨后声"，是在异国他乡低哼的"思乡曲"，时间是深秋雨夜，其情调显得更加深沉、更加缠绵；《咸镜报捷闻归田之命》（咸镜北道：现为朝鲜的一个行政区）中"三军剑指青羌树，匹马霜飞乐浪墟""弓藏鸟尽应无恨，尚恨林深鸟未除"则是诗人壮志未酬，被人弹劾的懊恼情绪的宣泄。又如，"牛羊啮松根，柏树代松枯，倭夷戕朝鲜，中国劳征夫"，他的《朝鲜歌》道出了明朝政府为"朝鲜壬辰卫国战争"所付出的巨大牺牲，中国军队为捍卫邻国三千里江山而付出的沉重代价。

在某种程度上说，这些记述"明代远征军"军旅生活的诗篇，真实地反映了中国军队在域外的活动状况。这些在明代诗歌中比较罕见，尤显珍贵。袁了凡的域外诗篇，不愧为明代诗苑中一株奇葩。

袁了凡的诗篇是动人的，无论是他的五言绝句、五言排律，还是七言绝句和七言律，其诗行间都流淌着真情，跳动着一颗慈仁之心。古人云：诗言志。在袁了凡的诗集里，我们看到了掩埋在那里的一个个美丽的梦想，发现了矗立在那里的一位明代大诗人的铜像。

壮志报国

"壮志报国"是嘉善袁氏家风和家教的核心思想，也是袁了凡思想文化传承与发展的主线。南社诗人周芷畦所纂《柳溪诗征·袁顺》载："袁氏世居陶庄净池滩。始祖称，为文天祥幕府，同赴北死难，杞山其从孙。"没想到，其先祖居然是宋末民族英雄文天祥的幕僚。被俘后，他与文天祥同样宁死不降并在柴市与之同唱《正气歌》，然后从容就义。祖辈的人格力量与家族的光荣历史，不断地激励着袁氏后人的报国情怀。

袁了凡及其家族数代人，一直坚持"上思报国之恩，下思造家之福"，"远思扬祖宗之德"，"外思济人之急"的思想理念，所以不但使嘉善陶庄袁氏家族保持了"报国爱民""一门清廉"的良好家风，而且对当地形成修身律己、崇德向善、礼让宽容的道德风尚，起到了积极的示范作用。下面我们择要介绍一下了凡家族几辈人的报国情结。

先讲了凡的高祖袁顺。早年，他曾抱着携剑报国之志，奋发向上，积极进取。《嘉善县志》上称，他一生"豪侠好义，尚气节人"，曾与地方名士订结礼仪之社，"皆勇于为善而奔义若赴"，在当时社会产生了很大影响。

但是到 1399 年 8 月初，中国政坛发生了一起非常事件，前面已经提到了，袁顺被牵扯进了这一政治事件中，其直接后果是，他被朱棣（注：明永乐皇帝，朱元璋第四子，曾封为"燕王"）通缉，并四处逃窜；其长远影响是，袁氏的子孙后代从此必须远离科举考试。某种程度上讲，它严重挫伤，或者说沉重地打击了袁氏后代参与政治和报效国家的热情。

了凡的曾祖父袁颢后仍居"在净池，属下保东区"。明宣德五年（1430）时新建邑，他当了"一册一甲里长"。何谓"里长"？在唐代称里正、明代改名里长（注：十户为一甲，十甲为一里），其职能沿用至民国。

袁颢博学，人虽隐于医林，但热心公益事业，参与析县定治。袁颢甫弱冠，说服大理寺卿胡概，用古太史觇（觇：看；察看）土较轻重法，遂定治魏塘。著有《周易奥义》《袁氏春秋传》和《袁氏脉经主德编》。（参见《魏塘诗陈》）

了凡的祖父袁祥（怡杏）。当年，嘉善名医殳珪无子，赘袁祥为婿，后其妻殳氏亡故，复娶平湖富家女朱氏为妻，并在嘉善城内东亭桥浐构筑宅院。袁祥传世著述有《春秋或问》八卷、《建文私记》四卷，又有《忠臣录》《天官纪事》和《彗星占验》等。

早年，袁祥的岳父殳珪让其学医，以秘经授之曰"此不可无传也"，祥不屑为医，曰"建文御极四年，未修实录。忠臣死，事泯没无传，医经特琐琐者耳"。袁祥遂薄游南都，偏询博采，作《革私记》四卷、《建文编年》四十卷。其中，《建文私记》和《忠臣录》不同寻常，在明初应该归入"禁书"之列。

大家知道，所谓"建文帝"，就是明代的第二位皇帝朱允炆，1399—1402 年在位，年号建文，故后世称建文帝。值得注意的是，"靖难之变"后，建文帝神秘失踪，下落不明，成为明朝第一悬案。而袁祥的祖父袁顺就是因为被扯进了这一事件，差点儿遭受灭顶之灾。

《明史》上对朱允炆的"蒸发"，有三种说法：一是阖宫自焚，二是流亡海外，三是逊国为僧。而从袁祥所著《建文私记》和《忠臣录》的两部书名来看，其内容涉及了明政权的敏感话题，人们也都希望从中了解"建文帝悬案"之真相。学者章宏伟对此评论说："袁祥所做之事在表彰靖难死节之臣，记述建文遗事，承续的还是祖上的政治立场。"由此可见，袁祥一生虽然隐于医林，但却是一位具有政治见解的正直之士。

袁了凡的父亲袁仁（参坡）。王畿在为袁仁撰写的《袁参坡小传》中，提及王心斋与公（袁仁）相会，语甚兴，推崇为"辅国奇才"，后被引见先师王阳明先生。尽管，后来袁仁多次告诫儿子，让他放弃科举考试，但这是不得已而为之。

古人云"不为良相，便为良医"，老人家认为：不走仕途照样能"大济苍生"，照样能为国家强盛做出贡献。"天生我材必有用"的观点，在潜移默化地影响着少年袁了凡。

但事实上，"报国无门，壮志难酬"却是袁氏上辈人的纠结，也是袁氏数代男儿的无奈。近百年来，袁氏家族一直在寻找，或者说等待报国的机会。

然而立志报国，这不是一句空话。你要报国得有报国的本领，得有治国安邦的能耐，得"文武兼备"。所以，了凡在举业读书（学习八股文），应付科考以求功名的同时，十分留意治国安邦的知识（就是经世致用的东西），经常在暗地里研习军事韬略。

"经世致用"是啥意思？用现在的话来讲，就是关注社会现实，面对社会矛盾，并用所学解决社会问题，以求达到国治民安的实效。这一思想体现了中国传统知识分子讲求功利，求实、务实的思想特点，以及"以天下为己任"的理想追求，或者说政治情怀。

袁了凡虽是一介书生，为实现"壮志报国"夙愿，到处投师，学习国防和军事方面的知识。特别是对"抗击与抵御倭寇"之术的研习，表现出了极大的兴趣。这恐怕与了凡的人生经历和其老家嘉善的历史遭遇有关。据研究嘉善地方史的学者提供的资料，"在明朝时，倭寇骚扰嘉善，达十九次之多"。其中，"嘉靖三十三年（1554），也就是了凡二十二岁那年，倭寇频频来犯，烧杀掳掠，生灵涂炭"。是年四月九日，倭寇侵占浙境枫泾（江浙分治，明宣德五年时镇南属浙江嘉善）；十日至县治所在地魏塘，烧毁军粮船四百余艘。五月，倭寇又犯，居然放火焚烧嘉善县衙，公堂和燕堂两廊仪门、县南巡检司官署被毁，时任知县邓植狼狈逃遁。当时严重的倭患，给袁了凡留下了刻骨铭心的伤痛。

他知道，要保家卫国，必须凭自己的实力。了凡不喜欢与那些"崇尚虚无、空谈名理"的人轧道，因为那些人只知道夸夸其谈，而不知道"空谈误国"的道理，也不摆弄那些中看不中用的"花拳绣腿"，他想学习那些有实战意义的拳术套路，于是，他四处投师，找那些身怀绝技的高人，找那些能够"匡时济世"的旷世之才。其中，有两位高士对了凡影响最大，一位是唐顺之，武进（今属江苏常州）人，人称"荆川先生"；另一位是是终南山的隐士刘（生平与事迹不详）。

先说唐顺之。他有篇谈论"南方与北方竹子"的散文，题目叫《任光禄竹溪记》，入选过《高中语文读本》（第三册），许多人应该阅读过。"荆川先生"不但是文学家，而且是一位卓越的军事家，同时又是明嘉靖年间有名的"抗倭英雄"。其人刀枪骑射，无不娴熟，曾在抗倭战斗中屡建奇功（《明史》有传）。相传，民族英雄戚继光和俞大猷等都跟他学过枪法。戚继光的《纪效新书》有一则记载，可供我们参考：

> 巡抚荆川唐公于西兴江楼自持枪教余，继光请曰："每见他人用枪，圆串大可五尺。兵主独圈一尺者，何也？"荆翁曰："人身侧影只有七八寸，枪圈但拿开他枪一尺，即不及我身膊，可矣；圈拿既大，彼枪开远，亦与我无益，而我之力尽"。此说极得其精。余又问曰："如此一圈，其功如何？"荆翁曰："工夫十年矣。"一艺之精，其难如此！

由此可见，唐顺之曾教过戚继光枪法，似乎并不是师徒关系，但认定为"私淑"关系，应该是没有问题的。

嘉靖二十九年（1550），袁了凡考中秀才，那年他十八岁。某日，了凡在嘉兴天宁寺与唐顺之邂逅，因早仰其名，今有缘识荆，怎肯放过这个机会，遂拜唐顺之为师，并相随至杭州，往返两个月，朝夕执书问业。这些，了凡在自述中都曾提及，反正当时两人走得很近。

袁了凡知道，唐顺之不但满腹经纶，而且通晓军事，写过几部兵书，尤擅各种拳术。其《游嵩山少林寺》《杨教师枪歌》和《峨嵋道人拳歌》广为传诵。袁了凡曾经跟唐顺之学习其最拿手的"阳湖拳"和"锁倭枪"。"阳湖拳"原为常州的地方拳种，经过唐顺之的改进，适合于贴身搏斗；"锁倭枪"则是唐顺之发明的短柄枪术，能在眼花缭乱中，一枪刺中对方咽喉，从而克敌制胜。

再说，终南山的隐士刘。以往嘉善和宝坻两地编修的《袁了凡年表》中有"万历七年（1579）四十七岁，随李渐庵入关，欲上终南山隐居，未果"的记载。其史料依据是李世达（号渐庵，曾任浙江巡抚）所记述"袁黄下第后，谋归隐终南山"的那段经历，按此"欲归隐"之说，并非无中生有。但这仅仅是了凡的一时想法，甚至只是他的"一念闪现"。然而，"进取"是了凡人生的主流风格，它终究战胜了消极的归隐思想。

当然，我们这样讲，是有史料依据的。如朱鹤龄所撰《赠尚宝少卿袁公传》提及此事；沈刚中的《分湖志·人物》有这样的记载："黄尝受兵法于终南隐士刘，服黄冠（注：服黄冠，是指粗劣的衣着。借指平民百姓。有时指草野高逸）独行塞外经年，九边形胜、山川、营堡历历能道之。"也就是说，了凡独行塞外，那是为了向隐士刘学兵法，是为了实地考察，以便掌握边外要塞的分布及其诸关隘的地形地貌等情况。

我们认为，沈刚中的"推断"既符合了凡积极有为的性格特点，又与了凡的人生所谋暗合，在事理上也更合乎逻辑。了凡本人也曾在《宝坻政书》中表露："卑职目睹时艰，细筹国事，亦有一得之愚，久欲献之当道。兹承明檄，敢不尽言。"可见，其早年拜名师、习武功、学兵法，考察边防海疆之目的，全在于"目击时艰，细筹国事"，以"一得之愚"报效国家，其赤胆忠心更是令人感佩。

至于了凡师投的那个隐士刘，究竟是何许人，我们至今也没有找到更多的资料。但"万历七年（1579），袁了凡随李渐庵出塞入关，受兵法于终南隐士刘"的这段史料，应该是坐实的。而且他到关外去搞的那些东西，与后来他任职的部门的工作职能是完全一致的。在明代，兵部职方司作为兵部四司之一，职责最重。它要掌管"天下地图及城隍、镇戍、烽堠之政"。据学者赵现海说，其职能是"专门负责搜集各地资料，尤其是军事资料。绘制各地地图，尤其军事地图的专职机构"。而袁了凡后来恰好担任了这个重要的职务。他与其他兵部职方司主事一样，都"撰写过关于长城防御体系的《九边图考》，只是由于清朝焚毁的原因，目前该书尚未见流传"。（参见《晚明时代危局与袁黄的历史角色》，作者：赵现海）

另外，前面提到的"九边形胜"是什么？它是指辽东、蓟州、宣府、大同、山西、延绥、宁夏、固原和甘肃九镇的地理形胜。而这些地方恰好是我国东北方地区的边卡要塞，其中的辽东（明代时）其地域与朝鲜相邻，正是后来明代赴朝远征军在此集结，向朝鲜战场输送战备物资的军事要地。

在《了凡四训·立命之学》中，确实提到"时方从李渐庵入关"，但并未说"欲归隐终南山，后未果"。万历七年（1579），了凡四十七岁，正值风华之岁、鹏举之年，说他"欲归隐"是偏颇的。而事实上，这几年他频繁出塞入关，忙的恰恰是关乎"国家安全"的军政大事。

宝坻学者张殿成说，了凡"位卑不忘忧国事"。早年他抱着拳拳的赤子之心，忧劳于明朝的内政和防御外患。他曾以布衣之身亲临海上，考察战船与倭寇海战的情况及海况情态，全然不顾生命的安危；还曾只身北上华北和东北各关隘，考察"北虏"入侵关内的线路地形以及戚继光的战阵，结合古代兵家理论，提出战具和改进战略战术的具体方案。

了凡先生对军政边防时弊针砭极为精深切当，他当时曾高瞻远瞩地预见到了财政和边防军事所存在的双重隐患，并特别警示当时属宝坻境的"塘儿沽"（今塘沽）、"草头沽"（今直沽）海防不固会给京师带来的严重后果，且提出了对治的可行方案。

而后来的晚清政府正因为疏忽于此，才让英法联军和八国联军突破了上述的海防前哨，从而轻而易举地占领了京津。（参见《名扬四海的明代宝坻知县袁黄与〈宝坻政书〉》，作者：张殿成）无情的历史事实，证明了袁了凡在二百二十年前做出的正确的预见。

第五章　著书立说

家训金言

提及袁了凡的著述，不能不说《了凡四训》《训儿俗说》和《庭帏杂录》这三本书，它们是袁了凡家训类著述的传世佳作。四百多年来，这几本小册子流传于民间，拥有比较庞大的读者群体。特别是《了凡四训》更为海内外读者推崇备至，为明清以来，最受读者欢迎的通俗读物之一。我们在这里主要以《了凡四训》为例，重点阐述了凡家训的思想精华及其对于当时和后世人的影响。

《四训》全文共一万一千六百多字，由"立命之学""改过之法""积善之方"和"谦德之效"四篇文章组成。其中"立命之学"是他六十九岁晚年之作，"改过之法"和"积善之方"是他早年《祈嗣真诠》中的两篇，"谦德之效"是以前的《谦虚利中》篇。

这是一部明清以来最有影响力的家书之一。它的传播范围和渗透力甚至超过了《朱伯庐治家格言》（即《朱子家训》）。《朱子家训》采用了朗朗上口的歌诀形式，宣扬的是循规蹈矩的儒家思想，有一点说教的味道。而袁了凡则把自己读书的心得，以及甜酸苦辣的仕途经历总结出来，写成了《四训》。他以自己的遭遇、自己的实践、自己的切身体会，告诉其儿孙一个真理，那就是"与天命抗争，与命运挑战"，通过努力改变自己的命运。这在一切"听天由命"的封建社会里是了不起的。

《四训》能在社会上流传这么多年，说明它具有顽强的生命力，时至今日，我们仍旧对此津津乐道。那么，它到底对当今社会有什么现实意义？或者说，我们从中可以汲取些什么东西？我的一位朋友曾从人生哲学和思想修养的角度，对此做过这样的归纳：

第一，它对"宿命论"提出了质疑，肯定了人自身努力的价值。《四训》开篇第一立命之学，就是明确了"命运是可以改造的"的观点，强调后天努力的重要性。他说："什么主宰命运？自己！这就是人的价值，生命的宝贵。这个价值不是别人给予的，是需要每个人自己去实践和创造的。"他提出的"通过努力，可以改变命运"的思想观点。这在一切都"听凭天命"，大家都相信"生死有命，富贵在天"的封建社会，确实是非常了不起的。

第二，它提出了思想修养的一个重要内容，那就是要"知廉耻，有过就改"。《四训》中说到了"上思报国之""远思扬祖宗之德""改过者，第一要发耻心，……第二要发畏心"。前者是做人的道德范畴，是一个必须遵循的原则，后者则是想达到这个道德标准的具体的修养方法。道德品质出了问题的人，往往从"不知羞耻"开始。具体来说，就是为官者，不"怕天下人耻笑"；平头百姓则表现为"勿要面孔"；社会风气方面，如"笑穷不笑娼""认钱不认爷"；等等。这才是真正的"道德沦丧"。

第三，它极力推崇仁爱思想。将"仁者爱人"的理念渗透到了《四训》的每个章节。首先，它强调仁爱应当分别亲疏远近，从爱最亲近的人即父母兄弟开始，逐步推广扩大到其他，"下思造家之福，外思济人之急"；其次，它强调应当将仁爱贯穿到施政原则和社会理想中去。这是袁了凡善学思想的核心，他一生著书、讲学，推行仁爱的善学思想，以及后来在宝坻施行的减粮善政，都体现了他的仁政思想。

也有人把了凡的"四训"，称之为实践、改造命运的精华。而在日本、新加坡和韩国等地，"四训"则被称为"善书"。这本小册子里面包含了朴素的辩证法，许多章节闪烁着哲学思想的光芒。了凡以亲身经历，说明人的命运掌握在自己手里。他老人家告诉儿孙：不要被"命"字束缚手脚，一个人的"命运"不是先天生成的，通过主观努力是可以改变的。

另外，还有两点也非常具有现实意义。其一，袁了凡的励志精神。应该说，他的举业之路并不顺畅，连续考了三十多年，可以说是锲而不舍，直到五十四岁（万历十四年）才中进士，到宝坻去当知县时，已经是五十六岁的人了。但他老当益壮，在那里兴修水利、垦荒种稻，后来又东征朝鲜，干了许多轰轰烈烈的大事。他的一生应该是最生动、最有说服力的"嘉善版"的励志故事。

其二，袁了凡一生廉洁自律，不但注意自己的个人私生活（包括社交活动），而且注重对自己家人的管束。用现代的话说，领导干部要管好自己的家属和子女，包括身边人。袁了凡对子女的教育和对整个家族的影响是多方面的。他的儿子袁俨，以及干儿子叶绍袁都有出息，这跟从小培养和家庭环境的熏陶是密不可分的。

袁了凡家生活很俭朴，可是却非常喜欢布施。他常教育家人，要安贫读书，助人为乐。不管公事、私事再忙，他每天都要扪心自问：做了哪些好事，并按"功过格"的要求记录下来。

袁了凡在宝坻当知县的时候，他预备了一本唤作"治心篇"的小册子，里面有许多空格，专门用来记录自己的言行。每天早晨，在坐堂审案前，袁了凡都要叫当差的下人，把"治心篇"交给门役，放在办公桌上。一天做的善事或者恶事，一事不漏地记录在小册子上。就这样，五年如一日，从不间断。

袁了凡的夫人非常贤惠，经常与他一起行善布施，并且依照"功过格"记下所做的功德，因为她没有读过书，不会写字，便用鹅毛管沾上印泥，在历书上做记号。有时袁了凡公务较忙，当天所做功德较少，她就皱眉头，希望丈夫能多做些善事。

有一次，她为儿子袁俨裁制冬天的袍子，想买棉絮做内里。袁了凡问："家里有丝绵又轻又暖和，为什么还要买棉絮呢？"了凡夫人答："丝绵比较贵，棉絮便宜，我想将家里的丝绵拿去换棉絮，这样可以多裁几件棉袄，赠送给贫寒的人家过冬！"袁了凡听了这番话，非常高兴地说："难为你时时想着做善事，如此'菩萨心肠'也是我们袁家的福祉。"

袁了凡的儿子袁俨，字若思，又字天启，号素水。天启五年（1625）进士。少承家学，博览群书。初令高安县（另一说为高要县）。七年丁卯（1627）夏秋，高安大水，袁俨奔走救灾，竟呕血卒于官。归榇时，橐箧萧然。"士民市咭，巷哭如丧所生。"著有《抱膝斋漫笔》三卷，又有《紫薇轩集》二卷，未传。

倡导"功过格"是《四训》的一个显著特点，因为他试图通过这种记录个人行为（善恶）的小本子，以达到自我修养、完善人生，最后形成"人心向善"社会风气之目的。尽管这种方法，在今天看来有点不可思议。但在当时，袁了凡能够从自己做起，以这种独特的方法来规范自己的行为，确实是件了不起的事情。

奇怪的是，这种在国内并无影响的小本子，在海外，特别是在东南亚国家和地区却特别被推崇。前几年读报，偶然看到一则消息说：

> 新加坡八万学生参加了一个特别的活动。他们人手一本"日行一善"小册子，记录自己所做的小小"善行"。如果一年之中有了八十个"小善"，便可获一枚铜质徽章，佩戴于衣领之上。获得了徽章的孩子受到鼓励，也时刻提醒他处处"与人为善"。

读之，感触良多。

下面，再谈谈了凡的《训儿俗说》（以下简称《俗说》），它是了凡先生的另一部家训类著述。其知名度虽不及《四训》那么高，传播范围也没有《四训》那么广，但它是一本很有特色的家庭教育读本，也可以说，是了凡诫子文的"姐妹篇"。《俗说》全书字数不足一万，共分立志、敦伦、事师、处众、修业、崇礼、报本和治家八个章节（八个方面），它的体裁与《四训》一样都属于书信体。

了凡先生在与儿子袁俨的灯下笔谈中，讲得最多的是做人的规矩。从幼年立志，讲到入学拜师；从如何事师，讲到怎样处众；从怎样修业，讲到如何崇礼；从怎样报本，讲到如何治家。无所不谈，无所不及，可谓是苦口婆心，谆谆告诫。这本小册子给人印象最深的有以下四个方面：

一是讲述了做人的根本。比如说如何对待百姓，如何对待国家的问题。了凡说："然明德不是一人之私，乃与万民同得者，故又在亲民。以万物为一体则亲，以中国为一家则亲。百姓走到吾面前，视他与自家儿子一般，故曰如保赤子。此是亲民真景象。"

了凡告诉儿子："汝今未做官，无百姓可管，但见有人相接，便要视他如骨肉则亲，敬他如父母则亲。倘有不善，须生恻然怜悯之心。可训导，则多方训导；不可训导，则负罪引慝，以感动之。"

对于国家，了凡更是旗帜鲜明。他说："语云：'君臣之义，无所逃于天地之间。'不论仕与隐，皆当以尊君报国为主。"

二是讲述做人的规矩。做人的"底线"是什么? 了凡先生告诉袁俨："大人之学，在明明德，在亲民，在止于至善。此不但是孔门正脉，乃是从古学圣之规范。"他在《崇礼第六》章节中，详细地对儿子交代了切宜谨守的十五条细则：一曰视，二曰听，三曰行，四曰立，五曰坐，六曰卧，七曰言，八曰笑，九曰洒扫，十曰应对，十一曰揖拜，十二曰授受，十三曰饮食，十四曰涕唾，十五曰登厕。

三是讲述做人之道。如"又交友之道，以信为主。出言必吐肝胆，谋事必尽忠诚，宁人负我，毋我负人"。"凡与二人同处，切不可向一人谈一人之短。人有短，当面谈。""即平常说话，凡对甲言乙，必使乙亦可闻，方始言之。不然，便犯两舌之戒矣。"

四是讲述了如何修业。了凡告诉儿子，"汝今在馆，以读书作文为业"。修业有十要：一者要无欲；二者要静；三者要信；四者要专；五者要勤；六者要恒；七者要日新；八者要逼真；九者要精；十者要悟。

最后，我们简要地谈谈《庭帏杂录》(以下简称《杂录》)，这本小册子字数也只一万字。这是一部由袁了凡和同父异母的袁衷、袁襄和同父同母的袁裳、袁衮五弟兄合作的、讲述家教和家训的专著，在以往，一般家训(包括有关家教的书稿)，总是由长辈们亲自执笔撰写，之后再誊抄或刊刻，以贻厥子孙，恩泽后辈。而《杂录》这部讲述家教与家训的专著，则是由了凡先生与其他四位兄弟共同回忆，每个人各自根据父亲袁参坡、母亲李氏平时对他们训示的内容写成的。学者陈延斌将此称为，在中国家训（著述）三千多年的发展过程中的"一篇形式独特、别开生面的家训"。它从子女（后辈）的角度，以"换位思考"的方式，去理解、去体味父母亲用心良苦的教育，因而更具有渗透性和说服力。

济世奇书

袁了凡一生博学多才，在天文、数学、水利、养生等领域都有建树。在他多姿多彩的人生中，对于医学的研究及其成果也令人瞩目，特别是在保健养生方面的学术探索与实践，尤为后世所推崇。他的《摄生三要》《静坐要诀》和《祈嗣真诠》已成明清两代医苑圭臬，更是泽惠千古、普济众生的旷世奇书。他本人也由于在养生方面所取得的成就，而成为了明代的养生大家。

有关袁了凡在养生方面的成就，我曾在《嘉善养生三大家》等文章中提到。应该在此说明的是，袁了凡生前并不是职业医生。但在杏林之中，他的名气很大，其著述在医苑广为流传。这是为什么？据分析，大致有以下三个原因：

一是由于他出身于医学世家，所谓"家学渊源"。而医生这个职业又很讲"世袭"，"祖传名医"就是一块金字招牌。诚如《礼记》上所说"医不三世，不服其药"，所以像袁氏那样的医学世家，何愁不出大家。

二是袁了凡尽管不是职业医生，但他熟读了家藏的所有医书（可以说是数代人积累、嫡传的医学知识和医疗经验，许多都是口授书传，绝对是秘而不宣的）。另外，他对医林诸家学说都有所涉猎，特别在养生和妇幼保健等方面很有造诣。

三是他与儒、释、道诸家人物都交往，且能将儒家的思想修养，如孔子所倡导的所谓"君子三戒"（参见《论语·季氏第十六》），佛家的"四百四病"（参见《诸经要集》），道家"吐故纳新、熊经鸟伸、导引守神"等（参见《淮南子·精神训》）养生之术融会贯通，而独成其一家。

按上所说，袁了凡是天生的"当医生"的料，而且也极有可能成为一代名医。但他有他的政治抱负，因而做了"弃医举业"的人生抉择，这些他在诫子文《立命之学》中提到过。袁了凡十四岁那年没了父亲，其母亲出于生计方面的考虑，劝说了凡放弃举业，去拜师学医，这样不但可以继承父业，还可以养生济人。

另外，袁了凡的母亲要让儿子去学医，这也跟袁家上代人的思维定式有关。了凡的曾祖袁颢在十八岁时，也曾雄心勃勃准备参加县试，当时袁顺以"但为民以没世，何乐如之"训诫他，让他放弃了科举考试。

"不走仕途"是袁氏家训所规定的，袁了凡的上祖甚至还认为"士农工商，所谓四民也。吾家已不事举业，亦不行耕作与工商。养生诸艺，唯医学近仁，习之既可资生养家，又能救济世人，故以医为业"。所以后来袁氏家族中的许多人都"隐于医"。了凡的上辈头人，不是不想"走仕途"，而是在当时高压的政治态势下，不能"走仕途"，"隐于医林"不过是被迫无奈之举。当然，医生也确实是个不错的职业，前面已经提到，了凡上祖的三代人都"隐于医"，且都以"不为良相，便为良医"这一俗谚聊以自慰。那么，了凡既然弃医举业，为什么还对医学、对医生这个职业难以忘怀，不愿割舍呢？

袁了凡出于名医世家，其曾祖袁颢、祖父袁祥、父亲袁仁都是当地的名医，袁氏家族传于后世的许多医学著述便是证明。而医学、医术讲究嫡传，甚至还有"传男不传女"的说法。所以，母亲曾告诉少年袁了凡："让你学医是你父亲的心愿。"尽管后来，袁了凡并没有听从母亲"悬壶济世"的劝导，但对于医学，他一直都是有着浓厚兴趣的。这恐怕是一种情愫或者说是情结，也是他一生业余从事医学（特别是养生保健）研究的一种原动力吧。

我们知道，了凡传于后世的医学书有三部，它们分别是：《摄生三要》《静坐要诀》和《祈嗣真诠》。在此，我们将这些书的内容简要地向大家做些介绍。

先讲《摄生三要》。按照字典上的解释，"摄"为养也，也就是护养、保养的意思。而传统的中医理论则把精、气、神视为"人生三宝"，认为它们的充盈与亏耗对于生命至关重要。袁了凡长于岐黄，对于养生之学深有研究。他撰写的《摄生三要》，是我国古代养生学的一部理论专著，提出了"养生以聚精、养气、存神为要"，被后世尊为"养身大家"（参见《中医人物词典》"袁黄"条目）。

袁了凡在这部著作中阐述了以聚精、养气、存神为"摄生三要"的学术思想。尤其值得提及的是，他从思想修养的角度，提出了寡欲、节劳、息怒、戒酒、慎味等一系列保健养生的主张。他还在著述中结合养生理论，对自己过去的生活进行了反思，对某些不良习惯和嗜好做了自我批评。他说："人有了精、气、神，才能活命；我特别爱喝酒，但酒这东西，又很容易消散精神；一个人精力不足，就算生了儿子，也是不长寿的。"他还自我检讨说："我喜欢整夜长坐，不肯睡觉，根本不晓得如何去保养元气精神。"并提醒自己：长此以往，根本不可能会健康长寿。"理解便是克服"（黑格尔语），应该说，这种自我批评的精神是难能可贵的，也是十分有益的。

袁了凡的《祈嗣真诠》，则是一部专题探讨生育之道的著作，全书有聚精、养气、存神、知时、成胎和治病等十个章节。其中有如何积善积德，以衍麟趾之祥；如何聚精、养气、存神，以祈香烟之盛；如何烧香念佛，以求送子观音显灵；等等。具体涉及妇产科、儿科和男科的一些知识，应该说这是明代的一部介绍生育知识的普及读本。

由于时代的局限性，其庞杂的内容中不乏真知灼见，也存在某些封建迷信的东西，这就要看我们如何取其精华，弃其糟粕，批判地吸收它了。但不管怎样，《祈嗣真诠》还是值得称道的。因为这本"生育指南"，将过去被人们认为"离经叛道"、秘而不宣的东西，正儿八经地摆上学术研究的位置。诚如英国大文豪、著名学者霭理士在《性心理学》（潘光旦译注）一书中说的："在近代以前，在很长的一个时代里，一切性知识既在所必禁，既被认为不登大雅之堂……"而在四百多年前，袁了凡早在《祈嗣真诠》中认真地讨论了"性、性欲和性生活"这些隐秘的问题了，这是很难想象的。

袁了凡在"存神"篇中，提到情绪与成胎的关系时说："有意种子，兢兢业业必难结胎，偶尔为之，不识不知，则胎成矣。"提醒要放松情绪，而与霭氏提出的"从容与婉委行事"，有着异曲同工之妙。

在"知时"篇中，他还说，"天地生物必有氤氲之时，万物化生必有乐育之时"，强调了"知时"之重要性，这些观点与霭氏在《不生育的问题》（参见《性心理学》）中提出的"最适宜的交接时间"是同一个意思。

最后，再讲一讲《静坐要诀》。袁了凡的《静坐要诀》，主要从佛教心法论述静坐功夫。其论以天台宗的止观法、六妙法为基础，结合云谷、妙峰两位圣僧的修习心得及作者自身的实践，对静坐进行了详细的论述。全书分辨志、修证、调息、遣欲、广爱等六篇。静坐或禅定，是我国传统养生学的宝贵遗产之一。从中医学理论讲，通过静坐可使人体阴阳平衡、经络疏通、气血顺畅，从而达到益寿延年之目的。作为养生保健之法，静坐之所以广受人们关注，主要在于它能祛病延年，无论对健康人或者病人都适用。它还有一个很大的作用，就是能使人"入静"，也就是说排除杂念，远离尘嚣，达到平和心境、超凡脱俗的境界。在我国历史上，习练静坐者代不乏人，比如，湘军主帅曾国藩就深谙静坐之道，尽管他日理万机，但即便是在行军打仗，或者批阅文稿之际，还是每天坚持静坐，"以医心乱"。另外，还有许多文化名人，如钱穆、南怀瑾等人亦长期习练静坐之法，以达到修性养德的目的。

对于静坐之功，了凡得之真传，又经过自己的实践，在五十九岁之时，他的静坐实修功夫已炉火纯青。他在总结前人经验的基础上，撰写了有自己个性特色的《静坐要诀》（参见《袁了凡与〈静坐要诀〉》，作者：严蔚冰）。

袁了凡的《静坐要诀》刊刻本出炉后，时任保定知府的马瑞河随即差人向了凡呈送拜师帖和拜师礼，并专程到宝坻府上拜师问道，后又多次驰书请求释疑解惑，指点迷津，共提出了有关"修习静坐"的十三个疑难问题。（参见《宝坻政书》）据我所知，现代有关介绍静坐的书籍中，大多将了凡所著《静坐要诀》作为附录。

有人这样评价此书，"乃其一生静坐经验总结，语言凝练，全文言文，且无任何解释"，具有较好的古文功底以及佛学根基的人方能读懂。如有兴趣者不妨自己根据此书，亲身体验一番。

四百多年来，袁了凡的学术思想一直为养生家所称道。当今世界，物欲横流，充满喧嚣。而一切浅薄、浮躁、急功近利的心态都有悖于健康长寿之道。我们读袁了凡，就是要树立正确的人生观、价值观，只有这样，才能够"一身正气，抵御百邪"。

传世著作

袁了凡是一位才华横溢的学者。他博览群书，多才多艺，一生著述极丰，其数量之多，涉及范围之广，为嘉善之最。我曾根据手头史料做过统计，他所作的著述达二十二部，共计一百九十八卷，不包括未刊刻出版的其他手稿。其中，《皇都水利》《祈嗣真诠》和《评注八代文宗》均为《四库全书》存目。袁了凡还曾参与了嘉善第三部县志（俗称"章志"）的编纂工作，并为之作序。《檇李诗系》曰："（袁了凡）平生著述甚多，凡经史外历数，河渠阴阳姑布之术，莫不洞悉。勒有成书。至所作诗文，不自珍惜，散佚过半。"后来，还是其子袁俨从了凡友人处得所藏二千纸，刻《两行斋集》十四卷行世。

综观袁了凡的著述，主要有以下鲜明特点：

一是比较注重对实用型知识的总结，一般都是结合当时实际情况，力求学以致用，学用结合。在宝坻当知县时，他根据当地实际，编写了《劝农书》，其书分天时、地利、田制、播种、耕治、灌溉、粪壤和占验八篇，倡导开荒地、兴水利、种水稻。又如，袁了凡被罢官后，回乡当了私塾的教师。在这期间，他结合自己的举业经验，组织社塾门徒编纂《群书备考》等科举考试的参考书。日本学者对此评价说，袁了凡举业之学在明末日用类书平民化的文化潮流中，是作为通俗类书的一种，它主要流行在私塾之中。

二是在总结前人经验的基础上，独立思考，有所创新。袁了凡所确立的善书思想，就是一个生动的例子。袁了凡否定了道教的宿命论，并且以佛、儒思想为基础，说明了"因果报应"思想，但并不像后人所想的那样否定了道家本身。他的思想不分儒、道、释之别，是"三教合一"形态的思想信仰。

他以这种形式渗透到中国人的一般思想中去，形成了善书思想形态。同时，他又把他的思想通过实行"功过格"而进行了实践体验。因而，日本学者认为，袁了凡对善书的发展具有划时代的地位。

三是袁了凡的著述及其学术思想，当时不仅在国内学术界产生了巨大影响，而且引起了邻国，诸如日本、朝鲜和新加坡等国的普遍关注。了凡先生曾在朝鲜讲学，他在《重修儒学记》中说："予近在朝鲜，诸郡县亦皆有学，兵革之暇，余轧专席而谈经，曾讲《大学》。"另据《魏塘诗陈》记载："当时海内识与不识，无人不知袁了凡先生。使朝鲜时，至清黄升座讲《大学》，率有百官朝服以听，称袁夫子，其名振外邦如此。"在日本江户时代，袁了凡的著述通过船运到了日本。直至近现代，还有一大批日本学者对袁了凡的著述表示极大的兴趣。例如，在前面提到的酒井忠夫先生，他对袁了凡的善书思想曾做过深入的研究。

在袁了凡的著述中，有许多鸿篇巨制，像通史类的《了凡纲鉴》，科考类的《群书备考》等。其中，涉及农业和水利方面的书，是他著述的一大特色。袁了凡所著的宝坻《劝农书》五卷，《皇都水利》六卷，还有《两行斋集》（卷二）中收录的《分黄导淮考》《古人治河考》《今日治河考》《沟洫考》和《三吴水利考》（上、下）等篇什，都是他的呕心沥血之作，至今仍具有很高的科考价值。另外，其《宝坻政书》中也收录了诸如《救荒书》等涉农内容的篇什。其中，《劝农书》（我们已在前面提到过），更是一本广受农户欢迎的农技推广书。历史上著书立说的人很多，但有的被藏之名山，有的被束之高阁，真正写给劳苦大众看的书不多。而值得提及的是，袁了凡所写的书，是给忙于春耕夏种的宝坻农民看的，是直接发送到种田人手中的书。

袁了凡的《劝农书》，促进了京畿之地水稻的推广种植。宝坻县"随地教民，积年荒地皆开成美田"。《宝坻县志》说："'维时宝坻民尊信其说，踊跃相劝'，获得了好收成。"这就是袁了凡著述的价值所在。

袁了凡是实践论者。他不唯书，不泥古，深信"实践出真知"。比如《吕氏春秋》说，冬至后五旬七日菖蒲生，即可耕种。袁了凡则认为，菖生而耕是对的，但南北气候不同，不要拘泥日数；应该因地制宜，而不必尽泥古法。他根据自己的实践经验,在宝坻《劝农书》(《天时第一》)中提出不同看法,并指出:种稷时不要单靠月令,而应以杨柳生为上时,桃始花为中时,枣生叶、桑叶落为下时。袁了凡还认为,种植水稻,亦不必尽用移栽(俗称"插秧")。他在谈及插秧时(在《播种第四》结尾处),还引用了老家嘉善的一个实例。他说:"敝乡有孙氏兄弟,素习农,常撒谷而种,不更栽,收实亦繁,但费工夫耳。"(即现在的"直播稻")。现在,《劝农书》经点校,已附入天津新方志中的《宝坻县志》;由天津农史专家况清楷等整理的《宝坻劝农书》带图标点本,也于2000年由中国农业出版社出版。而他的有关水利建设方面的著述,比如《皇都水利》,在历史上产生了巨大的学术影响。

2006年6月,中国政府正式决定为中国大运河申报世界文化遗产。聊城大学运河文化研究中心为此编纂《中国大运河历史文献集成》。这一庞大的文化历史工程,汇集元、明、清三代关于运河的专门著作一百三十种(计八十一册)。其中,袁了凡编著的《皇都水利》(万历三十三年建阳余氏刻了凡杂著本)被收录其间,它为中国运河及其历史文化遗产的研究者提供了明王朝的文献资料。

了凡著作还有一大特色,他撰写或参与撰写的家训类著述,比如《了凡四训》《训儿俗说》和《庭帏杂录》等,在传承嘉善袁氏家风、形成淳朴地方民风方面,起到了教化作用。

说到袁了凡的著述,不能不提《了凡纲鉴》。对于这部《纲鉴》,在嘉善有过这样的评说:"鲁迅说《袁了凡纲鉴》'这是一部宣扬正统思想的编年史,在明清两代颇有影响,当时作为历史教科应用,流传广泛'。"

此话最早见于朱念慈先生的《袁黄镇守平壤》一文,这位嘉善老报人在"附注"中说:"(此话)见鲁迅小说集中《高老夫子》一文。"后来,其他有好几篇同类的文章也都引了这段话。为此,我查阅了鲁迅小说的许多版本,虽然《高老夫子》中多次提到了《了凡纲鉴》或者《纲鉴》,但鲁迅确实没有对《了凡纲鉴》做过任何评价。

袁了凡一生,除了撰写《了凡纲鉴》,还编了许多有关科举考试的参考书籍。比如,他为《四书》做了注解,写了《群书备考》。在这些介绍科举知识的工具书中，袁了凡掺杂了自己个人的许多想法和经验。《四书示儿说》是引用前人对四书的注解来解释四书的，但袁了凡在历代名人的解释处，旁注了大量自己的考证。如在《论语》的《颜回第十二》条"参考"栏中，袁注上了"前辈以黑豆、白豆，自分记善恶。初时黑多白少，后时白多黑少，后来遂不复有黑豆……"对此，日本学者酒井忠夫的评价是："这段话体现了四书之学和袁黄之学在儒学实践民间化方面的联系。"因而，袁了凡之学在当时应该说是"非正统"的。查继佐曾猛批袁的学风，说他"至尽窜"各种注解，制作了加入"己意"的俗书。

袁了凡之学有许多标新立异的地方。诚如日本学者酒井忠夫所说：

> 假如程朱之学被作为明代科举的正统之学，那么明末的举业显然被掺入了异端的举业之学。袁黄之学当然是其中的一个例子。所以明末查继佐在其《罪惟录·列传》卷十八设有《李贽袁黄列传》，把袁了凡与泰州学派中认为最异端的李贽并列同类。其中《袁黄传》有如下所述："讲述了袁黄之学是与程朱之学不同的俗学。'有史论及四书，极诋程朱，至尽窜注解，更以己意。坐非儒黜，焚其书……'"

可见，说袁了凡之学在"明清两代颇有影响"是对的，但说其是在宣扬所谓的"正统思想"（程朱之学），则未必。

家学渊源

陶庄的袁氏是浙西有名的书香世家。据族谱记载，袁了凡的祖上"世居陶庄净池滩"。柳亚子在《自传·五十七年》中，曾提到分湖的文化积淀，提到了袁氏父子及其家族。他说，"齐河浜的周芷畦家，陶西的袁顺，池亭的叶氏，大胜村的柳氏等等"，都是分湖流域有名望的书香世家。

的确如此，分湖流域面积虽然不大，但其文化源远流长。几百年来，环湖的陶庄、芦墟和北库诸镇的那些大族，他们恪守"耕读传家"之训，不遗余力地营造着分湖文化。柳亚子对此这样评价，他说："总之，宋元间的陶（陶文幹）、陆（陆大猷、陆行直父子），明代的袁、叶，都是分湖文献世家。"明代的袁、叶，就是指袁了凡和叶绍袁两个家族。

陶庄袁氏家学渊源，分湖一支五代，代代都有杰出人物。作为文献世家，他们对当地的文化建设做出了贡献。下面作一简要分述。先说了凡的四世祖袁顺，《分湖志》有"陶庄人，豪侠好义"的记载，他精通三学，有《易》《诗》《书》《三礼》和《春秋三传》等书的论考。但由于历史原因，他曾长期隐名埋姓，流亡在外，直至"永乐中，诏赦始归"，最后"归老陶庄而终焉"。其生平事迹已在前面中提到，不再赘述。

了凡的高祖袁颢，在袁氏家族中是个承上启下的人物。他本人才华横溢，光芒四射，既精于医术，又工诗善文，一生著述颇丰，有《袁氏春秋传》三十卷（《明史·艺文志》著录）、《袁氏家训》一卷、《庭闱杂录》四卷（《四库》存目）、《周易具易》八卷、《袁氏脉经》二卷和《主德编》等。

袁颢学富五车，德高望重，在嘉禾之地声望极高。可以举一个例子：大理寺卿胡概[《明史》载：宣德五年（1430）后，胡概恢复本姓，名熊概]巡视江南，谓"地广赋繁，请立县治"，遂割嘉兴府东北区域为嘉善县。县城初议在斜塘（今西塘），后袁颢建议胡概用古太史称土比较轻重的方法，遂定武塘（今魏塘）为县治所在地，至今已有五百八十七年矣，其社会威望由此可见。

袁祥（字文瑞）乃袁仁之父（了凡的祖父），其时始居嘉善，并在城东南隅，构筑宅第。袁了凡与其父亲袁仁都出生于此。袁仁在《家居八景赋》中，对其做了描述：

> 吾父……自筑室于亭桥之浒。堂之东复筑一厅，植杏于庭，而以轩临之，曰"怡杏轩"；东北有囿，植药草三十余种，曰"种药圃"；轩之东起小楼，楼前有山，曰"云山阁"；阁后有垔室，曰"雪月窝"；窝之北有池，植藕其中，曰"半亩池"；上有桥，

日"五步桥";绕池皆植芙蓉而虚其南,日"芙蓉湾";湾之南植
蔷薇,而周围以木架之,日"蔷薇架"。

袁祥传世有《春秋或问》八卷、《建文私记》四卷,又有《忠臣录》《天
官纪事》和《彗星占验》等著作。

了凡的父亲袁仁(字良贵),时为浙西名儒。他博览群书,天文、地理、
历书、兵刑、水利和医学等无不精通,其家有藏书两万余卷,号称文献世家。
袁仁与同时代的大学者王阳明、王艮(号心斋)和王畿(号龙溪,王阳明的
大弟子)等,在学问上都有交往。

据县志上记载,袁仁精于医术"隐于医林",并在宅院内辟药圃,植药
草三十余种,遂成一景。有《种药圃》诗云:"清露滴新荑,春风满药畦。
无穷活人意,带月自耕犁。"其人颇有传奇色彩,有资料说,其"独寓于医,
谓可藏声济人"。后袁仁艺药之所,又成为吏部钱棅读书之处,改名为南园。

袁仁诗气殊苍朴,有很高境界,著有诗文《一螺集》传世。据《嘉
善县志》记载,袁仁寿高,"卒之日,沐浴更衣,坐正寝,呼笔题诗,有'附
赘乾坤七十年,飘然今喜谢尘缘'之句,投笔而逝",可谓是"视死如归"了。

袁仁其他著述颇多,大致有如下数种:《周易心法》《针胡编》《尚书贬
蔡编》《毛诗或问》(四库存目)、《春秋考误》(四库收入)、《三礼要旨》《历
代纪事》《编年备考》和《三命要诀》等。

前面已提到了凡的上几辈人尽管都是读书人,但没有一个是选择仕途
的,其四世祖袁顺晚年课蒙自给,依靠束脩(学生给老师的酬金)维持生计,
用现在的说法是乡村老师。他的高祖袁颢为一代名医。其祖父袁祥、父亲
袁仁也是当地的名医,从职业角度上讲是中医世家。他们一家几代人都留
下医学著述,就是一个很好的证明。

到了袁了凡那一辈,是一个历史的转折点。袁了凡立志科举。据《明清
进士题名碑录索引》记载:"袁黄,浙江嘉善,明万历十四年(1586)丙戌
科第三甲进士。"袁了凡为什么会走仕途,他在《了凡四训》讲得很清楚,
这里就不再重复了。但当官归当官,参政归参政,家里优良的治学传统并没

有因此而丢弃，所以袁了凡在学术领域取得了非凡的成绩，因而在明朝被称为异才。他对经史、诗赋、星象、医农、水利、戎政和术数都有研究。

了凡在任河北宝坻知县期间，曾率当地百姓兴修水利、绿化治沙、垦荒开发，政绩斐然。晚年因遭诽谤，结束仕途生活。从此蛰居分湖之畔，奋笔疾书，终成为明代学林巨擘。他一生著述二十二部，达一百九十八卷，其中《祈嗣真诠》《皇都水利》和《评注八代文宗》等均被列为《四库全书》存目，堪称嘉善著述第一人。

了凡的儿子袁俨（字若思）承前启后，也走仕途。于是，中国历史上又多了一个清官。柳树芳所辑的《分湖小识》称："袁俨，少承家学，博极群书，尤留心经济。性坦直，与人交谦和自下。天启五年进士，授高要知县。著有《抱膝斋漫笔》三卷行世，又有《紫薇集》，不传。"

陶庄袁氏书屋延香，代不乏人。以著述为例，袁了凡与其父袁仁新作不断，前后辉映。袁仁撰《毛诗或问》一卷，举其所服膺者，设问答以明其说（有道光晁氏木活字本）；袁黄著有《袁氏易传》十卷，为学界推重，朱鹤龄称其"贬讹发复，俗学所未有也"；袁仁的《尚书砭蔡编》一卷（明刊本），纪晓岚谓之"纠正蔡传之误，引据古义相诘难"（《四库提要》）。袁仁著《三礼要旨》则宗中庸"'喜怒哀乐之未发谓之中'一语，分配五体：以喜为吉礼，怒为军礼，哀为凶礼，乐为嘉宾之礼，随文演义，以中庸为其纲领"；袁了凡则有《诗外别传》二卷传世。良好的学风来自家庭熏陶，"春雨润物细无声"，袁了凡正是在这种学术气氛非常浓烈的环境中成长起来的。值得称颂的是，袁氏家族的学术传承，比如其高祖袁颢有《春秋传》三十卷；其祖父袁祥接着著《春秋疑问》四卷，发其微旨；其父袁仁则撰写了《春秋胡传考误》一卷，驳胡传之失，具见惬当，为《四库全书》收录。对于春秋的学术研究，袁氏家族一代接一代地干，三代人花了一百多年的时间，这种"愚公移山"的治学精神，确实令人叹为观止。

最后，与大家一起探讨袁氏家学的主要内容，分析一下儒释道诸家对袁了凡学术思想的影响。儒学来源主要指阳明后学。前面已提到，了凡的父亲袁仁号参坡，曾与王阳明的弟子尤其是泰州学派开山王艮交游，同为王阳明弟子的王畿撰《袁参坡小传》记录了这一事实："公（袁仁——引者）曾与关中的孙一元、海宁董沄"等人结诗社，王艮"见之于萝石所，与语，奇之曰：'王佐之才也'"。其中董沄（号萝石）也是王阳明弟子，袁仁与董沄等结社，又在其住处见到王艮，后者把袁仁引见给王阳明，"初问良知之旨，先师以诗答之曰：'良知只是独知时，有过痛痒自家知。若将痛痒从人问，痛痒何须更问为？'"

袁仁十分了解王阳明良知之教，他虽然未列门墙，但王阳明仍以友相待，当听说王阳明去世，"公不远千里奔丧，哭甚哀"。作为江右王学大家的王畿也与袁仁交往甚密，袁仁死后，了凡师从王畿。了凡"最为颖悟，余爱之而不知其为公之子也。后询其家世，始知为故人之子，因而作《小传》授之"。了凡拜师时，王畿并不知道他是袁仁之子，在众弟子中最喜欢他，后来才获知是故人之子并为其父作传，由此看出与袁氏父子两代的交情非浅。袁仁与王阳明及阳明后学包括江右、泰州王门之间交往，了凡又师从江右王门，所著《了凡四训》中渗透出的心学倾向显然源自阳明后学。此外还受佛、道的影响。除了《立命篇》所讲了凡接受云谷禅师教诲之外，还另与僧人同游，如万历元年幻余禅师曾与云谷禅师相会，通过后者与了凡结交，两人共同商议刊刻方册本藏经之事，成为后来刊刻《嘉兴藏》的缘起。

与此同时，了凡受到道教信仰的洗礼，抛弃其中的宿命论部分而热衷于修道本身，修道就必须积善，积善使修德得到回报，所谓"修仙要积三千功行"，三千功德就圆满了。自明代中期以来，在儒学心学化的过程中，其思想与主张进一步大众化、平民化，与释道日益相结合所形成的民间宗教开始广泛传播。酒井忠夫在《中国善书研究》一书中说：袁了凡"对儒、道、佛三教都要有所学习。他在修道过程中，首先接受了道教信仰的洗礼，接着受到了佛教信仰的熏陶，经过三教兼修之途，而成立了所谓的立命之学。走上了道教、佛教的信仰之途后，他就放弃了家学，并专心致志于举业。在他自身修道的过程中形成了三教合一的宗教信仰，通过这种信仰的实践，他获得了科举及第并当上了官员的回报"。

第六章　不凡人生

管鲍之交

在这一节中，我们主要探讨袁了凡的社会关系，也就是其生活圈内的一些比较有影响的人物，这对全面地了解了凡先生是至关重要的。应该说，袁了凡的社交圈子和交往，可以从一个侧面反映出他所接受的社会影响，以及他的人品与待人接物的行为准则。近朱者赤，近墨者黑，我们要研究袁了凡，不能不提及他的社会交往，不能不走进他当时的生活圈。

袁了凡生前的至爱亲朋。其直系亲属我们已在前面提及，这里主要讲一些关系比较密切的、重要的亲戚和朋友。比如沈科、沈称。沈家原先与袁家同在魏塘东亭桥浒，两家人比邻而居，上辈人有世仇。到了袁仁那一代，在袁仁和李氏夫妇的努力下，两家人才放弃前嫌，重归于好，最后还结成姻亲。沈科、沈称叫袁仁舅舅，与了凡是"头表"弟兄。

袁仁对沈科、沈称两个外甥关爱有加。在生活上给予接济，在学业上亲自指导，在人生道路上更是鼎力扶掖。嘉靖二十三年（1544）沈科考中进士，后任工部营缮司主事，擢升临江府知府和江赣兵备副司。其人初授南京行人司副，上任之前回来，与其舅父袁仁告别。袁仁告诫说："前辈谓仕路乃毒蛇聚会之场，余谓其言稍过，然君子缘是可以自修，其毒未形也。吾谨避之，质直好义，以服其心；察言观色，虑以下之，以平其忿。其毒既形，吾顺受之，彼以毒来，吾以慈受可也。"（参见《庭帏杂录》袁衷的记述）当时，了凡和他的其他几个弟兄都在场。后来，袁仁的临别赠言，沈科时刻记在心间，同时也成了袁氏家训中的金言。

沈氏兄弟在乡里，以孝友闻名。沈科在任上工作勤勉，清廉恤民，有政声。休官归乡后，兄弟俩仍师友如故，寝食以共，"奉养父母，绕膝愉愉，有事必长跪以请"。父年八十八，母年九十四卒，哀毁尽礼。

袁了凡与沈科是平辈，但年纪相差了二十多岁。作为兄长，沈科曾经是少年了凡的偶像。他平日的行为举动和为官后的良好政声，对了凡的人生，特别其善学思想的形成，产生过正面的积极影响。有关于沈氏家族及其几个主要人物的事迹，《了凡四训》《庭帏杂录》和万历《嘉善县志》均有记载。

在嘉善周边地区，袁氏家族还有一些姻亲，比如它与吴江的徐家、平湖的朱家，包括嘉善的沈家和钱家等名门望族联姻。到袁了凡那一辈，还有钱氏和张氏等几门重要的亲戚，比如他的大姐夫钱南壬，是嘉善望族钱春的后人。钱春为明成化二十三年（1487）进士，官至兵部郎中。钱南壬即钱天胤之子，曾任主簿。其小姐夫钱晓家则是嘉善钱氏另一望族。其父亲钱萼为嘉善一代名医，其兄钱晒。潘光旦在《明清两代嘉兴的望族》一书中称"钱氏在嘉兴各望族中自是最大之一族，在年代上亦最长久，自明代正德间迄清代末叶，似乎始终能保世滋大"。学者冯玉荣对钱、袁两家的依附关系甚至作过这样的评说："嘉善钱家是袁家最为密切的姻亲，钱氏是在与袁家联姻之后，因'袁'而兴。"（参见《医儒互济：明代江南袁黄家族的谋生与立命》作者：冯玉荣）

袁仁对外甥钱晒特别钟爱，精心施教。而钱晒呢，为学有本，以诗闻名，是他奠定了钱家兴盛的世业。万历《嘉善县志》称："钱氏世业，晒实裕之。"钱晒有子钱贤、钱贺、钱贞、孙钱吾德、钱吾义、钱吾仁皆以文章显，其后家族更是人才辈出，如钱士晋、钱士升、钱能训等等。其中，钱吾德"声望隆然，虽书生，时人咸以公辅期之"。"公辅"，就是古代所谓的三公、四辅，均为天子之佐，借指宰相一类的大臣。由此可见，当时人们对他的能力和才华都是高看一眼的。钱吾德与袁了凡是同年中举的，初任河北永平府迁安县令，后改任福建泰宁县和江西宁州县（修水县）。其人为官清廉，政多惠民。隆庆四年（1570），钱晔的裔孙钱士升为状元首辅。学者冯玉荣说："虽然钱萼以医闻名，但钱氏后人亦以文学仕宦著称，与袁氏家族如出一辙，由医谋生起家，以儒振兴家族。"

袁了凡与吴江的叶重第（叶绍袁之父），虽无血缘方面的关系，但两家人已有数代交往，是一种"通家之好"的关系。了凡先生去世后，其孙子（袁俨的三子袁崧，即袁四履，或称世履）娶了叶重第的孙女叶纨纨（字昭齐，系叶绍袁的长女），两家人遂成姻亲。对于袁、叶两人早年的交谊，叶绍袁在《自撰年谱》中有如下记述：未入仕时"袁司马公（指了凡）卜居湖渚"（指分湖南隅），与其父叶重第"烟波相望"（叶住分湖北滨的吴江叶家埭），两人交往甚密，"文坛、酒社日夕共之"，"及丙戌（万历十四年，公元1586年）通籍同出杨贞复（名：起元）太史门下"。

诚如前述，袁了凡与叶重第同为明季文苑世家，两家人一南、一北都住分湖之畔，而且两人都出自太史杨贞复之门，又是万历丙戌的"同榜"进士。后来，两人都到了河北省做官，一个任宝坻知县，一个任玉田知县。就在那时候，袁了凡还收养了叶重第的儿子，两家结了"过房亲"。了凡的干儿子，也就是后来写了那部震撼文坛的流亡日记《甲行日注》的叶绍袁。

关于叶重第与袁了凡的私交，我已在前面多次提到。反正，他的孩子小时候是了凡家帮助扶养的；他去世后，了凡为他撰写了墓志铭，可以说是"割了头可以换"的朋友。袁了凡对叶绍袁的早期教育，更是倾注了大量心血，终于使之成了当时名震四方的"神童"。叶、袁两人的友谊，也被传为文苑佳话。

至于叶绍袁呢，他于天启五年考取进士，其妻沈宜修善诗能咏，才学出众，在文学史上有"一门风雅"之美誉，其三女小鸾更是绝代佳人，被列为"中国十大才女"之一。这是后话了。

袁了凡还有个莫逆之交，就是嘉兴才子冯梦祯（字开之，号真实居士，著《快雪堂日记》等）。袁了凡曾在其诫子文《谦德之效》中提到了他的人格品性。冯梦祯是嘉兴秀水人，官至国子监祭酒，《明史》有传。袁、冯两人的友谊与交往，从孩提时代一直延续到垂暮之年，持续了六七十年之久。

袁、冯打小就相识。那时候，冯梦祯年少气盛，袁了凡恃才傲物，但两人志趣相同、气味相投而成为至交。明万历五年（1577），两人相约一同上京赶考。结果呢，冯梦祯"虚己敛容"而高中状元，袁了凡却因"忤主试"而名落孙山。

直到万历十四年，袁了凡（已五十四岁）才考中进士。尽管两人浪迹天涯，各奔前程，但不管发生了什么事情，他俩总是相互提携，肝胆相照，其友谊也历久弥坚。比如，袁了凡被罢官后，在开馆教弟子应试技巧时，经常列举冯梦祯的作文之法；冯梦祯则在袁了凡七十岁生日时，撰写了《寿了凡先生七十序》，祝贺袁了凡从容地迈入了古稀之年。

在封建社会，大户人家联姻大凡讲究"门当户对"，袁了凡家族在分湖沿岸也是名门望族，所以他家与嘉善的陈龙正家、丁栅的丁宾家等大户人家都是联姻的亲戚关系。他们之间相互依傍、相互提携、相互影响，形成了一个家族利益的共同体。

袁了凡与陈龙正父亲陈于王是明万历十四年（1586）的同科进士。两人志趣相投，常在一块探讨修德行义之举。后来，了凡的儿子袁俨娶陈于王的女儿为妻，两户人家结为儿女亲家；陈于王之子陈龙正也与丁宾的孙女结成秦晋之好。就这样，嘉善明代历史上的袁、陈、丁三大家族，结成了姻亲关系。

丁宾作为嘉善的名宦，为人至柔、无为、谦虚。袁了凡在诫子文《谦德之效》中，提到与同乡进京赴考时，对丁宾做了如下描述："辛未计偕，我嘉善同袍凡十人，惟丁敬宇宾，年最少，极其谦虚。……及开榜，丁果中式。"

袁了凡的《送丁敬宇书》更是热情洋溢："足下真实之心，恺悌之行，事不敢为天下先，而举世让步，言若讷讷，而能使听者醉心，以至柔而胜天下之至刚，以无为而胜天下之有为，实当世之伟人，而理学之巨擘也。"在此，他高度评价了丁宾的品行及其学术成就。

同样，袁了凡对属于晚辈的陈龙正，也是极为赏识，称赞他"孝思最深，所至不可量"。陈龙正拜无锡高攀龙为师，"得复约身心之学"，与同里魏大中为同学，与东林党人也有比较多的交往。天启五年，魏珰（魏忠贤）祸患，魏大中蒙冤被逮，当时许多旧交避之唯恐不及，而陈龙正却毅然决然地前往无锡，在码头上揖送魏大中。

作为慈善家，陈龙正在王朝岌危之际，仍然在嘉善城里定期主持"同善会"，到民间发表赈灾济贫、维护社会治安的演讲。他的救荒主张及策略，以及用来救济穷乡僻壤百姓的"担粥法"，直到清代仍被沿用下来，甚至被视作救荒"圭臬"。

作为博学多才的学者，袁了凡在众多领域取得成就；作为开馆授业的先生，他亦师亦友换来了"桃李满天下"。他诲人不倦，诚恳待人，与许多晚辈成了"忘年之交"。值得提及的是，了凡先生在学术上兼收并蓄，熔儒释道为一炉，从而推陈出新形成自己的独特观点。所以他在治学方面很少有门户之见。他的学生来自各个地方，无论是儒、释、道各个领域，他都坦诚相待，悉心指教。

比如，明代致力于道教研究的学者洪应明，他撰写的小册子《菜根谭》，融合了儒家的中庸思想、道家的无为思想和释家的出世思想。毛泽东生前就喜欢这本讲述处世哲学的语录体读本，他还曾说过："嚼得菜根者，百事可做。"读懂一本《菜根谭》，体味人生的百种滋味，就能做到"风斜雨急处，立得脚定。花浓柳艳处，着得眼高。路危径险处，回得头早"。袁了凡与洪应明的交往，我在1988年底发表的《袁了凡与〈菜根谭〉的作者》一文中已提到。洪应明曾千里迢迢，从成都府新都县慕名而来，向了凡请教。了凡认真地阅读了他的新作《仙佛奇踪》，还亲自操笔为之写了题引，而此时，了凡先生已六十九岁矣。可见，两人的关系非同一般。

袁了凡与明代"四大高僧"之一的真可，年纪相差了整整十岁，是刻藏伟业（刊刻《嘉兴藏》）使两个人走到一起。据《分湖小识》记载：

> 真可（字达观，号紫柏大师）"与袁司马黄为心宗密友。司马
> 家多藏书，师在湖上闭关三年，尽司马诸书而去。以此益名闻天下，

凡偈颂诗文,操笔立就,皆琳琅金石"。有《紫柏老人集》和《茹退集》
行世。

由此可见,了凡对这位佛家弟子的影响之大。

酒井忠夫在《中国善书研究》一书中,谈到了泰州学派的"三教思想
与善书"这个问题。他说:"管志道、杨起元他们俩与袁黄有交友关系。"
管志道曾与了凡共同参与嘉兴藏的刊刻发行。有关管志道与袁的交往,从
袁写的《与管东溟书》可以明确知晓。杨起元也曾经受到过袁了凡的影响。
在《杨复所文集》卷六《书》中记载了《与袁了凡》的文章,同文集卷七"庞
丹徒"之条目中也讨论了了凡的事情。我们"从这些文献中,可以推测出
泰州学派的管志道、杨起元的思想与袁黄的思想及其处生之道之间存在
着相互关系的事实"。

另外,袁了凡与嘉善的历任知县都有些交往,其中有两位"父母官"值
得一提:一位是有着知遇之恩的许镒,另一位则是曾委以修志重任的章士雅。

许镒(字国器,号白塘),云南石屏人,曾任嘉善县令(嘉靖四十四年
至隆庆二年),以"治绩卓异"升为御史。他在嘉善只有三年,但与袁了凡却
成为了挚友。许镒为官清廉,敢于仗义执言,曾在朝廷上推荐过袁了凡,被
人称为"独具慧眼"的伯乐。袁了凡对许镒非常敬仰,曾赠其两副对联,一曰:
两坊叠受君恩重,三代同科祖泽长。[袁了凡赠御史公(白塘)联]一曰:"忆
成童,荷知遇之隆,仰师资于山斗,彬彬乎,政事宜民,文章报国;闻大老,
遂归来之乐,树德望于乡邦,恂恂然,诗书执礼,孝悌力田。"款识为"受
业浙西了凡袁黄"。而今,两副对联还悬挂于许镒故里——蔡营许氏宗祠内。

作为嘉善知县,章士雅的任期稍长些(万历十九年至二十五年),在六
年任期中,他做了许多实事,比如编纂了建县以来的第三部县志(史称:章
志)。由于编志工作,章士雅结识了罢官回乡的袁了凡,两人遂成莫逆之交。
对此有关史料是这样记载的:

　　一日,章拜会刚被罢官的袁了凡。谈到当时沿海一带深受倭

寇之害，"方策旧章、遗编故牒，悉付之灰烬……致使考核无凭"。作为知县章士雅，他每天都在为收集编志材料而发愁。

袁了凡闻之，便毫无保留地献出了家藏资料，说县志的十分之六七已经具备了。章士雅"遽然色喜"，特聘袁了凡出任主笔。

袁了凡果然不负重托，编纂出一部嘉善历史上较为出色的县志。总之，袁了凡一生与他的那些有着共同意趣、共同追求的亲戚、朋友们相互依存，相互影响，正像夏夜相互辉映的繁星，放射出了璀璨的光芒。

卜居赵田

闲居乡野，归隐林下，是封建社会大多数士大夫生命历程的最后驿站。他们大都喜欢"寻常蛰居成隐逸，偶尔登高看云帆"的那种生活状态。袁了凡晚年在备战辽东时，曾在《与毛仁山侍御书》中，这样陈述："军中军书繁忙，六十老翁驰骋兵马间。关外寒冷，冰天雪地。幸靠主帅虚心，筹划周密，三军协力齐心，胜利可待，若得成功，当即告老回乡。"其中对老友倾吐"一旦战事结束，马上回老家"的打算。

我们从"当即"这个词中，可以隐约体味到老人对家乡的思念和挂牵之情。当时，了凡毕竟离开家乡已近八年。这种心情后来在朝鲜军营的帐篷中，在千里荒郊的夜晚，更是随着三韩之地的寒风恣意地宣泄。我们不妨重读一下了凡的诗作《重至定州（朝鲜地）》"思家万里肠千结，卧听胡笳雨后声"，这是在异国他乡低哼的"思乡曲"，时间在隆冬雨夜，其情调显得更为深沉、更为缠绵。

了凡解甲南返，正值槐树花开之时。他在《初归》一诗中这样写道：

萧萧战马忆三韩，门掩疏槐五月寒。我仆既痛姑进酒，君恩未报独凭栏。青山不逐流年变，玄思空随短鬓残。为问黄粱曾熟否，而今不作梦中看。

"三韩"是朝鲜半岛的马韩、辰韩、弁韩这三个部落，也是古时候朝鲜的代称。了凡三韩初归的复杂心绪，已在诗中真切地反映，大家从中可以体味到这一点：毕竟不是骑着高头大马的衣锦荣归，而是被削职罢官回来的，难免有点灰溜溜的样子。再加上家庭经济状况也不很好，甚至有点儿窘迫。这些，了凡在《与吴海舟侍御书》中是这样叙说的：

> 五月十八日（注：1593年6月16日）抵家。……今登第凡八年而归，四壁萧然。幸弟妇（指了凡的妻子）及儿辈上年八月先归，收本年之租，稍可支持，不然口食且不给矣。

说虽这么说，但总归是江南的官宦人家，基本的生活还是能够保障的。何况了凡回来后还客串科考辅导资料编纂工作，也多少有些进项，至少应该是衣食无虞吧。这些，在先生悠闲自得的诗歌，以及有关"卜地造屋"的信札中可以窥知一二。

了凡归田后，写了不少诗词作品，但他"所作诗文，不自珍惜，散佚过半"（参见《携李诗系》），翻阅他仅存的诗作，有关家居生活的篇什屈指可数，如果按诗作的时间顺序应该这样排列：《卜居》《林居》《赵田新居》和《感兴》。从中可得知《卜居》和《林居》两首的写作时间早于《赵田新居》和《感兴》，前者写了了凡的分湖之庐。

了凡在所撰的《叶重第墓志铭》中有"庚辰年，得陆龟蒙遗址于分湖之滨，卜筑居之"的说法，所以，我在修编《袁了凡年谱》时也这样认定：万历八年（1580），袁了凡时年四十八岁，曾在分湖之畔筑庐而居。那幢房子便是他在著述中提及的、真可（字达观，晚号紫柏）曾寄迹的"分湖之敝庐"（注："敝庐"是"我家"的谦称，与"寒舍"同义）。万历二十一年（1593），袁了凡罢归时，又从分湖之滨移居吴江芦墟赵田村，度过了他积极有为的晚年。

此说的主要证据是，了凡在《赵田新居》之前写了《卜居》，当时他卜居在哪里？当然是卜居于浙江境内的分湖南隅的村落。了凡在诗中这样写道：

"结庐菰蒲中，柴门映碧水。蒹葭何苍苍，两岸秋风起。"如果说，《卜居》记述了了凡寓居之地分湖沿岸的秋色的话，那么《林居》则为我们展示了暮春时节，分湖南隅之庐周边松溪竹径的优美自然环境，以及庐主"闲看黄鹂啄杏花"的那种闲情逸致。

这两首诗真切地反映了了凡先生"进退自如"的人生智慧和淡然豁达的气度，正所谓"进"则携剑报国，兼济天下；"退"则独善其身，悠然自得。了凡从朝鲜归来，应该先回到了分湖南隅之庐，然后，再迁至分湖之北的吴江赵田村的。据叶绍袁（注：了凡的养子"宝生"）所纂的《湖隐外史·名哲》记载，了凡先生被罢官后，"由嘉善迁分湖，复迁赵田"。

那么，了凡的"分湖之庐"究竟在哪里？暂时，我们还没有弄清楚。但有一点可以肯定，当年了凡从嘉善到河北宝坻再到朝鲜，是从分湖南隅之庐出发的，这里是了凡走出嘉善，"携剑报国，兼济天下"的始发点。而赵田自然村则是了凡先生引退后，"独善其身，悠然自得"的所在。我们要知道了凡在芦墟赵田的生活状况，要研究他归隐后所思所想（究竟在考虑什么，有什么活思想），可从他迁居赵田后的诗作《感兴》中了解一些。

在历史上，分湖（现称汾湖）之畔有两个"赵田"自然村，一个在浙江（注：在分湖东隅，现姚庄镇北部，且称之"南赵田"）；分湖之北的江苏省也有一个赵田村，那就是袁了凡晚年迁居的那个村落了。人们把它称之"北赵田"，主要区别于浙境嘉善的"南赵田"。

北赵田自然村，地处与嘉善交界的苏州市吴江区。学者姚立军曾著文说：赵田村位于今芦墟镇东边，太浦河北侧，东西两边是湖泊，芦花摇曳，风景宜人。袁了凡建"万卷楼"用于藏书，随后所编撰之书，多署"赵田逸农袁黄坤仪甫"。这也许就是后人称袁了凡是吴江赵田人的缘由所在。

吴江朱英女史也曾著文提及：明万历二十年（1592），袁了凡任兵部职方主事，随提督李如松援助朝鲜。后与主帅不和，罢归乡里。那时节，他本身也厌烦了尔虞我诈的官场，便在赵田方城圩（今北赵田港北）筑新居，建"万卷楼"，收藏古籍珍本，闭门著书。

2015 年 2 月 7 日，因为陶庄村"了凡·善文化"陈列室布展，我曾约请陶庄的汤秋荣，嘉善的周志军、戴丽等人，专程赴江苏省境内分湖东北沿岸的赵田村作田野调查，顺便想在遗址上搜集点实物，哪怕是一块砖、一片瓦也好。

吴江赵田村，是袁了凡暮年生活的地方。他六十岁那年，告别了充满钩心斗角的官场，离开了血流漂杵的朝鲜战场。而此时，了凡公已疲惫不堪。为了寻找一处安静的寓所，他开始在北赵田择地筑屋，后移居分湖北隅的吴江。对此，《苏州地方志·芦墟镇志》（上海社会科学院出版社，2004年11月）有如下记载："万历二十一年（1593）迁居芦墟北赵田。《赵田袁氏家谱》以袁黄（即了凡）为始迁祖编列世系。"这里插上一句，了凡举家搬入赵田新居的时间，应该是在万历二十二年（1594）。袁了凡当年也确实希望，这里成为其人生最后的一个"宁静港湾"。

那么，袁了凡被罢官后，为什么不待在老家嘉善，而要另外择地，卜居于吴江呢？我认为大致有这么几条：

首先从地域角度讲，吴江与浙江嘉善北部的分湖仅一湖之隔，两个地方风土人情相近，且有着千丝万缕的联系。我在《吴越历史文化的瑰宝——分湖》那篇嘉善历史地理的散文中，曾有过这样的描述："这里不但水网纵横，地形复杂，而且省际边境线迂回曲折。两省之间水与水贯通，地与地接壤。有的地方甲省的田镶嵌在乙省的圩区内，有的地方乙省的竹林延伸到甲省的地块上，甚至还有一座庭院横跨两个省份的情况。"

我们知道了凡的高祖袁顺，因在"靖难之役"中"与黄子澄谋匡复，事露出逃"，后曾定居吴江，"以训蒙为业"，袁顺的后代一直到袁了凡的父亲袁仁，大都"隐于医"。吴江那边是其蒙难时隐匿，或者说是寄迹之地，有一种特殊的家族情愫，这是一。

第二个理由，那就是吴江的亲戚朋友等社会关系，对于了凡来说更有许多情感的牵扯。比如，苏州的沈石田、文徵明和唐寅等父辈朋友，吴江的叶重第等一起长大的哥们，还有许多袁氏家族的老亲旧戚、三姑六姨的裙带关系。

第三个理由是，与他同为丙戌科唐文献榜的：江钟廉（三甲四十一名，四川南充人）；赵梦麟（三甲五十名，直隶永年县人，今属河北），分别于万历十四年（1586）、万历十六年（1588）担任吴江知县。这恐怕也是了凡选择寓居吴江的理由。

第四个理由是，北赵田这个地方风水好，是历史名人蛰居之地。有史料说，北赵田村曾是宋太祖赵匡胤十一世孙，南宋遗民、元代画家赵孟頫（赵子昂）旧居之地，故遗其名。彼时，赵孟頫曾为钱重鼎绘《分湖水村图》，并在尾纸题跋："后一月，德钧持此图见示，则已装成轴矣。一时信手涂抹，乃过辱珍重如此，极令人惭愧。子昂题。"钤"赵氏子昂""松雪斋"印二方。明代文学家李日华在《题赵子昂水村图》中这样写道："盖宋既南跸，以湖、秀为扶风冯翊诸皇孙，邸第棋布焉。子昂兄弟，尤以风流翰墨相映带。钱德钧所居分湖，正子昂书画舫出没啸咏其间者。"而袁了凡迁居北赵田，恐怕就是冲着这里曾经是名士隐居之地，因为他喜欢赵田这个因名贤居住过而流芳的古村落。

第五个理由，那就是有学者提出的躲避兵燹之灾。据说，了凡深谙风水之道，认为搬迁吴江可以趋避兵燹，但那个理由，我觉得不能成立。从日后经历看，了凡选择"卜居吴江"，对整个家族和他自己也未必是一件好事。这里有两个依据：

其一，迁居赵田并未能趋吉避凶，使家族免遭"兵燹之灾"。吴江学者朱荑著文称："赵田村历来是个兵燹之地。"据考证，赵田村东南的"韩郎荡"，是南宋韩世忠抗击金兵的驻地。南明时期，清兵为镇压抗清复明志士，而让赵田村屡遭荼毒，"湖郡绅士避迹于袁者，悉被难"，万卷楼所藏匿的异书秘本，悉数化为灰烬。地方志对"赵田兵灾"有这样的记载："清顺治二年（1645），袁世履（另有一说，叫袁四履，是袁了凡的孙子）因抗清遭兵灾，族人被杀，宅地损毁，仅盘石庵未破坏。"（参见《芦墟镇志·军事卷》）在抗日战争时期，日寇多次到赵田村扫荡，宅院建筑更是数次遭日机轰炸而夷为平地。现在部分石驳岸仍在（主要依据1985年1月所录的碑文和《分湖小识》）。在20世纪60年代，人们还能在袁了凡赵田旧址，看到当年深宅大院的建筑轮廓。

其二，了凡去世后，在分湖北隅并未得到吴江官府的待见，也就是没有得到最起码的尊重。了凡先生虽著述等身，政绩卓著，但曾一度被吴江官府拒绝于乡贤祠之外。据《分湖志》载：当袁了凡的儿子袁俨请求吴江的官员将其父作为"乡贤"立祠时，接待他的那位姓樊的学使却愤然否决了这一请求，并在文书上"立批数十言"，认为了凡先生"创立邪说，叛道背经"，是"学术之蟊贼，名教之罪人"。袁俨遂"捧书涕泣而去"。对此，明末清初理学家杨园先生［即张履祥，字考夫，号念芝，浙江桐乡人，著有《杨园先生全集》五十四卷（《四库全书》存目，《清史稿》有传）］在《见闻录》中作了如下分析与评判。他说："樊公之'叛道背经，名教罪人'则为太过，'即捧书涕泣'之语，亦未必事实。"但这却是当时吴江官方曾经对了凡先生及其学术思想的真实态度。

这件事一直拖到天启年间，在吏部尚书赵南星的努力下，朝廷追叙袁了凡在东征中的功劳，追赠了尚宝少卿。袁了凡、袁俨父子最终都入了乡贤祠。然而，我们在乾隆十二年（1747）修编的《吴江县志》中看到，编纂者仍将袁了凡归入李贽的同类。这就是当地少数儒者对袁了凡热心倡导"功过格"的态度，不过在当时，这种"反对"之声已属于舆情的支流了。下面言归正传。

我们常说：筑庐要觅真山水，灌园只盼硕果香。了凡晚年在赵田卜居，建万卷楼以藏家传典籍（其父袁仁亡故，遗书二万余册）。这个藏书楼曾一度成了江浙交界地区的"文化地标"，为江南士林所敬仰。赵田的"万卷楼"是明清时期的私人藏书馆，也是江浙交界地区文化发展的重要标志。

袁了凡在分湖彼岸的赵田村择地居住，并建造"万卷楼"，就是抱着"在此耕读传家"的想法。事实上，了凡归隐后，确实把"教子读经"作为头等大事。地方性史料对此是这样记载的：

> 明万历二十一年（1593）袁黄罢归乡里。在赵田方城圩（今北赵田港北）始筑新居，建"万卷楼"，收藏古籍珍本，闭门著书。其新居诗云："晓服松间露，晚餐云外霞。道情随薜荔，秋色冷蒹葭。跌坐尘容老，焚香日影斜。如何忘旧隐，落尽故园花。"

"万卷楼"建成不久，了凡又在"所居东北隅隙地，建盘石庵，为退老游息之所"。天启年间，袁氏"万卷楼"等建筑毁于大火。其儿子袁俨（若思），积资修复宅第，重建藏书楼。这是后话。

袁了凡归隐吴江赵田，过起了名副其实的"庄户人家"的生活，自己每天除了著书立说、教子侄辈读书识字外，便与周边村子里捕鱼捉虾和打柴的人打交道。他在诗歌《感兴》中提到"结屋分湖滨，渔樵自为伍"的村居生活，还不时到村里走访农户，聊聊家长里短和农桑之事。

《柳洲词选》（卷二）收录了袁了凡的《鹧鸪天·题村叟屋壁》，这是我们发现的为数不多的了凡诗词中，有关晚年村居生活的作品：

> 袖手春林散翠鬟，莫嫌此地少青山。酒逢社日添酬应，花到
> 开时费往还。
> 松老大，竹平安，柴荆虽设不常关。旁人方讶茅檐窄，鸽户
> 蜂房去半间。

据学者金一平考证，"此属归隐之作"，词作真实地记录和还原了了凡先生四百多年前的那段隐居生活的片断。其他田园归隐之作还有不少，如在《烂溪夜泊》中，了凡对泛舟巡游、芦汀夜泊，做了如下描述：

> 载酒携琴访翠微，前村灯火对渔矶。孤舟自傍芦花宿，老鹤
> 应疑道士归。明月满前春树冷，好山犹在主人非。百年心事同流水，
> 半夜闻鸡泪满衣。

烂溪与北赵田同属太湖水系，位于吴江县城西南四十里处。此诗是了凡先生回归大自然，闲云野鹤的晚年生活的写照。

袁了凡被主帅李如松参劾，于万历二十一年（1593）三月二十六日离任。从朝鲜回到嘉善老家，后卜居吴江，成为"赵田逸农"。正如他在诗歌中所说的"霜飞木落暮云收，才赋归来万事休"。在江南秀美的田野风光中，了

凡度过"官场失意"后的情绪低迷期，正所谓"一江水暖碧天舒，三韩雨冷早转晴"，那不愉快的一页很快地翻过了。他似乎很闲，但不是无所事事，虚度光阴，而是养精蓄锐，储备能量。正如明奘法师所说的"不是闲人闲不得，闲人不是等闲人"。

袁了凡被罢免后，迁居于吴江，忙于著书立学、传道布业、教育晚辈。据我们所知，老人家的许多传世力作，都是在这个时期完成的。尽管如此，了凡先生仍老骥伏枥，壮心不已，在老家嘉善兼任了某些社会职务。比如，他和嘉善宿耆盛唐一起受聘，担任了万历《嘉善县志》的主笔，到嘉善学宫授课，还经常参加嘉善文学社团组织的一些活动。

在生命的最后十年，了凡先生总是扶杖行走于吴越之间，频繁往返于分湖两岸，为了浙江嘉善和江苏吴江两地的社会公益事业献智出力。有诗为证：

三韩归来忙得欢，杖藜展印分湖畔。

自诩逸农赵田叟，草庐门泊武塘船。

铁骨丹心

以封建社会的道德规范来衡量，袁了凡确是一位真君子、一位伟丈夫。他的一生可用"丹心铁骨铸忠魂"这句话来概括。我们常说，男儿应该惦记"修身、齐家、治国、平天下"这四件事，但这是一种理想境界，对于大多数人来说，只能是想想而已。而袁了凡是幸运的，这人生的四件大事，他几乎都涉及了，而且干得还都不错。

为什么这样说？其一，他注重自我修养，推崇和带头采用"功过格"，倡导"修性养德"，以期形成"人心向善"的社会风气，对后世影响很大。其二，他很会治家，经常提醒家人要"广修善业，厚积庆源"。他与儿子天启都走仕途，并以"一门清廉"而著称于世，他写的《了凡四训》和《训儿俗说》，被奉为治家、教育子女的金科玉律。其三，他入仕做官后，为百姓做了许多实事。比如，赈灾救灾、减免税赋和垦荒种稻等。他通晓边事，上峰让他参与制定防御方案，乃献革养军虚费、汰台兵冗员等十策。其四，他奉旨出征朝鲜，参与了反击日本侵略者的战争，如孤军镇守平壤，多次击溃日寇的反攻，这些都是"平天下"之举。

都说袁了凡是"丹心铁骨"的嘉善汉子。在前面的章节中，我们也叙述了他的许多感人事迹。下面，再着重分析一下他的性格特征，以便对这位乡贤有更为深入的了解。袁了凡的性格或者说人品，可以用"忠""实""韧"和"倔"这四个字来概括。

说袁了凡的"忠"，这源于他忠厚老实的秉性，其次是传统教育所起的作用。其实，他的一生都在考虑这个问题，诚如诚子文所说的"上思报国之恩""远思扬祖宗之德"。而袁了凡的"忠"，主要体现在对君王、社稷和百姓等几个方面。

袁了凡一生对君王忠心耿耿。他在《训儿俗说》中说，"语云：'君臣之义，无所逃于天地之间。'不论仕与隐，皆当以尊君报国为主"。意思就是，所谓忠臣"尊君报国"是首要的，不管你在位，还是已下野，都应该始终如一，这就是"忠诚"。

袁了凡对国家的忠诚，大多体现在他的诤谏之中。他凡事为江山社稷考虑，而决不计较个人得失。不管是仕还是隐，他总是积极建言献策，曾针对防倭抗倭、镇守边关、赈灾救荒等事务，提出过对策与个人建议，为国家安全、领土完整做出了贡献。

袁了凡曾告诫儿子："上疏陈言，世俗所谓气节。然须实有益于社稷生民则言之，若昭君过，以博虚名，切不可蹈此敝辙。"意思是说，有关国家与民生的事，必须如实禀报；如果要批评上峰的过失，一定要出于公心。如果是为了博取"谏官"的虚名，而上疏指出别人的差池，这种事切不可做。

说到袁了凡爱民的例子，那就更多了。比如，在前几讲中已提到的，在苏松地区开展钱粮清核时，他曾在《赋役议》中提出限制官僚地主逃避徭役的十条措施；在宝坻任职期间，极力推行"减粮善政"和减轻百姓劳役负担的改革，同时革除了军队"吃空饷"、"宫女户"冒领粮食、皇亲国戚和太监们"圈地、占地"等积弊。

然而，任何改革都会触及某些人、某些阶层与集团的利益，因而就隐藏着许多风险，甚至于严重祸害。当年，李如松弹劾袁了凡有"十大罪状"，其中之一，就是诬告其在任宝坻县令时"纵民逃税"，而袁了凡并不因遭此冤枉而感到后悔，这就是他对百姓的忠实之处。

说袁了凡"实"，那就是他做事实在，不摆"花架子"。前面已提到了，袁了凡在宝坻的口碑很好，诚如邑人所言，"在任五年贤声赫赫"，就是因为他爱民如子，能真心实意地为老百姓做好事、办实事，才赢得了老百姓的拥戴。

作为一名地方"父母官"，袁了凡也确实是有责任感、有担当的。上任伊始，他曾踌躇满志，一心要实现自己的政治抱负。那么，他的政治抱负是什么？就是"亲民"政治，就是要将宝坻建成政治昌明、官场清廉、民风淳朴、百姓安居乐业的桃源之地。

他在《训儿俗说》中，对"亲民"做过这样的解释："以万物为一体则亲，以中国为一家则亲"，要求为官者"爱民如子"。他说，"百姓走到吾面前，视他与自家儿子一般，故曰如保赤子。此是亲民真景象"。作为诗人，袁了凡是个理想主义者，他要按照自己的想法，在燕赵大地上营造"幸福之邦"；作为县令，他又面对现实，革故鼎新，为民生民计辗转反侧，夜不能寐。

在宝坻，袁了凡凭着一颗赤诚之心，日夜操劳，为民办事。他仗义执言为民请命，提出替百姓减免钱粮，还要求革除运木重夫、重马及采石、箭手诸劳役，解决了多年积弊；又如，倡导开垦荒地、修渠筑堤，尝试种植水稻，这些都是前无古人的创举。

然而，要办实事，要消除积弊，有时就会遇到各种阻力，还要冒一定的风险。比如，要清核钱粮就势必会触动某些旧臣的既得利益，可能会遭至怨恨，甚至还会受到暗算。但为了百姓的利益，袁了凡不惜得罪了内党和皇帝的近臣，对此，他则九死不悔。这就是袁了凡对"亲民"思想的最好诠释。

再说袁了凡的"韧性"。了凡毅然决然地选择了仕途，但举业之路走得并不顺畅，后人甚至将他称为"嘉善范进"。这里说的"范进"，就是清代讽刺小说《儒林外史》中，那个屡试不中的，常被其岳父胡屠夫嘲讽，甚至于辱骂的"穷书生"。袁了凡的家庭背景虽与范进不一样，但其科考的艰辛却颇为相似。他从十多岁起，参加童试、乡试、会试和殿试。其间历尽了艰苦与磨难，连续考了三十多年，直到五十四岁（万历十四年）时才中进士。据学者张仲礼的研究，在太平天国前，士子考中生员的平均年龄为二十四岁，中举时的平均年龄为三十一岁，进士及第的平均年龄为三十六岁。所以说，了凡先生那种参加马拉松比赛式的"韧"劲，确实很少有人能与之相比。

作为袁了凡的一个性格特征，这种"韧"劲贯穿了他的一生。例如，他在水利研究方面有许多成就，就是在坚持不懈的努力下取得的。在五十六岁那年，他担任了宝坻县令，可以说日理万机，但他在做好本职工作的同时，坚持业余从事治水的研究，他还跋山涉水搞田野调查，几乎走遍了燕赵大地，并在知命之年完成了有关江河湖海的系列"考"，其中提出了许多治理江河的真知灼见，从而成为明代的一位水利专家，他的某些学术观点为后世所推崇。他的《皇都水利》现被收入《中国大运河历史文献集成》（全八十册），由国家图书馆出版社出版。

值得提及的，还有他做行善积德的事，从少年时代开始，到垂暮之年，整整做了五六十年。这种旷日持久的坚守，恐怕已不是一个"韧"可以解释了。

最后，就是"倔"字。这个"倔"更多的是包含了固执的成分。我们知道，袁了凡是个很有想法且个性极强的人。他的固执性格表现在处理人际关系时不擅用通融手段，以致给人留下了一个"倔老头"的形象。

最典型的例子，就是四十四岁那年（万历四年）袁了凡参加会试，考试发挥相当不错，有史料记载"初拟取第一"，但"因策论违逆主试官而落第"。这些都是他的个性与倔劲惹的祸，使得原本金榜题名的欣喜，变成了名落孙山的叹息，十年寒窗所吃的苦也付诸东流了。

又比如，在出征朝鲜时期，袁了凡与主将李如松意见不合，他曾当面指责李"纵兵滥杀朝鲜人以邀功"，而李倒是"先礼后兵"，让其亲信上门劝说这个"倔老头"，让他从此息事宁人。而袁了凡呢，偏"倔"，明知"胳膊拧不过大腿"，但仍坚持原则，发誓要揭露真相，结果遭到对方的猛烈反击。他们诬告袁了凡，在李率部引兵向东（在碧蹄馆）与日寇遭遇时，却"按兵不动"，见死不救。最终，导致袁了凡罢官回籍，直到去世十四年后（天启元年），才得以追叙东征朝鲜之功勋。这些就是袁了凡在处事方面的固执，或者说是"倔强"的性格特质，但这些正是这位嘉善"倔老头"的可爱可敬之处，也可以说是他的性格的闪光点。

我们常说，性格决定命运。了凡的性格决定了他的人生，决定了在他的人生经历中，有许多曲折与磨难，而正是这些曲折与磨难，衬托了他的崇高品质。

心路历程

在这一章节中，我们着重讲袁了凡及其思想的特点，即"平民性"与"普适性"。也就是，我们研究袁了凡及其学术思想的现实意义。

在前面我们已讲述了袁了凡的学识与人品为当时和后世人所推崇。分析其原因，这固然与他的为人处世和思想品质有关，比如其"威武不能屈，富贵不能淫"的品性；务崇节俭，清正廉明的美德；乐善好施，扶危济困的义举。这些都符合当时封建社会的道德规范，因而受到人们的敬仰。但其中最为主要的，是在他的思想与方法中所体现的平民性。也就是说，他能够站在老百姓的角度和立场上，去看问题、想办法、出主意，所以他的思想方法能够广泛传播，并为社会各界、广大民众所接受。

比如，他通过"劝善"，让富人给饥民施粥（激发人的同情心），反对在监狱中对犯人滥用刑罚（反对虐待，施以仁政），主张废除苛捐杂税，以减轻农民负担，等等，从而在社会上起到了正面引领的作用。在某种意义上讲，它调和了社会各阶层之间的矛盾，维护了正常的社会秩序，促进了社会的和谐与进步。而这些，正是当时统治阶级希望看到的结果。它对江山社稷、对黎民百姓都有好处；它顺应了当时的社会潮流，也就是说代表了大多数人的看法与诉求。这就是袁了凡思想的"草根"特质，用现代的话来说，就是它的平民性。

另外，就是袁了凡学术思想所体现的深度，或者说其深邃的思想见解。比如，他一再强调和坚持的某些理论观点，与我们现代所倡导的东西，有着许多相似的地方，如他"人的命运可以改变"的观点；他"以万物为一体则亲"的思想；他坚持的"慎用刑具，废止酷刑"的主张；在对外作战中"自投旗下者免死"的最后通牒的做法，等等。

由此可见，作为明代的一位重要思想家，袁了凡确实有许多创新思维。这些新的思想、新的观念，都是他在人生实践与思考中得出的，是他梳理与提炼各种思想方法之结果。而其中的许多东西，正是今天我们人类共同关心的一些问题。用时髦的说法，就是其"普适性"或者说"普适价值"。这些就是袁了凡及其学术思想所具有的时代意义。

下面再讲一下袁了凡及其学术思想给我们的启示。袁了凡及其学术思想对后世的影响很大，它给予我们现代人的启示也是多方面的。

首先，它告诉了我们一个真理，那就是做任何事情，都不能听天由命，要相信"通过努力，命运可以改变"。这在"生死由命，富贵在天"的封建社会确实是了不起的，即便在当今也有巨大的现实意义。前几年，我们的一些地方由于体制改革或者受国际金融危机的影响，许多企业转制或者破产，导致人员下岗失业，但由于我们坚信"通过努力，命运可以改变"，而今，他们中的大多数人已通过努力，突出重围，有许多人通过技能培训重新走上了工作岗位；有的艰苦创业，还成了企业老板。此类浴火重生的例子，在我们身边不胜枚举。

前两年，我到某镇小学去办讲座。这所小学有几百名学生，其中有些孩子的家庭比较贫困，还有一些外来务工人员的子女，由于他们的生存状况各异，对生活前景有着截然不同的看法，所取的人生态度也各不相同。

他们中许多人很有志气，平时刻苦学习，相信读书能够改变命运；但也有人认为自己命运不济，对生活前景感到十分迷茫；更有人面对严酷的现实，只知道自怨自艾，甚至于抱怨自己投错了娘胎。于是，我就给孩子们讲了凡的故事，讲通过努力能够改变命运的观点，让他们接受"读书改变命运"的道理，勇敢地扬起理想的风帆——这就是我们讲述了凡故事，提出"向命运挑战"的意义所在。

其次，袁了凡的人生实践告诉我们，人活一世，不光是为了自己，更应该为国家出力，为社会、为别人做有益的事情，那才不算白活。了凡先生的一生，干过许多轰轰烈烈的事情，他曾奉旨到江南，清核钱粮；出任宝坻县令，广施善政；挥戈朝鲜，驱赶倭寇；解甲归田后，仍不甘寂寞，著书立说，其善学思想以及身体力行倡导的"功过格"，更是广为流传，对构建和谐社会起了积极的导向作用。而袁了凡干的那些事情中，有事关民生的，有涉及军政的，有的是分内事，但也有许多是分外事。比如，在宝坻时，他发现那里荒地很多，他认为"弃而不耕，荒茫弥目，此与抛金于路旁，而自伤穷窘者何异哉"。于是，袁了凡就发动农民垦荒种植水稻。而此时，他早已过了"天命之年"。

袁了凡不愧为思想家，他做事、想问题，常常能从战略高度出发，兼顾百姓和国家的利益。比如垦荒种粮，它的确能让农民多打粮食，增加了收入，但更为重要的是，一旦京东（包括附近的东安、武清诸县）垦荒成功，水田种稻，可年取粮食数万石于畿内，将大大减轻"南粮北运"的压力。大家知道，粮草是重要战略物资，那么垦荒种粮就涉及"粮食安全"这个战略问题。这就是了凡先生的高明之处。

第三，它告诉我们，做人要有仁慈之心。这是袁了凡在其人生实践和著述中，一以贯之的主导思想。他一生行善，在《祈嗣真诠》中，列举了与人为善、爱敬存心、成人之美、教人为善、救人危急、兴建大利和爱惜物命等十大善行。其中的大多数善举，已被公认为中华民族的传统美德。

作为一名学者，他著书立说，宣扬"仁爱"思想，包括了对动物和自然界所有生物的关爱。比如，他反对杀戮和流血事件，认为人与人是平等的，人与自然界的万物也是平等的；力挺"天人合一"（天地万物为一体）的思想。所以，袁了凡呼吁人与万物要和平相处，平等以待，更要对弱者存有怜悯之心。古谚云"爱鼠常留饭，怜蛾不点灯"，他在《训儿俗说》中甚至这样说，对于鸡犬等无知之物，"亦等以慈心视之，勿用杖赶逐，勿抛砖击打，勿当客叱斥"，并告诫其子，"我家戒杀已久，此最美事，汝宜遵之"。

作为一名政府官员，袁了凡努力践行"仁爱"思想，无论是对善良淳朴的百姓，还是对犯了罪的人都能人性化地对待，用佛教语说，就是以慈悲为怀。意思是什么？慈爱众生并给予快乐（与乐），谓之慈；同感其苦，怜悯众生，并拔除其苦（拔苦），谓之悲；两者合称为慈悲。以慈悲为怀，就是以恻隐和怜悯之心为根本。

比如，我们在前面的章节已提到的"对犯人慎用刑罚"，特别是酷刑，提倡教化、感化；对敌方人员要劝降，并对劝降有功者，给予奖励，以减少杀戮和流血；不杀害俘虏，这些与现代提倡的"人权"与国际"人道主义"做法，似有相通之处。

第四，它告诉我们，人应该抑恶扬善，要大力提倡"积德行善"做好事，只有这样，才能形成"人心向善"的良好社会风气。何谓"善"？古人云：心正而行修曰善。孔子称赞舜之所以为舜，之所以为大智，就是能"隐恶而扬善"（参见《中庸》）。也就是进行自我修养，自觉地抑制人性中"恶"的一面，发扬其"善"的一面。

袁了凡一生"积德行善"，以传播善学思想为己任。他在《祈嗣真诠》中援引韩愈"一时劝人以口，百世劝人以书"的话，总结了自己身体力行，劝人为善的做法。他留下的《了凡四训》和《训儿俗说》，被称为"中国善学"思想的扛鼎之作。

在袁了凡的生平事迹及其著述中，我们可以看到他是如何努力改造自己，如何艰难地克服自己的人性缺点，最终成为一个善良的人，一个谦虚的人，一个有作为的人。以上四个方面，就是袁了凡及其传奇故事的现实意义。

泽惠后昆

提到袁了凡对人文社会的影响，除了其善学思想之外，最为突出的功绩是在著书立说，特别是在组织编纂科考辅导材料方面。他一生除了在五十多岁以后，中间有六年短暂的仕宦生涯外，其余的大多数时间都与教学和著书立说有关。早期，他一边忙于举业，一边又抽出时间客串有关科举考试书籍及辅导教材的编纂工作。十八岁那年，了凡在嘉兴投师唐顺之，参与编纂《荆川疑难题意》，并成为科举辅导类书籍编纂团队中的中坚力量，这可能与他的祖业有关。

前面已提到，因为历史原因，袁氏好几代人被剥夺了举业的权利。而作为书香世家的陶庄袁氏后代别无选择，他们的职业只能是当医生，或者是教书匠。"医"和"教"对于年轻的了凡，应该说还是有所影响的。所以他归田后，大多数时间都花在编纂科举考试辅导和复习资料上。唐顺之在给袁了凡的信中说："适见王龙溪（王畿），道吾弟（了凡）负一方盛名，浙中士子俱视为准的。"由此可见，同为科考资料编纂者的唐顺之对他的倚重了。

作为年轻学者，袁了凡三十三岁那年受"县太爷"许镒之邀，在本邑学宫为同辈士子讲课，主要讲授经学（注："四书五经"中的"经"。"五经"分别是《诗经》《尚书》《礼记》《周易》和《春秋》等五本儒家经典的合称；是"六经""七经""九经""十二经"和"十三经"的一部分）。后来，这些人都学有所成，不少人还成了栋梁之材。

袁了凡一生善于总结，对举业之道颇有研究。他在《四训》中借用韩愈"一时劝人以口，百世劝人以书"的话，陈述了自己著书立说、服务社会的真正目的。他一生著作等身，流芳百世，其中最有社会影响力的是家训类、通史类和科举考试辅导类的著述。被罢官后，他更是一门心思从事科举考试辅导材料的编纂与出版工作，组织编纂了《群书备考》等参考书。这些书在读书人中间影响很大。

袁了凡的整个一生都和举业联系在了一起。削职归家后，袁了凡一直教授子侄和门徒举业之学，编纂了大量的举业用书，对当时和后世产生了深远的影响。据学者张献忠的不完全统计：

> 袁黄编纂并出版的举业用书有：《荆川疑难题意》《四书删正》《书经删正》《谈文录》《举业彀率》《心鹄》《四书疏意》《二三场群书备考》《游艺塾文规》《游艺塾续文规》《新刻八代文宗评注》《古今经世文衡》《史汉定本》和《新镌了凡家传利用举业史记方润五卷》等十余种。

学者刘增光在谈到袁了凡劝善思想与阳明学之关联时说："大体来说，（了凡）其思想庞杂，并无原创性，但却融汇三教，服膺心学，亦有一定的特色。而其影响也主要不在高深思想的原创性上，而是在对高深思想的改造，将其通俗化，从而使积善行德、德福一致的世俗伦理道德思想在士子、大众间广为传播。"历史上，有关举业用书的编纂始于宋代，"大多数是纯粹为科考而作，譬如吕祖谦的《左氏博论》。但袁了凡的《四书删正》等为科举而编纂的经学著作，却并非全然是为科举而科举，同时也内含了编纂者对于经典的理解，以及自己的心得体会，甚至学术倾向"。（参见《治心以立命——袁了凡劝善思想与阳明学之关联试论》，作者：刘增光）这一见解，应该说是很有见地的。

在论及了凡的历史贡献时，许多专家学者认为，他对嘉善的科举事业做出过特殊贡献。当地学者对此甚至做了这样的评价：

> 唐宋元明清五个朝代，嘉善一共出了两名状元、二百多名进士，嘉善还是全国二十六个巍科大县之一。袁了凡所处的万历年间，更是善邑科考的高潮期。万历朝全县共出了二十九个进士，占明清两朝嘉善进士总数的六分之一。
>
> 其中最有名的万历丙辰科，嘉善举子登进士榜的有五人，其中名列一、二甲的有三人之多，例如状元钱士升和会元钱继登叔侄。

科考实绩超过了历史上的任何时期，这些与了凡等人的努力是分不开的。

其实，了凡编纂的科举书籍以及教学理念不仅在江南地区有很大影响，在全国各地也同样影响巨大。比如，了凡到宝坻任职后，得知当地已连续五科没有人中举，暗暗为此着急。于是，他亲自出马兴教办学，拟定激励政策，动员寒门子弟读书，鼓励优秀青年举业。为此，每月初一、十五，了凡必到学宫的明伦堂讲学，以先贤勤奋读书的事迹和精神激励后昆的上进心。后来，为倡导学风教化，袁了凡又专门筹资，在宝坻城内修建了文昌阁（旧址在现东城路与学街东交口）。他在宝坻县为政四五年，每月都要到文昌阁亲自为学宫士子讲解经书义理，还经常抽查生员作业，当堂阅读和批点卷子。与此同时，他还专门制定《会约》，与生员共勉，倡导"知行合一"的学风，激发生员立志进取，极大地调动了县内生员的读书热情。生员们纷纷效仿前贤，读书举业。就这样，在了凡的谆谆教诲下，宝坻员生中有两人当科中举，实现了"零"的突破，当地"五科无及第"的局面也从此打破。

据乾隆《宝坻县志》记载，文昌阁"高阁嵯峨，负城临水，西望京都，如在咫尺，自了凡袁先生建后，人文由此日盛。……邑之才隽，恒联社于文昌阁，数科以来，郁郁彬彬，称望邑焉"。以上这些，是了凡的学术思想及其人生实践，对明嘉靖万历年间整个人文社会的影响。

下面，我们再来讲一讲了凡思想文化，特别是了凡的家教和家训对其儿孙（后裔）和学生的思想影响，或者说对他们的人生影响。嘉善袁氏及了凡流传于今的家训著作很多，我曾在《试论传世家训的权威性、实践性和普适性——以袁了凡及其嘉善袁氏家族家风和家训为例》一文中做过详细介绍，在此不再赘述。袁氏家族在当时以治家教子严谨闻名。后人谓其家训平易浅显，常人易懂。它们除了都具有权威性、实践性和普适性等基本的特点外，还有两个比较鲜明的特色，或者说亮点：一是突出了袁氏家族数百年传承的"以善为本"的优良家风；二是突出了袁氏家族及其袁了凡身体力行坚持的道德实践。

这些以身作则的榜样，这些注重实效、身教言传的家训，对于整个家族产生了极强的示范作用；它如同春风细雨一般，对于子孙后代起到持久而又平和的精神渗透作用。四百多年来，在嘉善陶庄的后裔中，不乏忠烈、清廉和济人之士。在这里，我们将搜集到的有关袁了凡后辈裔孙的资料罗列于下，大家从这些优秀儿女的典型事例中，可以领略袁氏后代的精神风采。

袁氏后裔中，有勤政廉洁的地方官员。比如，了凡的儿子袁俨（字若思，号素水），为天启五年（1625）进士。其人少承家学，博涉群书，留心经济。性坦直，与人交谦和自下。据史料记载，万历三十九年（1611），即了凡逝世后五年，他生前的遗著《群书备考》（类书）由袁俨整理，"广而翼之"，登样成帙。

对于袁俨其人，他的异姓兄弟叶绍袁在《湖隐外史·名哲》有一段生动的描述："若思（袁俨）身长七尺，伟然丰隆，土木之形不事边幅。与人无贵贱，皆和颜悦色以接之。读书数行俱下，一览终身不忘。凡诗赋古文，握管数千言立就。高谈雄辩，闳博罕敌也。与余数十年，异姓骨肉兄弟之好，始终如一，晦明风雨、欢悲欣戚无不同之。暮年一第，陨命遐荒，天乎，伤哉！在高要期年，清风映拂，沁入陬澨（陬澨：僻远处。犹言天涯海角）。卒时，士民如丧考妣。盖棺之日，即祠名宦。"他对袁俨的评价是："此国家三百年来未有也。"

有关袁俨的死，光绪《嘉善县志·宦业》是这样记载的：袁俨入仕后，"初令（广东）高要，……丁卯夏，西潦骤涨，城中水深三尺，……入秋淫雨不止，袁俨走暑雨中，竭力救援。治苦盖，作糜粥，倩人捞溺敛瘗浮骸。入秋，淫霖不止，米价腾踊，袁俨细勘而亲赈之，车不遑停，目不暇睫，竟以劳瘁呕血卒于官。归榇时，囊箧萧然"。"士民市唁，巷哭如丧所生。"袁俨著有《抱膝斋漫笔》三卷、《紫薇轩集》二卷（参见《嘉善县志·宦业》卷十九，三十三页）。了凡父子两代清官，绝非是偶然的，而是在良好的家风熏陶下产生的必然结果。

另外，了凡的九世孙袁嵩龄，为清道光庚戌进士，这就是嘉善袁氏明清两代"一门三进士"之说的依据。袁嵩龄此人在嘉善和吴江的县志中均有记载。新编《芦墟镇志》对此是这样记载的：袁嵩龄，字松巢、庶常。居芦墟镇袁家浜，入选翰林院庶吉士，散馆授知县。他在外任知县时，颇有廉名。袁嵩龄一生为袁了凡家族做了许多事，其中有两件值得一提：一是在清同治后期（1870年前后）他与从弟袁召龄一起重修祖宅，并建造了赵田宗祠。祠堂内墙有碑廊，镶嵌着前辈留下的各种碑刻二十多方，上面镌刻了袁氏（赵田）十余代人的事迹。碑文上记载的有关祖辈的业绩，成为教育激励后昆的生动教材。二是历时多年编修了《赵田袁氏家谱》，成于清咸丰八年（1858），现存民国九年（1920）抄本。值得注意的是，袁嵩龄修编的《赵田袁氏家谱》，是以袁了凡为始迁祖编列世系的，较为客观、真实地记录了陶庄袁氏的历史，特别是其家族迁徙的路径。另外，其从弟袁召龄于清道光年间为了凡公修墓（注：墓址在现浙江嘉善惠民街道新润村），并亲撰了"崇祀乡贤明进士了凡袁公墓"的碑文。了凡墓现已被嘉善县人民政府列为县级文保单位。

袁氏后裔中，有重德崇文，致力于社会公益的乡贤士绅。袁宝秋和袁青同为了凡先生七世孙，他们不但身体力行，致力乡村教育事业，而且热心社会公益，都是当地重德崇文的楷模。袁宝秋（文苑卷二十四五十二页），字粒我，号稻香，清乾隆五十二年（1787）秀才，《入泮题名录》上原名作袁秋，为芦墟郭竹芗馆甥，遂授徒于翁家，醇谨自饬，和蔼可亲，在外家郭氏馆授徒越三十年，始返赵田故居，从游者多获成就。平生尤好为诗，著有《牧笛吟草》一卷。

袁青，字雪持，号雪圃，其祖父为袁琏（下面我们会进一步介绍他的生平事迹）。袁青系清嘉庆二十五年（1820）贡生，弟袁茂荆早亡，抚侄袁昌龄成立。柳树芳（柳亚子的高祖）的《分湖小识·谊行》有记载，说他"弱冠应嘉善县试，邑侯恒公赏其文，拔置第一，补博士弟子员。攻苦力学，寒暑罔间，虽名场屡踬，淡如也。弟茂荆早亡，侄昌龄幼，家事皆经理，卒能抚养成立。性端悫无饰，乡党推为儒者"。其弟"袁茂荆，字范韩，少力学，为文取法古人。应试屡不售，年逾三十，某钜公视浙学，其幕友某茂荆之戚也，密贻书馈以关节。茂荆方治装，得书遂不赴试。所亲争劝之，以死自誓，未几卒。子昌龄，字安吟，号诵伯，诸生，有父风"。

袁氏后裔中，还有许多励精图治、重振袁氏家业的孝子贤孙。比如袁了凡六世孙袁琏（字惕三，其儿子袁青），年十二补（清）诸生。其父袁存时，为讼事家破，慨然曰："士而贫常也，万一以衣食乱其心志，不几绝读书种子乎。"于是就发愤图强，想通过经商致富。经过几年努力，终于重振了家业。

尤其可贵的是，袁琏并没有因为经商而荒废学业。乾隆年间，他重建、修缮了赵田故宅，修葺祖茔。还在分湖东岸（即今南北袁家浜）买田种树造房子，让族中子弟边农耕边读书。史料上，对袁琏其人有这样的记载：

> 改为贾，仍不废学，久之家复饶，筑室于分湖上课子弟，耕
> 读隙讲学。不数年耕者、贾者接踵入泮。晚年复兴家塾，教子姓
> 与戚属之贫者，多所成就。无子以兄子袁鉴嗣，著有《两行斋诗集》。

《嘉善县志》（行谊卷二十三，二十四页）对其生平事迹是这样记述的：

> 袁琏，字惕三，世居赵田，黄六世孙。生而材敏，年十二，
> 补生。……晚年复兴家塾，教子姓与戚属之贫者，多所成就。

袁氏后裔中，有悬壶济世、大济苍生的一代名医。比如，袁泽（艺术卷二十六五页），字世霈，袁祥侄孙。习幼科，尤精痘疹。当痘时，每至一家或一村，集群童阅之，预测痘疹病期，靡一不验，求治者阗门，有神仙之号。子袁朴、袁柏，咸克继其术。（参见《分湖志》、万历《嘉善县志》）

袁了凡的姑夫钱萼（字春卿，号木庵）因得受珪真传而成一代名医，手辑《医林汇海》（四十卷）。其子钱晒、钱晓（了凡的表兄弟），及孙子钱贽（了凡的表侄子），均成当地良医，兼工诗词。

　　还有，清顺治二年（1645），袁世履因抗清遭兵灾，族人被杀，宅地损毁，仅磐石庵未破坏（参见《芦墟镇志·军事卷》"赵田兵灾"）。袁茂荆，字范韩，文法古人，屡试不售，某公为密书通关，袁青慊得书遂不赴试，所亲争劝之，以死自誓，未几卒。（参见《分湖小识》）

　　袁了凡的养子宝生（注：即叶绍袁）有"神童"之誉。了凡去世后，其人由袁家回吴江北库"叶家埭"老家（今叶周村），时年十七岁。后成为明代文学家，他的传世作品有被称为"流亡日记"的《甲行日注》等。

　　有学者称，入清以后，袁氏家族除九世孙袁嵩龄，在清道光庚戌年考中进士外并无显者，也未见名医出现，更无新著流传于世。也就是说，袁氏家族后裔中当普通老百姓的居多。如袁了凡那一辈的裔孙和亲戚，均在江浙交界地区的嘉善和吴江一带生活，有的成为乡村私塾蒙馆的塾师，有的成为悬壶济世的走方郎中，也有经营店铺、开设作坊的，还有种田养蚕的。但他们勤苦俭朴，与人为善，秉承了袁氏的优良家风，成了吴越间地嘉人善的乡邦楷模。

附一　袁黄年谱

（修订稿）

嘉靖十二年（1533），1岁

时任嘉善知县：徐荣。

史料札记：系福建晋江人。嘉善任期：嘉靖十二年至十五年。

农历十二月十一日，诞生于魏塘东亭桥浒老宅，排行老四，初名表，取字庆远。

史料札记：了凡之父袁仁，两任妻共生育子女八人。元配王氏（魏塘王孟璿次女，三十八岁时去世），生二子：袁衮（号雨山）、袁襄（号春谷）。继配李氏（嘉善李氏月溪公女），生三子：袁裳（号星槎）、袁表（号学海，后改名黄；改号了凡）、袁衮（号观海）。

另有三个女儿，长女嫁嘉善钱南壬，次女嫁嘉兴张高标，三女嫁嘉善钱晓。生了凡时，袁仁已五十五岁。撰有《嘉禾记》，以纪"衍麟趾之祥"。

录以备考：《明代登科录》关于了凡的记载"贯浙江嘉兴府嘉善县，民籍，直隶吴江县人，国子生，字坤仪，号了凡，治书，行四，乙巳年十二月十一日生。"［参见1969年版《明代登科录汇编》（台湾）国立中央图书馆藏本。］

另据［日］井宇三郎博士（著有《〈菜根谭〉解说》）和［日］酒井忠夫博士（著有《中国善本书之研究》）考证，《逍遥墟引（仙引）》和《阴骘录》的作者袁黄（了凡）为浙江嘉善县人，生于世宗嘉靖十三年（1534），穆宗隆庆三年（1569）取号了凡，卒于神宗万历三十五年（1607），享年七十四岁。写"题引"时为万历壬寅三十年（1602），其年六十九岁。（转引自王同策的《〈菜根谭〉考述》，原载浙江古籍出版社《〈菜根谭〉注释》1989年9月版）

注：其考证的了凡先生生卒时间，与本谱认定的时间均相差一年。

其父试种盆栽稻获成功，并作诗纪之。

史料札记：嘉靖十二年癸巳，隐士袁仁家盆中栽禾，一茎五穗者二，四穗者六，三穗者十有九，二穗者无算。凡九盆，悉送之官。仁作诗纪之。（参见万历《嘉善县志》，曹廷栋《魏塘纪胜》）

嘉靖十三年（1534），2岁

牙牙学语，聪颖早慧。

史料札记：嘉善袁氏书屋延香，家学渊源，代有"神童"出世，"过目成诵，日记万言"者不乏其例。上溯三代，其曾祖袁颢、祖袁祥和父袁仁咸隐于医。他们学识广博高深，且著述颇多。老宅藏书楼，缥缃盈架，了凡自幼受家族文化浸润。

秋，大水伤稼，全邑赈谷七百零八十一石。

注：所谓"赈谷"，即以谷物作为赈济物，发放给灾荒区的饥民。主要有稻谷、小麦、玉米、高粱、粟和大麦等。

嘉靖十四年（1535），3岁

"老来子"父母疼爱，得家人呵护。

注：据陈晓旭所作的《袁了凡行年考》，有关明代童年的考辨：中国古时将未成年人分为儿、童两个时期。"童子"的概念，大约是从可以入学的年龄到十五岁。

袁了凡从出生到十三岁的那段生活，未见有直接的史料记载。其人"儿时"生活状况，只能在《庭帏杂录》一书中，找到旁证资料，聊胜于无。

嘉善薛孟考中进士。

史料札记：薛孟，贯浙江嘉兴府嘉善县，民籍，国子生，治《书经》，字惟亚，行四，年三十九，五月十五日生。顺天府乡试第三十三名，会试第一百名。[参见《嘉靖十四年进士登科录》(《天一阁藏明代科举录选刊·登科录》本)]

嘉靖十六年（1537），5岁

时任嘉善知县：何天启。

史料札记：系江西贵溪人。嘉善任期：嘉靖十六年。

嘉靖十七年（1538），6岁

时任嘉善知县：谷汝乔。

史料札记：系湖广衡阳人。嘉善任期：嘉靖十七年至二十二年。

嘉善盛唐考中进士。

史料札记：盛唐，贯浙江嘉兴府嘉善县，民籍，国子生，治《诗经》，字原陶，行一，年三十，十月十五日生。浙江乡试第六十名，会试第九十八名。[参见《嘉靖十七年进士登科录》(《天一阁藏明代科举录选刊·登科录》本)]

万历二十一年（1593），盛唐和袁了凡同时被知县章士雅聘任为明万历《嘉善县志》的主笔。

嘉靖十八年（1539），7岁

未入塾"开蒙"，在家由父授课。

史料札记：由其父讲解颜之推家法（即《颜氏家训》）；已会背诵传家格言和名人诗词，有"神童"之誉。王畿赞扬其为袁仁诸子中"最为颖悟"者。（参见《庭帏杂录》）

嘉靖二十年（1541），9岁

始学诗文。父令其把握作文要旨。

史料札记：据了凡回忆："余幼学作文，父书'八戒'于稿簿之前，曰：'毋剽袭，毋雷同，毋以浅见而窥，毋以满志而发，毋以作文之心而妄想俗事，毋以鄙秽之念而轻测真诠，毋自是而恶人言，毋倦勤而怠己力。'"（参见《庭帏杂录》）

嘉靖二十一年（1542），10 岁

支大纶诞生。

史料札记：据《万历二年进士登科录》有关"支大纶"生平资料记载："嘉善县学生。行四，年三十二，四月初一日生。""明万历二年（1574）考中进士。"（参见《天一阁藏明代科举录选刊·登科录》本）根据其"考中进士的年纪"推算，得出了支大纶出生的日期为 1542 年。

录以备考：据《乡绅支大纶"志徐节妇"事及所见晚明嘉善地域社会》（原载《史学月刊》2011 年第十一期，作者：林宏）在"引言"部分，对支大纶的生平是这样介绍的："生于嘉靖十三年（1534 年），卒于万历三十二年（1604 年），享年 71 岁。万历甲戌（1574 年）登进士。"

史料札记：《了凡四训·立命之学》列举了支立（注：支大纶的曾祖父）祖孙五代人的事迹：助人不乘人之危的支立父亲支茂；弱冠中魁、任翰林孔目的支立；学官起家的支立儿子支高、孙子支禄；文名颇盛的支大纶等。支氏世居嘉善王带镇。时隔五十一年，支大纶与袁了凡就"徐节妇能不能入志"的问题发生了激烈的矛盾冲突。

嘉靖二十二年（1543），11 岁

初讲《孟子》。

史料札记：癸卯除夕家宴，母问父曰："今夜者，今岁尽日也。人生世间，万事皆有尽日，每思及此，辄有凄然遗世之想。"父曰："诚然！禅家以身没之日，为腊月三十日，亦喻其有尽也。须未至腊月三十日而预为整顿，庶免临期忙乱耳。"母问："如何整顿？"父曰："始乎收心，终乎见性。"予初讲《孟子》，起对曰："是学问之道也。"父颔之。（参见《庭帏杂录》）

其兄袁裳随父学医。

史料札记：父告诫"兢兢以人命为重，不敢妄投一剂，不敢轻试一方"。

真可诞生。

史料札记：明代高僧。字达观，晚号紫柏。俗姓沈。吴江（今属江苏）人。万历七年（1579），为流通大藏，谋易梵夹为方册。万历十七年，方册藏始刻于山西五台山，四年后，南迁至浙江径山，由门人如奇等主持其事，贮藏经版于化城寺。

丁宾诞生。

史料札记：丁宾，嘉善县人，字礼原，初号敬宇，晚称改亭，生于嘉靖二十二年（1543），卒于崇祯六年（1633）。隆庆五年（1571）中进士，此后历任句容知县、御史、南京大理寺右寺丞、南京太常寺少卿、南京鸿胪寺卿、南京右金都御史提督操江、南京工部尚书、南京都察院左都御史等职，在南都为官三十年。致仕之后，曾受封太子太保，至耄耋之龄，仍得皇帝眷顾。

袁了凡在《送丁敬宇书》中说："足下真实之心，恺悌之行，事不敢为天下先，而举世让步，言若讷讷，而能使听者醉心，以至柔而胜天下之至刚，以无为而胜天下之有为，实当世之伟人，而理学之巨擘也。"高度评价了丁宾的品行及学术成就。

嘉靖二十三年（1544），12岁

时任嘉善知县：杜坤。

史料札记：系陕西鄜州人。嘉善任期：嘉靖二十三年（不到一年）。

十三岁以前，已在为举业做准备。

录以备考：在了凡十四虚岁时，父亲去世，"老母命弃举业学医"。弃举业的"弃"字说明，了凡十三岁以前已在为举业做准备。

在晚明时期，以王门后学为中心，再有其他一批学者与之呼应，一时间"三教合一"之说甚嚣尘上，其影响甚至不下科举考试的八股文。少年时的袁了凡除受家学影响之外，"三教合一"思想对他也有很大的启迪。了凡曾经说："早岁读书多有未解处，每于《三教集》中阅之豁然。"可见其影响力之一斑。

嘉善沈科考中进士。

史料札记：沈科（其弟沈称）系了凡的表兄，贯浙江嘉兴府嘉善县，民籍，国子生，治《书经》。字子进，行一，年三十六，正月十五日生。浙江乡试第二十五名，会试第二十七名，殿试三甲第一百七十四名。［参见《嘉靖二十三年进士登科录》（《天一阁藏明代科举录选刊·登科录》）］

袁仁有《沈科登第》（五言律诗）传世。沈科曾任工部营缮司主事，后擢升临江府知府和江赣兵备副使，为官勤勉，有政声［子沈道原，万历二十三年（1595）进士］。其弟沈称与了凡年纪相仿，但其仕途坎坷，十试不举。在万历《嘉善县志》（章志）中，沈扬（即沈心松，了凡的姑父）、沈科、沈称和沈道原（沈科之子）四人有传。

《庭帏杂录》记载：沈科初授南京行人司副，"归别吾父（注：科上任之前回来，与其舅父，即了凡的父亲告别）。吾父谓之曰：'前辈谓仕路乃毒蛇聚会之场，余谓其言稍过，然君子缘是可以自修，其毒未形也。吾谨避之，质直好义，以服其心；察言观色，虑以下之，以平其忿。其毒既形，吾顺受之，彼以毒来，吾以慈受可也'"。袁仁的临别赠言，其他几个晚辈都听得，后成为袁氏家训的金言。（参见了凡的长兄袁衷的记述）

沈氏兄弟与了凡同辈，以孝友闻名乡里，沈科休官归乡，兄弟俩师友如故，寝食以共，"奉养父母，绕膝愉愉，有事必长跪以请"。父年八十八，母年九十四卒，哀毁尽礼。袁、沈两家比邻而居，关于沈氏家族情况，《了凡四训》和《庭帏杂录》均有记载。

注：哀毁即居亲丧悲伤异常而毁损其身。后常作居丧尽礼之词。

夏秋，大旱，善邑河底皆坼，斗米二百文，禾稼不秀。（参见《嘉善县水利志》）

大旱，部分河湖干涸。（参见《吴江县志·大事记》）

嘉靖二十四年（1545），13 岁

时任嘉善知县：朱熙载。

史料札记：系山东平山人。嘉善任期：嘉靖二十三年至二十五年。

秋，大旱，太湖水缩，禾谷不收。米价腾踊，人食草皮树根。（参见《嘉善县水利志》）

大旱，太湖水涸，大疫，路殍相枕。（参见《吴江县志·大事记》）

嘉靖二十五年（1546），14 岁

夏，善邑大疫，尸浮河者不可胜计。

邻县因遇灾荒，奉文向善邑暂借钱粮。

史料札记：是年，贷补平湖县兑军折银 147.67 两，行粮 205.656 石。"一年为例，则年年如此，此粮所以日增也。"十年贷给平湖县兑军粮达 2160 石。

七月初四日，袁仁亡故，遗书二万余册。

史料札记：据了凡回忆："丙午六月，父患微疾，命移榻于中堂，告诸兄曰：吾祖、吾父，皆预知死期，皆沐浴更衣，肃然坐逝……我今欲长逝矣！"

了凡的父亲博极群书，临没命检其重者，分赐侄辈，余下均由了凡收藏。

"七月初四日，亲友毕集，诸兄咸在，呼予携纸笔进前，书曰：'附赘乾坤七十年，飘然今喜谢尘缘。须知灵运终成佛，焉识王乔不是仙。身外幸无轩冕累，世间漫有性真传。云山千古成长往，哪管儿孙俗与贤。投笔而逝'。"（1479—1546），享年七十岁。（参见《庭帏杂录》袁衮撰）

诸弟兄遵母命，着手整理父亲遗稿。

史料札记：父殁后，始编纂《一螺集》。母（李氏）谓：毋贻后悔。

奉母命，在家研习岐黄之术，准备承父业，悬壶济世。（参见《庭帏杂录》）

嘉靖二十六年（1547），15 岁

时任嘉善知县：于业。

史料札记：字建公，系南直金坛人。嘉善任期：嘉靖二十六年至二十八年。其人精明能干，有见识，狡猾的役吏不能作奸犯科。年成不好时，要求上级豁免赋税，境内没有出现百姓流亡逃荒事件。

刊刻袁仁《一螺集》（十卷本）。

史料札记：万历《嘉善县志》（卷十）载"《一螺集》，袁仁诗文也，刻自嘉靖丁未，凡十卷，王元美尝评其诗，以为斐然逼唐，子黄（即了凡）重刻之"。丁未年（即 1547 年，系羊年）；明世宗嘉靖二十六年。

后在原十卷本的基础上，了凡重刻《一螺集》（八十卷本），至万历二十四年（1596）才告完成。此时，了凡先生已六十四岁矣。

在慈云寺遇孔姓高人，劝其弃医业举。

史料札记：自称得邵康节《皇极数》真传的云南老者，对袁了凡说："子仕路中人也，明年即进学。"用白话文说"明年准能考中秀才"。了凡遂起读书念头，母亲支持他的想法。

同年，了凡入开办于沈友夫家的塾馆，拜郁海谷为师，立志举业。

沈与了凡家世交，袁仁有《一溪歌为沈友夫作》传世。（参见《了凡四训》《魏塘诗陈》）

注："业举"谓为科举应试而学习。

嘉靖二十七年（1548），16 岁

县考第十四名。

注：科举考试，就是通过乡试、会试、殿试的方式，层层选拔人才，而想走仕途一般得选经这样的考试。童生入学，须经过三级考试，即"县试""府试"和"院试"。入学后称"秀才"，这三次考试总称"小考"或"童试"。秀才"科试"合格后方能参加"乡试"。应考者称"童生"，又称"儒童""文童"。

增修嘉靖《嘉善县志》。

史料札记：于业增修《嘉善县志》，简称"于志"，凡八卷九编四十四目，系建治后修编的第二部县志，距前志（倪玑修编的首部《嘉善县志》）成书

三十四年。未见传本，已佚。

嘉靖二十八年（1549），17 岁

李如松诞生。

史料札记：李如松（1549—1598），字子茂，号仰城，辽东铁岭卫人（今辽宁铁岭）。祖上是来自朝鲜的内附民。自称祖先是唐末避乱迁入朝鲜的汉人。辽东总兵李成梁之长子，为明代著名将领，曾任"明万历朝鲜之役"增援军主帅。了凡六十岁时随之赴朝，后又被其参本弹劾。

李如松之父李成梁（1526—1615），字汝契，号引城，镇守辽东三十年间，率领辽东铁骑先后奏大捷者十，边帅武功之盛，二百年来前所未有。

嘉靖二十九年（1550），18 岁

时任嘉善知县：陈道基。

史料札记：系福建同安人（一说为福建晋江人）。嘉善任期：嘉靖二十九年至三十二年。系嘉善清官，后入县名宦祠。

院试，中秀才（即生员）。

在嘉兴投师唐顺之，参与编纂《荆川疑难题意》。

史料札记：在嘉兴天宁寺拜唐顺之为师，相随至杭州，往返两个月，朝夕执书问业。《荆川疑难题意》（举业用书）由唐顺之策划，故名。它从科举考试角度，对四书进行阐释，惜未流传下来。［参见《袁黄与科举考试用书的编纂——兼谈明代科举考试的两个问题》，作者：张献中。原载《西南大学学报（社会科学版）》］

唐顺之曾在给袁了凡的信中说："适见王龙溪（王畿），道吾弟（了凡）负一方盛名，浙中士子俱视为准的。"由此可见唐顺之对了凡的器重。

嘉靖三十二年（1553），21 岁

倭寇入善邑境侵扰，屯兵斜塘（今西塘）。

史料札记：1553 年，大批倭寇在海盗头子汪直、徐海等的引导、率

领下，在浙江、江苏登陆，窜扰崇明、上海、宁波、绍兴、台州、温州和嘉兴等沿海城市。是年，倭寇入善邑境，知县陈道基竭尽全力守御戒严。

时任吴江知县杨芷，动员农民保卫家园。

史料札记：倭寇猖獗，远近震恐，谁也不敢与之对阵。时任吴江知县杨芷，在境内各水路要道设置木栅栏，组织数百名义勇操练，修造战船百余艘，铸造各种兵器，并将圣寿禅寺中的铜钟移至东门城楼，以备报警之用。号召农民一面耕种，一面防守；令义勇把守水路要道，日夜轮流值班，杨芷身穿戎装亲自巡查。（参见《吴江知县》

抚台王抒和知府刘悫议奏请筑城，以防善邑之寇患。

注：刘悫时任嘉兴知府。

嘉靖三十三年（1554），22岁

时任嘉善知县：邓植、邓迁。

史料札记：两人均为南直金坛人。嘉靖三十三年（1554），先后任嘉善知县。

录以备考：对于邓迁的官职，另有史料作"嘉兴府通判署嘉善"。赵文华的《筑城记》有"其料理程督则知府悫，通判迁，劳绩多焉"。通判即州行政长官的副职。

知县邓植屡次申请上级政府清查补偿。

史料札记：自明正德元年（1506）起，桐乡、平湖、海盐、崇德、嘉兴和秀水等邻县，因遇灾荒，奉文向嘉善县暂借钱粮，累计数量巨大。知县邓植屡次申请上级政府清查补偿，未获批准。"一年为例，则年年如此，此粮所以日增也。"

倭寇频频来犯，烧杀掳掠，生灵涂炭。

史料札记：是年三月，倭寇由昆山青阳港向吴江境内进犯。吴江知县杨芷闻讯后，率飞艇包抄其后路，迫使对方不敢向前。后又派兵扮作商船诱敌深入，击毙倭寇十八人，又在澄湖一役中生擒倭酋两人。

四月九日，倭寇侵占浙境枫泾〔江浙分治，明宣德五年（1430）时镇南

属浙江嘉善，镇北属江苏华亭县，现均归属于上海市金山区〕；十日至县治所在地魏塘，烧毁军粮船四百余艘。

五月，倭寇又犯，放火焚烧嘉善县衙，公堂和燕堂两廊仪门、县南巡检司官署被毁。时任知县邓植逃遁，佥事罗拱辰治兵（出兵）魏塘。

六月十四日，倭寇由乌镇（浙境）经烂溪进犯平望（苏境）。杨芷督水兵歼敌三十六人，俘获四人。十五日夜，倭寇经黎里（苏境）从分湖（苏浙两省界湖）逃走。

瓦氏夫人（1496—1555）率广西"狼兵"（即广西壮族土官兵），开赴东南沿海抗倭。

是年，两广督府把征调"狼兵"的命令送到田州府（治今田阳）。瓦氏夫人系抗倭英雄，原名岑花，不顾年迈（时年五十八岁）挺身而出，请求带兵抗倭，被授予"女官参将总兵"军衔，开赴东南沿海前线抗倭，由她率狼兵出征。瓦氏夫人还参加了柘林之战、盛墩之战、嘉善之战、双溪桥之战、松江之战、昆山之战、陆泾坝之战和漕河泾之战等。

应嘉兴府通判邓迁之邀，参与修筑善邑城墙的勘察。

史料札记：十月四日，动工修筑嘉善城墙。

倭寇再次侵扰，百户赖恩率部迎击，不幸中弹殉难。

史料札记：十二月，倭寇自湖州返，再次侵扰善邑。百户赖恩（字荣华）率部迎击，倭寇死伤及被俘者甚多。赖恩不幸中炮（另说是"中了冷枪"），落水殉难。平息倭患后，邑民设义冢，安葬赖恩等阵亡勇士；在宾旸门阁楼上立塑像，在宾旸门边竖碑记载其事迹。明万历年间，知县金和建造彰义祠，将赖恩与李锡（主簿）一起祭祀。

嘉靖三十四年（1555），23 岁

时任嘉善知县：王察言。

史料札记：系山西马邑人。嘉善任期：嘉靖三十四年至三十五年。

《四书便蒙》《书经详节》刊刻行世。

录以备考：《荆川疑难题意》付梓后，袁了凡又作《四书便蒙》《书经详

节》，"大删朱注而略存其可通者，于嘉靖乙卯年刻行"。当时，这两部书都未署名。五十年后，书坊重版两书（其友人分别将书名改为《四书删正》《书经删正》），并署名"袁黄"，招致"众口之哓哓"。两书最终被查禁。（参见《袁黄与科举考试用书的编纂》，作者：张献中）

筑墩"罗星台"，以阻华亭塘之水。

史料札记：是年，形家（注：风水先生）谓：东城外淼淼水道，不利于邑。邑令王察言募民于东门外华亭塘筑墩，以阻东流水势，曰"罗星台"。明万历元年（1573），国子监司业李自华，又在墩上修建关帝殿。

戚继光调任浙江，组建"戚家军"。

史料札记：嘉靖三十四年（1555），戚继光被调至浙江，任参将。其间，亲赴义乌挑选招募彪悍体魄的山民，组建"戚家军"。"教以击刺法，长短兵迭用"，排演自创的"鸳鸯阵"。其时"戚家军"声名赫赫，威震东南沿海。（参见《明史·戚继光传》）

三、四月间，"王江泾大捷"得胜，重创入境倭寇。

史料札记：嘉靖三十二年（1553）至三十四年（1555），倭寇数次侵扰。嘉靖三十四年三、四月间，广西、湖广的狼兵相继调到（由张德和俞大猷统一指挥），在嘉兴王江泾重创倭寇，斩杀倭寇近两千名，焚溺死者无数。

三月四日，嘉善城墙竣工。

史料札记：城墙呈长方形，墙高三丈，阔二丈，沿城墙外有六丈宽的护城河。整个城墙建有水城门及防台五座，陆城门及望楼四座，外有月城一百十四丈（用来屏蔽城门），墩台十二座，窝铺三十六间（用作驻守兵居停），雉堞（城上排列成齿状的矮墙，作掩护用）两千六百四十四个。（参见《筑城记》，作者：赵文华。收录于明万历《嘉兴府志》）赵文华（？—1557）字元质，号梅林，浙江慈溪人。时任工部侍郎，在巡视东南防倭事宜到嘉善时撰写此文。

六月十九日，倭寇攻占张泾汇。

嘉靖三十五年（1556），24 岁

"大删朱注"《四书便蒙》《书经详节》。

史料札记：大致始于嘉靖年间，袁黄在嘉靖三十五年"大删朱注"的《四书便蒙》《书经详节》"遍传天下"，"家家传习"。

倭寇屯斜塘，被陆路指挥王彦忠等击败，东遁泖湖（今属上海青浦境）。

嘉善毛汝贤、卞锡、钱于邻三人考中进士。

史料札记：毛汝贤、卞锡、钱于邻三人同时考中进士。毛汝贤，灶籍，县学附学生，治《诗经》，字子宫，浙江乡试第八十四名，会试第九十七名；卞锡，民籍，县学生，治《书经》，字叔孝，浙江乡试第二十四名，会试第八十九名；钱于邻，民籍，国子生，治《易经》，字震卿，浙江乡试第四十名，会试第一百三十七名。

嘉靖四十年（1561），29 岁

夏水暴涨，境内苗种淹没，全邑大饥荒。

史料札记：四月初，雨水不断，直至闰五月，田成巨浸，舟行村市。民大饥，全邑赈谷四千七百七十八石。（参见《嘉善县水利志》）

春夏大水，吴江"水则碑"所测水位，比正德五年（1511）时高五寸。（参见《吴江县志·大事记》）

嘉靖四十一年（1562），30 岁

严嵩倒台后，徐阶继任首辅。

史料札记：徐阶和张居正共同起草世宗遗诏，纠正了世宗时期的修斋建醮、大兴土木的弊端，为因冤案获罪的勤勉朝臣恢复官职，受到朝野的欢迎。

嘉善项钶、王俸、项笃寿三人考中进士。

史料札记：项钶，民籍，浙江乡试第八名，会试第八名；王俸，民籍，浙江乡试第八十一名，会试第二百二十一名；项笃寿，民籍，浙江乡试第六十七名，会试第五十五名。

徐光启诞生。

史料札记：徐光启（1562—1633），字子先，号玄扈，4月24日出生于江苏松江（注：现归属上海市，与了凡故里嘉善相距三十多公里）。明代科学家，著作颇多，与传教士利玛窦等一起翻译了《几何原本》《泰西水法》等西方科学著述，曾主持了一百三十多卷的《崇祯历书》的编写工作。另有重要著述《农政全书》。

嘉靖四十二年（1563），31岁

吴江知县吴本一履新，重组地方军事组织。

史料札记：吴本一（字仲立），湖广沔阳卫（今湖北仙桃）人。明代为了防御倭寇的骚扰，吴江县地方军事组织建有"水兵"和"弓兵"两个兵种。其中，吴江水兵英勇善战，在苏浙边交界地区很出名。吴本一上任后很快发现，这两个兵种的设置重复，应将此"合二为一"。遂决定重组地方军事组织：一、取消弓兵单独建制；二、加强水兵营盘的建设（包括弓箭手的培养）。他在吴江任职三年，治政清明，在东南一带有口皆碑。任满召为工部主事，仕终山西参议、天津兵备。

嘉靖四十三年（1564），32岁

沈㳇著《吴江水考》。（参见《吴江县志·大事记》）

史料札记：沈㳇（1490—1563），字子由，号江村，吴江松陵人。明嘉靖十七年进士，授南京工部营缮司主事，后知绍兴府，曾重建兰亭。目睹分湖沿岸洪水泛滥成灾，民不聊生之惨状，立志勘查吴江水患之源，提出治水方略。

史料札记：关于吴江水则碑的设置和设置年代，《吴江水考》称"按二碑石刻甚明，正德五年（1510）犹及见之，其横第六道中刻大宋绍熙五年（1194）水到此……"由此推算，吴江"水则碑"设置于公元1194年以前。

录以备考：乾隆《吴江县志》引《吴中水利全书》载："宋徽宗宣和二年（1120）立浙西诸水则碑，凡各陂湖泾浜河渠，自来蓄水灌田通舟，官为核量丈尺，地名。"

注：水则碑是刻在石碑上的标尺，古代称刻划（道）为"则"，把碑竖置水涯，用以标志水位的高低或涨落。太湖流域古代设置水则碑甚多，现仅发现一处，即吴江水则碑。

嘉靖四十四年（1565），33 岁

时任嘉善知县：许镒。

史料札记：字国器，号白塘，系云南石屏人。嘉善任期：嘉靖四十四年至隆庆二年。后以"治绩卓异"升为御史。《石屏县志》杂记中，有《许白塘清操》的记载。

屠宗师调离浙江学台。

史料札记：浙江提学屠宗师在调离学台前，已批准袁了凡补贡，后被署理学台的杨宗师驳掉（否决）。

注：宗师系明清时对提督学道、提督学政的尊称。

知县许镒辟书院，令高才生从受学经，多所造就。

史料札记：了凡曾赠许镒对联，曰："忆成童，荷知遇之隆，仰师资于山斗，彬彬乎，政事宜民，文章报国；闻大老，遂归来之乐，树德望于乡邦，恂恂然，诗书执礼，孝悌力田。"

注：恂恂，温顺恭谨貌。陆德明释文："恂恂，温恭之貌。"犹循循。善于诱导貌。

嘉善李自华考中进士。

史料札记：李自华（1535—？），字元实，号见亭，嘉靖四十三年乡试中举。嘉靖四十四年（乙丑），殿试得一甲第二（榜眼），授翰林院编修。七月，升任国子监司业，历官谕德。

了凡先生曾作《过李司业故居》诗一首：国子先生堕宝弓，一行新鹭过琳宫。庭梧不识兴亡事，犹是青青竞晓风。

嘉靖四十五年（1566），34岁

明世宗崩，裕王即位，为明穆宗。

史料札记：世宗朱厚熜，年号嘉靖，1522年至1566年在位。

张居正掌翰林院事。

史料札记：张居正是明朝中后期杰出的政治家，也是中国历史上最著名的改革家之一。他从荆州的一个普通家庭起步，经过不懈努力，成为万历首辅、神宗皇帝老师，以及明朝中兴的奠基人。

偕沈大奎赴乡野巡视稻禾长势。

史料札记：沈大奎在《〈嘉禾颂〉有序》中记述："嘉靖丙寅之秋，沈生大奎偕袁生表辈，游于凤塘之原，止于思贤之野，时黄茂遍野，谷吐将实，创见禾列有一茎三穗，一茎四穗者，而双穗者总总焉……"（参见万历《嘉善县志》卷十），由此可见，从嘉善中南部的凤桐港，到北部的思贤乡，所到之处一片丰收景象。

游山阴（绍兴），拜王畿为师，并得其青睐。

史料札记：王畿曾曰："武塘袁生表从予学习，聪明无比。余虽爱之，不知公之子也。询其家世，始知乃故人之子。"（参见《王龙溪全集》）

隆庆元年（1567），35岁

经浙江提学殷秋溟批准，破格升补贡职（为贡生）。

史料札记：据了凡自述，参加五次乡试均失败，"直到丁卯年，殷秋溟宗师见余场中备卷，叹曰：'五策即五篇奏议也，岂可使博洽淹贯之儒，老于窗下乎？'遂令县许铭申文（呈文）准贡"。殷秋溟慧眼识珠，终使屡屡受挫的了凡先生，正式升补贡职（为贡生，取得入国子监就读资格）。

进京，入北雍（北京国子监）读书。

注：明代国子监是国家最高学府。明成祖迁都后，又在北京设立国子监，称为"北雍"。与之相对应的"南雍"，就是设在南京的国子监。

撰《命自我立》。

史料札记："命自我立"，也就是"通过努力，改变自身命运"。这是袁了凡学术思想和道德实践的精髓。这在"听天由命"的封建社会，无疑是了不起的。它宣扬"人的命运通过努力可以改变"的观点，就是要我们以自己的努力，依靠自己的力量去改变命运。

隆庆二年（1568），36 岁

七月，徐阶终因年迈多病，举筹失措而被迫归田。

史料札记：徐阶在职时，朝野对他批评不少。嘉善支大纶曾批评徐阶，在嘉靖朝"玄文入直，伛偻献谀"，政绩"碌碌无奇"，至隆庆朝，才"稍惬公论"。清官海瑞对徐阶之品德也有严厉的批评，曾讥称"甘草国老"。

倭寇又犯善邑境。

在燕都（现北京市）国子监待了一年。

隆庆三年（1569），37 岁

时任嘉善知县：史朝铉。

史料札记：福建晋江人。嘉善任期：隆庆三年至万历元年。

海瑞任应天巡抚，清查苏松"兼并土地"案。

史料札记：明朝右佥都御史海瑞，任应天巡抚时（1569 年夏—1570 年春），负责清查苏松"兼并土地"案，要求以徐阶为代表人物的乡官退田，退出"受献"的所有土地。"公严厉以治，下令受献者悉退还，或许赎回。"（参见《明史》）当时，徐阶等被迫"退出"了许多"投献"而得的民田。

转至南京，在国子监肄业。

史料札记：了凡补贡后即赴北京，在国子监学习，隆庆三年（1569）转至南京在国子监肄业。

在栖霞寺，得云谷大师开示，遂改号"了凡"。

史料札记：云谷法名"法会"，别号"云谷"。嘉善胥山人，俗姓怀，生于弘治十三年（1500）。幼年有"出世"志向，后在嘉善大云寺出家，修习瑜伽。十九岁时，登坛受具足戒，专精修习天台的小止观。后便曳杖之摄山栖霞，而栖霞寺道场已荒废多年，云谷不遗余力恢复故业，遂成"中兴禅宗的大德"。太宰五台陆公，初仕为祠部主政，访古道场，偶游栖霞寺，见大师气宇不凡，雅重之。

据憨山德清记载："江南从来不知禅，而开创禅道，自云谷大师始。"由此可见云谷大师在佛教界的地位。（参见《云谷先大师传》，作者：憨山德清）

憨山德清在《云谷先大师传》里是这样记载的："了凡袁公未第时，参师于山中，相对默坐三日夜，师示之以唯心立命之旨。公奉教事，详《省身录》。"

在栖霞寺，谒拜素庵真节，成为其俗家弟子。

史料札记：了凡在栖霞寺，除结识嘉善籍名僧云谷外，还谒拜寺中的另一名僧素庵真节。真节，号素庵，生于正德十四年（1519），湖广襄阳（今属湖北）钟氏子。真节在栖霞寺"讲《华严》诸部疏钞，时常听者三百余人，覆讲者三十余人"。

了凡在栖霞寺参访法会，也得以谒拜真节，"聆其绪论，豁如也"。其后，了凡每游南京，"必访"真节。真节"道业愈隆，法席愈广"。南礼部右侍郎兼南国子监祭酒殷迈为了凡的座师，"研精内典"，被称为"佛学作家"。他"素慎许可"，而"独重"真节。殷迈命了凡"依止"真节，"以求解脱"。这样，袁了凡又成为真节的俗家弟子。

至此，袁了凡皈依佛教，成为名副其实的居士。

积德行善，发愿做三千件善事。

史料札记：了凡第一次发愿后，经过十九年，积满了三千善行。（参见《袁了凡的生平及著作》，作者：酒井忠夫）

隆庆四年（1570），38 岁

携诸友登燕子矶作畅游。

史料札记：袁了凡是在接受了禅宗的静坐和修行思想，通过"顿悟"达到了下笔成章的作文境界的。《了凡先生论文·与于生论文书》有这样一段自述：仆庚午春读书于南京燕子矶……胸中无一毫杂累，终日作文，沉思默想，……颓然如醉，兀然如痴，蠢蠢然又如不晓事者，数月之后，一日偶从诸友登矶，远望江云，恍然如囚人脱枷，不胜鼓舞……

自后题目到手便能成章，从前许多苦心极力处皆用不着矣！（参见《游艺塾续文规》卷三）

注：燕子矶位于南京栖霞区幕府山的东北角，北临长江，为长江三大名矶之首，有"万里长江第一矶"之称，其南连江岸，另三面均被江水围绕，地势十分险要，是观赏江景的最佳去处。

嘉善水灾。衙门告示：原借的稻种谷免还，全邑计四百石。

在南京再次参加乡试，考中举人。

注：乡试，即秋闱，由礼部主持的考试，了凡位列第三十六名。

隆庆五年（1571），39 岁

参加会试，未中。

史料札记："取本房首卷"，但因"五策不合式下第"。

嘉善的丁宾、常熟的赵用贤同时考中进士。

史料札记：丁宾（即丁敬宇），贯浙江嘉兴府嘉善县，军籍，国子生，治《书经》，字礼原（号改亭），行三，年二十九，正月初一日生。顺天府乡试第五十五名，会试第三百九十一名（殿试第三甲第四十七名）。

参见《隆庆五年进士登科录》（《天一阁藏明代科举录选刊·登科录》本）。

回忆晋京赴考，了凡对丁宾的描述："辛未计偕，我嘉善同袍凡十人，惟丁敬宇宾，年最少，极其谦虚。……及开榜，丁果中式。（参见《了凡四训·谦德之效》）

隆庆六年（1572），40 岁

明穆宗驾崩，年仅十岁的神宗继位。

史料札记：穆宗朱载垕，年号隆庆，1566 年至 1572 年在位享国 5 年。继位者：神宗（朱翊钧），年号：万历；1573 年至 1619 年，享国 48 年。

明万历元年（1573），41 岁

张居正任首辅。

史料札记：张居正联合大宦官冯保，勾结后妃，以"专政擅权"之罪，令高拱回原籍。由于神宗年幼，军政大事均由张居正裁决。从 1573 年出任内阁首辅开始，张以整顿吏治、发展经济、巩固边防等为主要内容，展开了一系列的改革。

录以备考：据《分湖志·人物》称，大学士张居正曾邀袁了凡进京订乐律。了凡（著有《历法新书》）向其提议先修历法，由于未被采纳，遂拂袖返乡。

生母李氏去世。在武塘（魏塘）塔院习静。

提出"将梵典翻为方册，俾家传人诵"的想法。

史料札记：万历元年，了凡在魏塘与幻余法本禅师（嘉兴人，大胜寺僧）商讨，提出了"变梵夹为方册（大藏经）"的想法。幻余在自己的《发愿文》中提到了这件事："万历癸酉，自金陵参云谷和尚，归锡武塘。……时项东源、袁了凡两居士，日过我为法喜游。……一日，了凡居士与本矢言，欲将梵典翻为方册，俾家传人拔邪见稠林，归萨婆苦海。"

万历二年（1574），42 岁

嘉善支大纶考中进士。

史料札记：支大纶，贯浙江嘉兴府嘉善县，民籍，嘉兴县人，嘉善县学生，治《书经》，字心易，行四，年三十二，四月初一日生。曾祖立（翰林院孔目），祖高（教谕），父禄（训导），母顾氏。浙江乡试第二十四名，会试第五十一名，殿试第三甲第一百八十三名。[参见《万历二年进士登科录》（《天一阁藏明代科举录选刊·登科录》本）]

《了凡四训·积善之方》提到，嘉善支立之父支茂在当刑房吏时，为"无辜陷重辟"的死囚洗冤，因而得到了善报。其子支立、孙子支高、曾孙支禄、玄孙支大纶。

万历三年（1575），43岁

时任嘉善知县：金和。

史料札记：南宜长洲人。嘉善任期：万历三年至八年。

正月初五，云谷大师在嘉善圆寂。

史料札记：云谷大师七十三岁时，被嘉兴名贤从栖霞山请归故里。两年后殁，葬大云寺右，终年七十五。了凡先生亲自为云谷灵塔撰写碑文。

录以备考：明代高僧憨山德清礼拜云谷禅师灵塔，看到了凡先生撰写的《云谷禅师碑文》，认为铭文过于简要，于是亲自撰写了《云谷先大师传》，将云谷禅师尊为"明代中兴禅宗之祖"。

海水入善邑境内，禾稼潦死。

史料札记：五月三十日夜，飓风涌潮，海水远入善邑境内，河水皆咸，月余始退，禾苗潦死。

万历五年（1577），45岁

赴京会试，因策论违逆主试官而落第。

史料札记：万历五年，赴京会试，与挚友冯开之同住一处。初拟取第一，因策论违逆主试官而落第，遂改名黄，字坤仪。冯开之（梦祯，秀水人）考中进士。（《分湖志》）

著《举业彀率》。

史料札记：《举业彀率》是一部讲述文章风格和结构的科举考试用书。袁了凡在《游艺塾续文规》引文中说："丁丑岁（1577）予著《举业彀率》，备论炼格之法，传之四方，颇于时艺有益，近日则又成文章一障矣！盖文字依题结构，千篇一律诚为可厌，然近来士子每遇题目辄掀翻体制，纵横颠倒，有宜轻而反重，有宜后而反先，有宜详而反略，有宜串而反平，错乱不经，令人可厌！一遇考试，炼者多而不炼者少，则不炼者反新而炼者反俗矣！此势之所必然而弊之所当革也。"

万历六年（1578），46岁

张居正以福建为试点，清丈田地，结果"闽人以为便"。

始纂《群书备考》（类书）。

注：《群书备考》成稿后，虽屡次删定，但未能付梓。类书是在搜集大量文献资料的基础上，分门别类整理成为类似于现代的"百科全书"式的工具书；丛书是将原来属于单本流传的书籍，汇编成一部大书，题以概括的总名，成套传存古籍，以供人们检阅。

万历七年（1579），47岁

随李渐庵出塞入关，受兵法于终南隐士刘。

史料札记：李渐庵，即李世达，陕西泾阳人，曾任浙江巡抚。

终南山为隐修圣地，主峰位于陕西周至县境内。柳宗元曾有过"国都在名山之下，名山借国都以扬威"的名言。

录以备考：家住陕西泾阳，万历间官至刑部尚书的李世达，曾撰文记述袁黄下第后，谋归隐终南山的一段经历。他写道："余家去终南最近，尝裹粮深入，遇梅翁于古松涧。与谭合变，纵横无穷，异而定交焉。了凡袁子下第，谒予，谋隐于终南。时予方废弃，亦有终焉之志。因与同造梅翁，了凡持一缣，以师礼事之。梅素信予，受而不辞。是夕，语至夜分，梅变色曰：'此吾师，非吾友也。'稽首，而返其缣，且约之同谒其本师。既见，尽以其学授之，促令出山。曰：'汝丙戌进士也，尘缘未断，何隐为？'明年，予起官赴淮，旋自南转北。而了凡以会试至，相见欢甚。"《了凡四训》对此前后的记述是："自己巳岁（隆庆三年，1569）发愿，直至己卯岁（万历七年，1579），历十余年，而三千善行始完。时方从李渐庵（李世达字子成，号渐庵）入关，未及回向。"

录以备考：《分湖志·人物》（吴江沈刚中纂）记载"黄尝受兵法于终南隐士刘，服黄冠独行塞外经年，九边形胜、山川、营堡历历能道之"。《了凡四训·立命之学》中确实提到"时方从李渐庵入关"，但并未说"欲归隐终南山，后未果"。可见，正值风华之岁、鹏举之年，了凡"欲归隐"之说是有偏颇的。了凡先生独行塞外，那是为了向隐士刘学兵法，掌握边外要塞的分布及其诸关隘的地形地貌等情况。这样的推断，既符合了凡积极有为的性格特点，在事理上也更合乎逻辑。

录以备考：兵部职方司作为兵部四司之一，职责最重。它要掌管"天下地图及城隍、镇戍、烽堠之政"。学者赵现海说，它是"专门负责搜集各地资料，尤其是军事资料。绘制各地地图，尤其军事地图的专职机构"。而袁了凡也如同许多兵部职方司主事一样，"撰写过关于长城防御体系的《九边图考》，只是由于清朝焚毁的原因，目前该书尚未见流传"。（参见《晚明时代危局与袁黄的历史角色》，作者：赵现海）

四月，大水淹没稻禾，善邑赈谷四千八百零四石。

万历八年（1580），48岁

张居正上疏，获准在全国展开清丈土地。

史料札记：张居正在清丈土地的基础上，重绘鱼鳞图册。是年，全国田地为7,013,976顷，比隆庆五年（1571）增加了2,336,026顷。由于额田的增加，加之打击贵族、缙绅地主隐田漏税，明朝田赋收入大为增加。

起愿再行三千善事。

史料札记：了凡第二次发愿。在完成首次发愿（隆庆三年）后，又请求性空、慧空（嘉善思贤乡人）等上人（旧时尊称僧人），建立"求子"的道场，再次发愿（求子愿）。（参见《袁了凡的生平及著作》，作者：酒井忠夫）

庚辰年，得陆龟蒙遗址于分湖之滨，卜筑居之。

史料札记：据叶绍袁所撰的《湖隐外史·名哲》载，司马袁公了凡先生"由嘉善迁分湖，复迁赵田"。另外，他的《自撰年谱》（嘉业堂丛书）也有其父叶重第（居分湖北滨）早年与"卜居湖渚"（分湖南隅）的袁司马公"烟波相望，文坛、酒社日夕共之"的记述。

史料札记：（真可）与袁司马黄为心宗密友。司马家多藏书，师在湖上闭关三年，尽司马诸书而去。（参见《分湖小识·释道》）

录以备考：《叶重第墓志铭》中说的"庚辰年"，即万历八年（1580），袁了凡时年四十八岁。当时，确在分湖之畔筑庐而居，疑为其多次提及真可寄迹的"分湖之敝庐"。万历二十一年（1593），袁了凡罢归时，又从分湖之滨移居吴江芦墟赵田村，度过了他的晚年。

万历九年（1581），49 岁

时任嘉善知县：王三阳。

史料札记：福建晋江人。嘉善任期：万历九年。

张居正将"一条鞭法"推广到全国。

史料札记："一条鞭法"是中国田赋制度史上继唐代"两税法"之后的又一次重大改革。它简化了赋役的项目和征收手续，使赋役合一，并出现了"摊丁入亩"的趋势。

嘉兴府嘉、秀、善"三县争田"历史公案肇始。

史料札记：嘉兴府"三县争田"是跨越明清两代，持续了一百多年的历史纷争。利益各方围绕"土地"和"粮赋"展开博弈，嘉善方面的诉求：一是将境内的嵌田归还嘉善；二是豁除嘉善丈缺田地的虚粮。然而，自明万历九年（1581）至清康熙四十七年（1708）争端屡次兴起，又经多次丈田，共九次结案，但都没有真正解决实际问题。

录以备考：有专家认为，嘉兴府"三县争田"，主因是明宣德五年（1430）析县时存在弊端。明万历九年（1581）的田亩"清丈"，则是旷日持久的"三县争田"的直接导火索。由于当年析置是"按籍分民，随民分土"，与其他地区以"分土分民"的方式有所不同，而不少民众的田产是跨都、跨乡的。这样，就不可避免地引发了国家与社会之间，在利益分配上的矛盾和冲突。可以说，"三县争端"的祸根，在析县时早就埋下了。（参见《清代嘉兴府争田述论》作者：刘文华）

生儿，初名天启，后改名俨。

史料札记：袁俨（1581—1627），字思若，号素水，天启五年（1625）进士，知广东高要，卒于任上。

万历十年（1582），50 岁

二月，张居正上疏，请求免除各省积欠钱粮。

史料札记：随着清丈田亩工作的告竣和"一条鞭法"的推行，明朝的财政状况有了好转。这时，太仆寺存银多达四百万两，加上太仓存银，总数达七八百万两。太仓的存粮也可资十年之用。据此，张居正上书，请求免除各省自隆庆元年（1567）至万历七年（1579）间的积欠钱粮。

张居正病逝，谥"文忠"。

史料札记：张居正于国事日以继夜。万历九年（1581），终于劳累病倒。万历十年六月二十日（7月9日）病逝，享年五十八岁。死后，神宗为之辍朝，赠上柱国，谥"文忠"。

万历十一年（1583），51 岁

时任嘉善知县：方杨。

史料札记：南直歙县人。嘉善任期：万历十年至十一年。任职期间，有人赠物给他均不接受，还要将送礼者呵责一顿。

八月，三千件善事又做满。

九月十三日，发誓再做一万件善事。

史料札记：第三次发愿。在家中请性空等法师做回向。请求性空建立"求中进士"的道场，求中进士愿。

注："回向"即是"回己善根，有所趋向"，将所造善根力集中加于某目的，使之尽快得以实现。

与真可再次提及刻藏的事宜。

史料札记：紫柏真可（达观）在袁了凡寓所（分湖之庐）读书时，了凡再次与之提到刻藏之事（即刊刻《嘉兴藏》），并亲自撰写了募集资金的文字。

万历中，慈圣李太后钦佩达观之道风，万历皇帝也素知达观之学行，曾说："若此真可名一僧。"达观遂取之为名。（参见《中国名僧传》）

万历十二年（1584），52岁

时任嘉善知县：王三阳。

史料札记：福建晋江人。嘉善任期：万历十二年（再度在此任职，任期不到一年）。

在嘉兴楞严寺，与密藏师兄商议刻藏的各项工作。

史料札记：密藏师兄系达观的弟子，了凡在嘉兴与之商定，由了凡草拟募缘文；请陆五台太宰（平湖陆光祖），给予更详细、明确的指导等等。

又，袁了凡有诗作《送陆五台之任》。（参见《柳溪诗征》卷一）

师从八股文名家，研读举业范文。

史料札记：了凡在五十三岁前，刻苦学习举业，认真研读当时和前朝举业名家的范文，还曾师从唐顺之、薛应旂、瞿景淳等八股文名家，学习作文。（参见《袁黄与科举考试用书的编纂》，作者：张献中）

史料札记：明代"四大八股文名家"：王鏊、唐顺之、瞿景淳、薛应旂。其中王鏊、瞿景淳是苏州人。王鏊被誉为八股文"宗师"，八股文"理至守溪而实，气至守溪而舒，神至守溪而定，法至守溪而备，称为时文正宗"（商衍鎏《清代科举考试述录》），"制义之有王守溪，犹史之有龙门，诗之有少陵，书法之有右军"（俞长城《百二十名家稿》）。明清两朝，苏州还出了吴宽、唐伯虎、归有光、王锡爵、文震孟、韩菼等一批八股文名家。

万历十三年（1585），53岁

时任嘉善知县：蔡彭。

史料札记：福建晋江人。嘉善任期：万历十三年至十八年。

六月，陈龙正（陈于王之子）出生。

史料札记：丁宾说："吾邑陈几亭先生为梁溪高忠宪公（高攀龙）高弟子，与同里袁了凡先生并负时名。"（参见《几亭外书跋》，作者：丁宾）

袁了凡先生见而之，谓"廉宪公曰：'公二子皆贤。然少者孝思最深，所至不可量'"。（参见《陈祠部公家传》，收入《几亭全书附录卷一·家传》）

注：廉宪公即陈于王。

万历十四年（1586），54 岁

赴京会试，中进士（丙戌科唐文献榜）。

史料札记：《明代登科录》对了凡的记载："庚午，应天（即南京）乡试三十六名；会试二百八十五名；廷试三甲一百九十三名。礼部观政。"（参见 1969 年版《明代登科录汇编》）

同榜进士还有嘉善的陈于王。

史料札记：袁氏、陈氏均为善邑望族。陈于王（陈龙正之父。号颖亭，后任福建按察使）与了凡先生是万历十四年的同科进士，两人情趣相投，常探讨修德行义之举。

另外，丙戌科唐文献榜尚有：江钟廉（三甲四十一名，四川南充人），万历十四年（1586）任吴江知县；赵梦麟（三甲五十名，直隶永年县人，今属河北），万历十六年（1588）任吴江知县。同榜还有吴江北库叶家埭的叶重第（三甲五十四名）字道及，号振斋，系叶绍袁之父。授浙江山阴（今绍兴）知县。

入赵用贤幕，参与清核苏松钱粮。

史料札记：赵用贤，字汝师，号定宇，江苏常熟人，万历初，官检讨。用贤官庶子时，与进士袁黄商榷数十昼夜，条十四事上之。时行、锡爵以为吴人不当言吴事，调旨切责，寝不行。（参见《明史》）

"进士袁黄商榷四十七昼夜，条陈十四事"，提出了减少当地额外加征米粮的十余条建议。（参见《牧斋初学集》，作者：钱谦益）

袁了凡奉命到松江华亭一带搞"清核"，了凡"奉都御史制，随都察院赵用贤（幕主）至苏松地区清核钱粮，呈《松江、苏州赋役议》"，"（袁）黄上《赋役议》，又请减额外加征米银十余条。豪猾以不便，已为浮言，阻格不行"。最终失败了。距前海瑞出任应天巡抚，清查"徐阶兼并田地"案，正好十五年。（参见嘉庆《嘉善县志》）

注：申时行（字汝默，长洲人）、王锡爵（字元驭，号荆石，太仓人），均为明万历间的大学士。

万历十五年（1587），55 岁

海瑞殁，赠太子太保，谥"忠介"。

史料札记：海瑞为明代著名清官，身历嘉靖、隆庆、万历三朝。隆庆三年（1569）夏至隆庆四年（1570）春，任应天巡抚。在松江华亭"查处徐阶"的事件，就发生在那个时候。海瑞卒于南京都察院右都御史任上，消息传到北京，万历皇帝下诏南京、北京二都举行公祭，丧出江上，奠祭哭拜的人，百里不绝。其人一生"刚直不阿""清正廉明"著称于世，被后人誉为"海青天""南包公"。

五月大水，七月飓风大雨，灾害不断。

史料札记：是年，杭嘉湖平原水涝。善邑境内连片成湖，舟行田间，庄稼失收。

丁宾捐万金，救助善邑饥民。

史料札记：万历十五年至十六年（1587—1588），嘉善"大饥荒"，丁宾倾力救助，不惜散尽家产，使数万人得以活命。后来，本邑"同善会"创办者陈龙正称赞说："（我）幼时闻（丁）清惠公万历十五年（1587）六年赈饥事，心窃感之。以为捐万金，活数万人，真盛德事矣。"（参见《题丁礼原公赈施条约》，作者：陈龙正）

同九善信在龙华道场发盟。

史料札记：万历十五年（1587）首倡者袁了凡居士和真可的弟子道开，会同当时有影响的朝廷官员及著名的佛教人士等十位"善信"在燕京的龙华道场盟誓，发愿成就刻藏大业。万历十七年（1589）这项宏大的刻经之举在五台山妙德庵启动。（参见《重辑〈嘉兴藏〉文集》）

达观大师和弟子会访憨山大师。

达观大师和弟子密藏开公至东海（牢山海印寺）会访憨山大师（德清，字澄印，别号憨山）商讨、落实重刻方册大藏经因缘事宜。

注：现青岛市东部的崂山，古代曾称牢山、劳山、鳌山等。

万历十六年（1588），56岁

善邑大饥荒。

史料札记：时米每石价银一两八钱，时流民动以万计。

授北直隶宝坻知县。

史料札记：万历十六年六月初九日，礼部观政、进士奉命来知宝坻县事。距明成化十九年（1483），嘉善杨霖任宝坻知县（任期两年，1483—1484年）一百零五年。袁了凡成为第二名担任宝坻最高行政长官的嘉善人。（参见《续编宝坻县志》）

当天，在城隍庙发表《到任祭城隍文》，还有《议置木闸文》《谕乞休书隶示文》《申请银鱼苗公移》承诺，提出了"我愿宽刑弛罚，以活无知犯法之民""兴民之利而辟其荒芜""防民之患而修其沟畛"等一系列积极有为的行政措施。

录以备考：杨霖，字时望，嘉善人。明官员、诗人。天顺六年（1462）应天府中式。受易四明杨守陈。官玉田县，调宝坻县。（参见《正德嘉善县志》卷2；《嘉兴府乡贡进士题名记碑》）

注：北直隶（今河北）宝坻（今属天津）。

用薪俸替宝坻农户偿赋税。

史料札记：京东之地连年大浸，入宝坻邑境，流离满目，饿殍在途。宝坻当时的民生状况，用袁了凡的话来说，是"生计之计诎，而赋役之扰倍"。（参见《答张道汀书》，作者：袁了凡）

十月，发现"野稻"，宝坻人以此度荒。

史料札记：十月，沥水退后，荒芜的田间长出一种野草，其根和茎嚼之稍有甜味。晒干碾成粉末，可以代粮充饥。有人说"这是因为新来的知县亲民干事，感动了上苍，才有这种祥瑞降临"，有人建议将此上报朝廷，以求赏赐褒奖。了凡则严词拒绝，后来又写了题为《野谷解》的文章，阐述了自己对于县治思想的正确理解。

万历十七年（1589），57 岁

提交"申免潞王供用器币"公移。

史料札记：二月初九日，顺天府推官周批："景王之国，该县原有额派。今以灾伤为请，具见恤民之意。准照本道，议均派缴。"

注：公移，即旧时行用于不相统属的官署间的公文的总称。

三月，潞王到封地就藩，船队过境宝坻。

史料札记：为避免潞王（皇弟）船队（五百艘）在宝坻境内搁浅，了凡亲自指挥，在下游用沙袋筑坝以抬高水位，让庞大的船队尽快过境，以减少公款接待费用，达到了"事毕而民不劳"的良好效果。（参见《宝坻政书》）

旧例王爵赴国，宝坻约需为过境船队支付各类费用数千至上万两银子。（参见《宝坻县志·续志》）

在筹划工赈，涉及宝坻三项水利工程。

史料札记：上任伊始，了凡的首要急务是救灾。次年（即万历十七年）春，筹划以工代赈（简称工赈），具体涉及"三岔口古堤""县南通水旧渠"和"西北小堤"三项水利工程。

工程"自二月初一起工，至四月二十七日始毕，约用过夫五万二千九百五十余，工银六百二十一两五钱七分，粮六百三十一石五斗一升"。

录以备考：对于历时三个月的工赈效果。史籍评价是"积水尽泄，遂获有年"，但袁了凡说工赈当年"新种春麦既无收成之望，而工役已毕，又无就食之资，四野惶惶，朝不谋夕"，完全没有"全活若干人"之类的记载。（参见《宝坻政书》卷九）

丁宾向青浦县、吴江县捐粮，赈济灾民。

史料札记：万历十七年（1589）、三十三年（1605），四十八年（1620）丁宾以个人名义向受灾的江苏青浦县、吴江县捐粮四万五千石。据陈龙正统计，丁宾一生致力于社会公益，共捐献银子三万余两（用于赈灾）。

收养叶绍袁（为嗣男），取名"宝生"。

史料札记：1589 年冬（农历十一月二十四日），新任直隶玉田知县叶重第（为同榜进士）的儿子出生。按吴越习俗，后来了凡收养了这个出生才四个月的小孩。叶重第家住北厍叶家埭，与袁了凡家同为分湖流域的文苑世家，两家素有往来。两人都出自太史杨贞复之门，且有"同学之谊"。

注："嗣男"为继嗣的儿子。

幻余法本挟亲撰的发愿文，到宝坻县衙，索写《刻藏发愿文》。

史料札记：了凡称"己丑（1589 年，万历十七年）秋，幻余夹卷至官舍，索余愿文书于首"，后被收录于《刻藏缘起》。

宝坻监狱围墙被雨冲毁，囚犯无一人逃逸。

史料札记：是年秋天，宝坻大雨，监狱围墙被冲倒，而墙内关押了犯有重罪的囚犯，但他们相约守法，居然无一人逃逸。了凡认为，这是推行"感化"政策、审慎用刑的结果。（参见《宝坻政书·刑书》）

方册藏经（世称嘉兴藏）在五台山开始刊刻。

史料札记：《嘉兴藏》刊刻始，由达观大师的弟子如奇主持。达观大师时年四十七岁。（参见《中国历代名僧》）

录以备考：另据《清凉山志》（明释镇澄撰，为五台山九部志书之一）载，紫柏（达观）大师于万历十七年（1589）在五台山紫霞谷妙德庵正式开刻《嘉兴藏》。

万历十八年（1590），58 岁

宝坻每亩地赋税"从二分三厘七毫，减到一分四厘六毫"。

史料札记：宝坻税赋倍于他县，积欠粮赋万石。为了减轻田亩负担，袁了凡上疏朝廷，请求减免赋税，得到允准。从此，全邑每亩田减免钱粮九厘一毫。乾隆五年，时任宝坻知县洪肇楙，将此称为"一疏奏可，万户生春"。（参见《祭袁了凡文》，作者：洪肇楙）

《祈嗣真诠》刊行。

史料札记：据山西省祁县图书馆藏明万历《刻祈嗣真诠引》（由其门徒韩初命于万历庚寅年撰写）记载，"今嘉禾了凡袁先生""名重于天下，天下士传诵举子业，如《心鹄》《备考》《疏意》等书，令都市纸增价"。可见除了他的善书著述外，其他如科举考试参考书等，在明万历年间也很有影响力和感召力。

袁了凡的《祈嗣真诠》，则是一部专题探讨生育之道的著作，全书有聚精、养气、存神、知时、成胎和治病等十个章节。其中有如何积善积德，以衍麟趾之祥；如何聚精、养气、存神，以祈香烟之盛等，涉及妇产科、儿科和男科的一些知识。

万历十九年（1591），59岁

时任嘉善知县：章士雅。

史料札记：南直吴县人。嘉善任期：万历十九年至二十五年。

刻印《宝坻劝农书》（五卷）。

史料札记：袁了凡的《宝坻劝农书》（亦称《劝农书》）比徐光启的《农政全书》成书早了四十八年。了凡先生倡导"南稻北栽"，向当地农民传授灌田种稻之法。在葫芦窝一带村庄建起水稻种植"样板村"，被现代学者称为"宝坻县种稻之始"。

《劝农书》的内容包括天时、地利、田制、播种、耕治、灌溉、粪壤、占验等八篇。其中水稻栽培技术，有一部分来自嘉禾地区。比如，书中提到了嘉善水稻种植栽培中的"撮谷而种"，即现在的"直播稻"栽培技术。此书是明清时期有一定影响力的地方性农书。

《劝农书》兼具时人和后人的好评，除清初名臣魏裔介（1616—1686）曾为之撰序刊刻。表彰其教民耕种之法完备外，宝坻后人也对之多有肯定 学者解扬语）。

录以备考：邓拓在《向徐光启学习》一文中，有这样一段话："可惜，《农政全书》旧本因为不是徐光启自己编定的，而是经过陈子龙、谢廷祯等人，在徐光启死后加以整理刊行的，所以内容还存在不少缺点，甚至有许多错漏，需要重新整理、重新编辑、重新出版。"（原文载于《燕山夜话》）

撰写《静坐要诀》。

史料札记：了凡先生传承实践，又善于总结经验，在五十九岁静坐实

修功夫达到炉火纯青时，才动笔撰写《静坐要诀》。（参见《袁了凡与〈静坐要诀〉》，作者：严蔚冰）

保定知府马瑞河求教，呈拜师帖、拜师礼。

史料札记：《静坐要诀》刊刻本出炉后，时任保定知府的马瑞河随即差人向了凡先生呈送拜师帖和拜师礼，并专程到宝坻府上拜师问道，后又多次驰书请求释疑解惑，指点迷津，共提出了有关"修习静坐"的十三个疑难问题。（参见《宝坻政书》）

编撰《摄生三要》一卷。

史料札记：《摄生三要》提出"养生以聚精、养气、存神为要"。被后世尊为"养身大家"。（参见《中医人物词典·袁黄》）

《中国养生大全》在介绍《摄生三要》时，按语曰：作者袁黄，字坤仪，号了凡，浙江嘉善人，明代之博学者。其养生思想以聚精、养气、存神为摄生三要，阐述很有特点。（袁黄《摄生三要》，见《道藏精华录》，上海中医药大学图书馆藏书）

万历二十年（1592），60岁

晋京觐见万历皇帝朱翊钧。

升任兵部职方司主事。（注：兵部职方司主事系六部的属官）

宝坻民众自发捐资，为其建造生祠。

史料札记：在袁了凡去职后，宝坻百姓建造了袁公祠，并推教谕韩初命撰写《袁侯德政碑》，感念这位"爱民重而官爵轻"的父母官。

面晤晋京会试的夏建所。

史料札记：夏建所即夏九鼎，字台卿，嘉善人。当年中进士（万历壬辰进士），系东林党领袖顾宪成学生。官至安福令，抚民如子，清操自励，卒于道，贫不能殓。袁了凡在诫子书中，称颂其谦和之美德，曰：此人"谦光逼人"。（参见《了凡四训·谦德之效》）

奉朝廷之命，李如松出兵征讨叛逆哱拜。

史料札记：是年二月，宁夏致仕副总兵哱拜杀巡抚都御史党馨、副使石继芳，据宁夏城反叛，与鞑靼结成联盟。朝廷命李如松提督陕西军务征讨哱拜，又有宁夏巡抚朱正色、甘肃巡抚叶梦熊［字季兆，又字瑞明，直隶永年县（今属河北）人。万历十六年（1588）任吴江知县］等加入。至九月，平定哱拜之乱。

倭寇进犯朝鲜半岛，朝鲜战争开始。

录以备考：1590 年（万历十八年），日本关白兼太政大臣丰臣秀吉击败东北小田原城的大名北条氏，完成了统一事业，结束了日本长达一百多年的战国时代。虽然实现了统一，但内部矛盾依然存在。

早在 1578 年，丰臣秀吉即曾在征讨播磨国时对织田信长说："图朝鲜，窥视中华，此乃臣之素志。"试图通过对外侵略，转移内部矛盾。

史料札记："明万历朝鲜之役"始，为朝鲜宣祖二十五年，为日本文禄元年。

四月十四日，入侵者结集二十万兵力（陆海军）在朝鲜釜山一带登陆，并迅速向北推进，占领朝鲜大部分地区。李朝宣祖李昖逃至义州，乞求明朝给予军事救援。

七月，中国出兵朝鲜，派副总兵祖承训、参将戴朝弁和游击史儒率援军五千余人东征。

八月，平壤失陷。前锋史儒率骑兵救援，在平壤场内遭日军火枪队伏击，全军覆没，戴朝弁、史儒亦中弹身亡。祖承训仅以身免。消息传来，中国朝野震惊。

亲诣天津、宝坻、山海关等处部署海防事宜。

史料札记：九月二十六日，宋应昌行文兵部，委派袁黄"亲诣天津、宝坻、山海关等处地方"，"会同地方该道官及新设备倭海防道，亲历沿边一带紧要海口倭船可以入犯去处"，部署海防事宜，"事完，将用过钱粮数目、筑过墩台、安设火炮各若干座，通行造册绘图呈报，以凭巡阅查考施行"。不到半个月的时间，袁黄已经摸清了渤海湾腹地，特别是天津一带的海防现状，并提出了可行的改善意见。尽管这与其此前曾在宝坻任职，有一定积累有关，但也反映出他确有相应的才华。

遣送家眷离宝坻回老家。

史料札记:同月,安排车马遣送家眷(妻子沈氏、儿子袁俨和养子宝生)以及仆人回嘉善老家。袁了凡在次年写的《与吴海舟侍御书》中,提及"弟妇(指自己妻子)及儿辈上年先归"等家事。

史料札记:叶绍袁《自撰年谱》载,"二十年,壬辰,四岁,司马公晋职方主事,寻以辽东赞画,赴援朝鲜,余在襁褓随其内宅南归"。

抵辽阳调兵筹饷,采集军需。

史料札记:升任兵部职方司主事。朝廷命宋应昌(兵部右侍郎)"经略备倭事宜";袁黄(主事)"随行赞画"。同月,宋应昌受任经略为主帅,了凡随之到关外辽阳调兵筹饷,采集军需。《明神宗实录》卷251记载:万历二十年八月,兵部右侍郎宋应昌"经略备倭事宜","主事袁黄随行赞画"。军前赞画是司后备及参谋的职务,负责军马管理、军火器械、伙食军饷、士兵健康、侦察敌情、战略筹划、驿站管理等。

同年八月,明朝以兵部右侍郎宋应昌经略备倭军务,并诏天下督抚举将材。于十月十六日,明朝命李如松总理蓟、辽、保定、山东军务,并充任防海御倭总兵官,其弟李如柏、李如梅为副总兵官,一同开赴朝鲜。明朝从全国范围调集了四万精锐。

辽阳之旅可以说,是中国增援部队赴朝前的热身训练。对此,袁了凡在《与毛仁山侍御书》中,有这样的陈述:"军中军书繁忙,六十老翁驰骋兵马间。关外寒冷,冰天雪地。幸靠主帅虚心,筹划周密,三军协力齐心,胜利可待,若得成功,当即告老回乡。"

十二月二十五日,总兵官李如松从宁夏胜利归辽后,尚不及休息即率军四万三千余人越过鸭绿江进入朝鲜。

注:辽阳位于现辽宁省的中部,它东依辽东山地,西望辽河平原,辽阳古城是明代东北地区规模最大、最为坚固的要塞。

冬月,撰写《重修崇寿寺记》。

史料札记:崇寿寺在宝坻县治南二十里许的双王寺村。此寺始建于唐代,岁久倾圮。明隆庆四年(1570),由当地乡民捐资重修之。后应宝坻乡民请求，袁了凡撰写《重修崇寿寺记》（碑刻在宝坻潮阳街道双王寺村的崇寿寺遗址发现）。

拜访"其学欲合儒释而会通之"的同道周汝登。

史料札记：了凡于万历辛丑年（二十年，1592年）岁末，专程拜访"其学欲合儒释而会通之"的同道周汝登。周氏遂在《立命文序》中，概括立命之说的内容，即"了凡袁公所自述其生平行善，因之超越数量，得增寿胤，揭之家庭，以训厥子者"。特别揄扬"（文）中所述云谷老人语，明祸福由己约，造化在心。非大？者不能道，谓非上乘法不可也"。认为道德仁义，"上士假之游戏以接众生，中下援之勾引而入真智。启之入门，诱之明了，兹文有无限方便存焉"，故而"兹文于人大有利益，宜亟以行"。（参见《东越证学录》，作者：周汝登。原载《四库全书存目丛书》）

注：周汝登（1547—1629），字继元，别号海门，嵊县（今属浙江）人。万历五年（1577）丁丑进士。擢南京工部主事，历兵、吏二部郎官，官至南京尚宝司卿。

万历二十一年（1593），61岁

王锡爵为首辅，官至太子太保、吏部尚书、建极殿大学士。

史料札记：王锡爵在任期间，发生了日寇侵略朝鲜的战争。朝廷发生纷争，到底是战还是不战？王锡爵看穿了日本以朝鲜为"跳板"，真实目的在于侵略大明王朝的实质，力主对日本一战。最后在他的运筹之下，大明战而胜之，彻底斩断了日寇侵略中国的妄想。

万历二十二年辞官致仕后一再被皇帝相召。万历三十八年，王锡爵终老于太仓老家，赠太保，谥文肃。著有《王文肃公全集》五十五卷。

神宗皇帝"特赐四品服以示重"。

史料札记：明廷任命宋应昌（时任山东巡抚）为援朝大军最高长官。宋领命后随即上书，并举荐本部"职方司袁黄、武库司主事刘黄裳文武具备，谋略优长，乞命二臣随臣赞画"。神宗皇帝予以批准。袁了凡和刘黄裳的官职本来只有六品，神宗"特赐四品服以示重"。所以说袁了凡服膺四品，随

行参赞，是在宝坻知县任后仕途上的一次飞跃。（参见《万历援朝战争中的袁黄》，作者：张金奎）

赴朝鲜作战，参与谋划平壤大捷。

史料札记：朝廷乃任命兵部侍郎宋应昌为经略，以李如松为总兵官，李如柏、李如梅（均为李成梁之子）为副总兵官，袁了凡为军前赞画，发大兵援救朝鲜。一月，遂随中国援军（四万三千人）跨渡鸭绿江，时任援朝军营赞画（监军）。了凡先生参与谋划平壤大捷。

见到朝鲜国王李昖。

史料札记：一月三日，在肃川与朝军会合，五日进抵平壤城下，第二次平壤攻防战开始。六日拂晓，向南城门发起进攻，宣告克复平壤的战斗打响。在这前后，袁了凡见到了李朝宣祖李昖。李昖，初名李钧，朝鲜王朝第十四代君主。在世时间1552年至1608年，在位时间1567年至1608年。

录以备考：另有一说，袁了凡在正月初七入朝，并见到李朝宣祖李昖。当时，袁了凡写了《借兵朝鲜呈国王》一诗，并在诗中阐发了中朝两国"唇亡必及齿，左右宜相呼"的那种休戚相关的地缘政治。

史载：是日，兵部主事袁黄渡江。上出迎于龙湾馆……袁黄曰："天朝为贵国发大兵，若到安定绝粮退军，则奈何？"上曰："各站皆遣官支候，似无不足之忧。恐或军卒暮到，不及分给也。今闻下教，当更加申饬。"袁黄曰："炮车无牛，尚滞途中，大军虽进，将何为乎？"上曰："当更差官督运。"袁黄虽然支持宋、李二人在战争动员未全部完成之前就开战的主张，但对此前担心的后勤补给并没有放松警惕。

与刘黄裳共同向朝鲜君臣发出咨文。

史料札记：同年正月初八，袁了凡与刘黄裳共同向朝鲜君臣发出咨文，表达了必胜的信念。其中在论述必胜的理由时，指出："倭性畏寒，今岁月厥阴，风木司天，阳明燥金，为初之气。立春后，尚有二三十日寒气未消，天时可乘二也。"

八日（2月1日），明朝援军与小西行长的第一军团一万八千人战于平壤，平壤城易守难攻。东有大同、长庆二门，南有芦门、含毯二门，西有普通、七星二门，北有密台门，有牡丹峰高耸，地形险要。

援军冒着猛烈的炮火，向城中的日寇发起总攻；午后中朝两国军队收复平壤城。此役共消灭敌人一万余人，俘虏无数，逃散日军不及总数的十分之一。

录以备考：朝鲜《李朝实录·宣祖实录》有如下记载："俄而（明军）发大炮一号，各陈继而齐发，响如万雷，山岳震摇。……焰数十里，咫尺不分，……烟直冲城里，火烈风急，……赤焰洹天，延热殆尽。……贼不敢抵当。浙兵先登，拔贼帜，立天兵旗麾……"

激战至半夜，小西行长率日军残部狼狈南逃，平壤光复。明朝援军乘胜追击，在十余天内，先后收复了开城、白川、牛峰、平山等地，日军溃败，撤至汉城。自平壤至开城，五百余里内，"二十二附郡县，悉归朝鲜"。一举扭转了朝鲜半岛战局。（参见《有关袁了凡生平的几个问题》，作者：章宏伟）

被李如松弹劾，解职于朝鲜战场。

史料札记：与增援军主帅李如松产生战术分歧，被其以十项罪名弹劾。三月，"军前赞画"之职被撤。同月，二十六日离任，在朝鲜战场不到百日。同年，在朝廷的"京察"（即六年一度的"京官考核"工作）中，被言官弹劾"不称职"（从表面看，他过于书生意气，爱发议论，被言官所不容，实质上是官僚利益集团之倾轧），最终被罢官。

录以备考：在许重熙所著《嘉靖以来注略》（此书印有崇祯六年序）中，在万历二十一年二月之条目中，就有袁了凡被削籍的记载。[参见《中国善书研究》（增补版）上卷，酒井忠夫著，刘岳兵、何英莺译]

录以备考：关于袁了凡在朝鲜之战中的功绩。日本学者认为：一、了凡被提升兵部职方主事。其时发生了丰臣秀吉的朝鲜之战，他在军中参与策划朝鲜之战。二、明朝政府出兵（注：作为增援军的随军赞画），了凡率军在咸镜破倭将（加藤）清正，立了大战功。（参见《袁了凡的平生及著作》，作者：酒井忠夫，翻译：尹建华）

五月十八日，回到老家嘉善。

史料札记：袁了凡在《与吴海舟侍御书》中，谈及告老还乡时的某些景况："五月十八日（1593年6月16日）抵家。……今登第凡八年而归，四壁萧然。幸弟妇及儿辈上年八月先归，收本年之租，稍可支持，不然口食且不给矣。"了凡自万历十四年（1586）考中进士，离开家乡已有八年。

收到真节索作《长生田记》的书简。

史料札记：真节在栖霞寺致书了凡，让其为栖霞寺募置三百余亩长生田作碑记和劝疏。真节"大愿未终"而化去。万历二十四年，其徒如敬欲"完师所托"，不顾路途劳顿，谒了凡吴江赵田草堂，"求曩所诺文"。了凡"壮其志，先草碑词，付之勒石，以表往日檀越之信心。仍令携疏，取次结缘，务足前额，庶不虚节师之愿乎"。（注：节师，即真节师也）

应嘉善县令之聘，与盛唐同纂《嘉善县志》。

史料札记：为重修万历《嘉善县志》（俗称"章志"），知县章士雅垂询邑内士绅，了凡示出旧藏县情资料，称：县志十分之六七的素材资料已具备。章令"遽然色喜"邀其任主笔。另一位主笔是盛唐，但其时已八十五岁矣。

《重修嘉善县志》十二卷，首一卷，章士雅修，盛唐、袁了凡同纂；明万历二十四年刻本，存十二卷，首二至十二。藏上海图书馆，现为孤本。（参见《上海图书馆藏稀见方志丛刊》目录）

《宝坻政书》刊刻。

史料札记：《宝坻政书》（十二卷）系了凡在宝坻为政五年所撰公文、告示、政令和案卷等资料之集成，由其宝坻弟子刘邦谟、王好善所辑。宝坻人邴赞在所撰《刻〈宝坻政书〉序》中，说了辑录此书的缘起。

"读朝鲜陪臣李元翼所著《生祠碑》，记述公之勋劳甚备。嗟夫！人有如是才望勋劳，而竟如是处之，岂盛世所宜有耶？公去之日，士民已刻《德政录》矣。乃刘、王二君以不尽公之迹也，复辑《宝坻政书》十二卷，视前录不啻倍之。然兢兢不敢增饰一语，但取公文移、示谕之见诸实事者，次第编之。"

值得注意的是：为刊刻这本书（注：指《宝坻政书》）许多人自觉自愿地掏了腰包。他们都是宝坻人，从各级的官员，一直到各级的学生，到锦衣卫，到生员，到乡民，一共有一百二十八人捐了钱。这表明什么呢？表明了不同阶层的宝坻人，对袁了凡的政绩以及他勤政廉洁的作风的肯定和感谢。（参见香港理工大学朱鸿林教授在"天津宝坻袁了凡思想文化国际论坛"上即席演讲）

注：此书现被编入《中国古代地方法律文献甲编》（第六册），2006年重新刊印出版，主编：杨一凡，刘笃才。2014年5月，宝坻区文化广播电视局、宝坻袁黄研究会编印《宝坻政书》（点校、翻译本）。

方册藏经（《嘉兴藏》）刊刻，由五台山移至径山。

史料札记：由于气候等原因，《嘉兴藏》刊刻工程，从五台山妙德庵（山西东北部），迁至浙江径山寂照庵继续，故亦称《径山藏》。

万历二十二年（1594），62岁

时任吴江知县：祝似华。

史料札记：四川内江人。吴江任职时间：万历十九年至二十二年。治政以安民为本，每次催征，祝似华总是从巨室富户催起，很快能完成任务。万历二十三年（1595）升任台州同知，在任多惠政，不久升福州知府，仕终布政使。另有一说，名"黄时华"。

举家搬迁吴江，卜居北赵田自然村。

史料札记：据《赵田袁氏家谱刻印序》载：袁了凡从嘉善搬迁赵田是在明万历二十三（1595），录以备考。

建造"万卷楼"以藏书，在此耕读传家。被其十三世裔孙袁嵩龄尊称为"吴江赵田四祖"。天启年间（1621—1627），袁氏"万卷楼"等建筑毁于大火。袁俨积资修复宅第，重建藏书楼。赵田袁宅在抗战时（1937年11月）遭日军焚烧。现今其遗址部分石驳岸仍在。（注：2015年2月7日，纂谱者组织去现场踏看所见。）

撰《刻袁氏丛书引》。

史料札记：了凡先生在《丛书引》中重申："予家世居嘉兴之陶庄，今析归嘉善。"

宝生（即叶绍表）到外塾读书。

史料札记：叶绍袁其人天资聪慧，过目成诵。十二岁撰《又反之》，见此文者无不为之惊叹。叶绍袁《自撰年谱》载："二十二年，甲午，六岁在赵田，六月就外塾。"

万历二十三年（1595），63 岁

时任吴江知县：孙大壮。

史料札记：万历二十七年（1599），扩建吴江县学，建文昌阁。所著诗文，得到袁宏道推崇。

注：袁宏道在文学上反对"文必秦汉，诗必盛唐"的风气，提出"独抒性灵，不拘格套"的性灵说。与其兄袁宗道、弟袁中道并有才名，由于三袁是荆州公安县人，其文学流派世称"公安派"或"公安体"。合称"公安三袁"。

表侄沈道原中进士。

史料札记：了凡的表兄沈科之子沈道原中进士。

嘉善知县章士雅修吕字圩岸，开东埝、西埝河道。

史料札记：开东埝、西埝河道，一百七十丈，并建坝闸，民感其德，遂称"章河""章坝"。

撰写《分黄导准考》《运河考》。

万历二十四年（1596），64 岁

善邑境内建起四座"常平仓"。

史料札记：明万历二十四年（1596），境内建成常平仓四座，一在风泾镇南隅，占地 3.948 亩；一在千家窑（今干窑镇）东南隅，占地 3.86 亩；一在王带镇（今惠民镇王埭村）西隅，占地 4.387 亩；一在斜塘镇（今西塘镇）西隅，占地 3.7 亩。常平仓储粮备荒，丰歉调节。

六月，序父袁仁遗著《一螺集》。

史料札记：了凡在《庭帏杂录》和《重刻〈一螺集〉序》中，陈述了刊

刻父亲遗著的理由：其一，母在世时曾嘱，要整理刊刻《一螺集》。"毋贻后悔"；其二，遗著经历"兵燹迁移，版半毁，因重梓"。

七月初八，境内大水成灾。

史料札记：初八，大雨如注，狂风呼号，数日不歇，酿成水灾，全邑（减）改折米五万三千四百三十四石。

万历《嘉善县志》（12卷）刊印。

史料札记：有万历丙申冬十月袁了凡所撰的《跋新修嘉善县志后》。

史料札记：袁了凡当时已迁居吴江赵田村，且所编撰之书，多署上"赵田逸农袁黄坤仪甫"之名。然而，他仍经常到老家嘉善去办事（包括帮助修编县志）。他在《嘉善县志》的跋文中，说："夫侯产姑苏而宰武塘，余产武塘而遁迹姑苏。"这是对时任嘉善知县章士雅说的，因为章士雅是常熟梅里人，当时隶属于苏州府。

万历二十五年（1597），65岁

李如松出任辽东总兵。

史料札记：李如松骁勇善战，初承父荫授部指挥同知，充宁远伯勋卫。因战功迁署都督金事，为神机营右副将。后升任山西总兵官。曾指挥万历二十年（1592）的平定宁夏哮拜叛乱、壬辰抗倭援朝战争。万历二十五年（1597），出任辽东总兵。次年，在与蒙古部落的交战中阵殁，是年五十岁。

日本第二次出兵入侵朝鲜。

史料札记：明朝八万大军再援朝鲜。1597年初，日本出动陆军十四万一千四百九十人，水军二万二千一百人，水陆并进再度入侵朝鲜，总兵力达到十六万三千五百九十人。同年2月，明朝再次议定挥戈东征，明朝援军陆续开赴朝鲜战场，抗击入侵倭寇。两年间，先后投入总兵力约七万五千人。

从七月至十二月，经历六次战役。

史料札记：是年，经历了7月15日漆川梁海战；8月13日至15日的南原城之战；8月14、15日至16日的黄石山城之战；9月7日的稷山之战；9

月 16 日的鸣梁海战；12 月 22 日至翌年 1 月 4 日的蔚山城战役。

十月，为俨儿举行成人仪式，由麟溪沈大奎亲自主持。

史料札记：《训儿俗说》序言，有"十月之吉，行古冠之礼"之记载。

万历二十六年（1598），66 岁

时任嘉善知县：余心纯。

史料札记：湖广黄冈人，嘉善任期：万历二十六年至二十八年。

刻《游艺塾续文规》（18 卷）。

史料札记：编纂、刻刊工作持续两年（至万历二十七年告竣），收集和分类辑录与明代举业有关的论文格式和写法，以及各种范文等辅导资料。其书由袁了凡策划编辑（卷首署"赵田逸农袁黄坤仪甫辑"）。其弟子及儿孙辈担任阅、订、校等工作。例如，其嗣男（养子）叶绍袁担任此书的校勘。

北门外水域筑墩以抑水势。

史料札记：嘉善知县余心纯，采纳明太守刘公（号唐岩）的意见，主持在北城门（熙宁门）外修筑的刘公墩，以此抑制北去水势，并在水陼（即水中小块陆地）高阜，修筑亭台楼阁（如"柳洲亭"和"环碧堂"），在长堤上种植柳树，遂成名胜景观。（参见《柳洲亭记》，收录于清光绪《嘉善县志》）

九月，日本丰臣秀吉死于京都。

史料札记：日本丰臣秀吉于 9 月 18 日死于京都伏见城。消息于是年 10 月传至朝鲜战场，日军士气因而大为受挫，开始准备撤退。

从九月至十二月，经历五次战役。

史料札记：是年经历了 9 月 19 日至 10 月 9 日的顺天城之战；9 月 20 日至 10 月 6 日的第二次蔚山城之战；10 月 1 日 泗川城之战；11 月 18 日露梁海战；12 月，明朝援军与日军大战于蔚山。

朝鲜半岛战争结束。

史料札记：朝鲜之战起于 1592 年，结束于 1598 年，历时六年。在历

史上被称为"明万历朝鲜之役",亦称为"朝鲜壬辰卫国战争"。

万历二十七年（1599），67岁

四月，明军班师回朝。

史料札记：大明万历二十七年四月，明军班师回朝，神宗皇帝升座午门，接受都督邢玠等献上的日本俘虏六十一人，都"付所司正法"，砍下来的敌人的头颅传送天下。同日，神宗皇帝接受百官朝贺，祭告郊庙，把献祭祖先的果酒都分赐给了文武百官。次月，颁平倭诏诏告天下。

万历二十八年（1600），68岁

叶重第去世，享年四十一岁。

史料札记：叶重第曾任玉田知县，病故于贵州提学金事任上，其儿绍袁时年十五岁。了凡先生为其撰写《墓志铭》，提及两人"在分湖之滨，寻找陆龟蒙遗址"故事。

叶绍袁从四个月大被送到袁家，一直到十岁时才回到生父身边。父丧后再次到袁家。叶比了凡子袁俨小十岁，但两人从小一同读书，并在同一年考中了进士。到后来，叶绍袁还把长女叶纨纨嫁给了袁俨之子袁崧，使两家人"亲上加亲"。

撰写自传性质的著述《立命篇》。

史料札记：广为流传的《立命篇》（注：系《了凡四训》核心内容）中体现出了鲜明的阳明学色彩。在"改过之方"部分，他指出："人之过，有从事上改者，有从理上改者，有从心上改者，工夫不同，效验亦异。"而他最认同的就是第三种。（参见《治心以立命——袁了凡劝善思想与阳明学之关联试论》作者：刘增光。原载《首届袁了凡思想文化国际论坛学术论文集》）

神宗赐《大藏经》于径山。

录以备考：据《径山寺兴衰考略》（下）记载："万历二十八年（1600）神宗赐《大藏经》于径山。"另外，"明初大臣尚书王世贞游径山，并为径山撰写《刻大藏皆起序》；国子监祭酒冯梦祯资助修复径山下院化成寺，以供刻经版场所，并撰写《议复化城缘引》和《刻大藏缘起》等文"。（参见《余杭史志》2016 年第 1 期，作者：王庆）

万历二十九年（1601），69 岁

时任嘉善知县：谢应祥。

史料札记：江西安福人，嘉善任期：万历二十九年至三十五年。

明代"东林六君子"之一魏大中（嘉善人）是谢应祥的门生。谢应祥于万历三十五年（1607）重修吴镇墓（在周围加条石），并于次年（已离任）重立墓碑。碑上"此画隐吴仲圭高士之墓"的篆体字，是其手迹，落款：明万历戊申［即万历三十六年（1608）］谢应祥题。（参见中国画家丛书《吴镇》）

时任吴江知县：刘时俊。

史料札记：四川隆昌人，祖籍四川富顺。吴江任期：万历二十九年至三十三年。万历三十五年，选为南京兵部主事。不久升兵部科给事中。入祀吴江名宦祠。平望士民为其立"刘公祠"，建"甘棠亭"，以纪念万历三十三年（1605），由他主持修筑的塘路。

为新都弟子洪应明的《仙佛奇踪》题写"小引"。

史料札记：洪应明系明代学者，有《菜根谭》传世。袁了凡为其著述《仙佛奇踪》，即《消遥墟引（仙引）》撰写小引："洪生自诚氏，新都弟子也，一日携《仙记》一编，征言于予，予披阅之，青霞紫气，映发左右，宛若游海上而揖群真，令人飘然欲仙，真欲界丹丘，尘世蓬岛也。"

撰《立命之学》。

史料札记：劝善书《了凡四训》其内容结构：一是"立命之学"；二是"积善之方"；三是"改过之法"；四是"谦德之效"。而现藏于日本的了凡三部重要文献《省身录》《立命篇》和《阴骘录》其实就是《了凡四训》的祖本。特别是 1601 年的单刻本《省身录》，其实是现存了凡善书著述的最早作品，也是《了凡四训》首篇"立命之学"的原型。（参见《关于袁了凡善书的文

献学考察》，作者：吴震。原载《首届袁了凡思想文化国际论坛学术论文集》）

万历三十年（1602），70 岁

刻新编《游艺塾文规》（系举业用书）。

撰《重梓袁氏家训跋》，再次声称"吾家旧住陶庄"。

冯开之撰《寿了凡先生七十序》，贺挚友迈入古稀之年。

史料札记：冯开之（梦祯）撰《寿了凡先生七十序》说："今先生春秋满七十矣，而十二月之十一日，其悬弧之辰也。"

注：悬弧之辰：是指男子生日。弧，弓。悬弧，古代习俗，生男孩，就在门的左首悬挂一张弓。后遂以"悬弧之辰"等指男子的生日，亦称"垂弧之旦"等。

赠诗《紫柏真可上人六十》，曰："我已七旬君六十，莫留燕市滞浮名。"

万历三十一年（1603），71 岁

为天台慈云寺沙门释真清（象先）撰塔铭。落款署"武塘了凡居士袁黄"。

真可圆寂于狱中，寿六十一岁。

史料札记：真可在发生于万历二十八年的"吴秀宝绝拒湖口税监要求派兵捕漕卒"事件中，同情被逮捕下狱的南康知府吴宝秀，曾策杖赶往京师营救，因而遭权阉妒恨，竟被诬陷而死。

万历三十二年（1604），72 岁

叶绍袁应县试，吴江知县面试。

史料札记：袁了凡的养子（嗣男）宝生（即叶绍袁）参加县试，时年十五岁。由吴江知县刘时俊亲自面试，出《古之人古之人》之题目，文章成后，观者无不击节。（参见《吴江知县》）

撰《绍城于公墓志铭》。

徐光启考试中进士。

史料札记：徐光启自号"玄扈先生"，以明重农之志。万历四十一年（1613）秋至四十六年（1618）闰四月，徐光启到天津垦殖，进行第二次农业试验。天启元年（1621）又两次到天津，进行更大规模的农业试验，写出了《北耕录》《宜垦令》和《农遗杂疏》等著作。

崇祯元年（1628），农书写作已初具规模，但由于上任后忙于负责修订历书，农书的最后定稿无暇顾及，直到死于任上。以后这部农书便由其门人陈子龙等人负责修订，于崇祯十二年（1639 年，徐光启去世后六年），刻板付印，并定名为《农政全书》。

注：玄扈原指一种与农时季节相关的候鸟，古时曾将管理农业生产的官称为"九扈"。

万历三十三年（1605），73 岁

时任吴江知县：秦聚奎。

史料札记：祖籍江西南昌，湖广汉阳（今湖北蔡甸）人。具体任期不详。

《游艺塾续文规》（系举业用书）刻刊行世。

万历三十四（1606），74 岁

七月去世，归葬于胥五区大西收字圩。

注：胥五区大西收字圩，在今嘉善境内惠民街道新润村独社浜自然村。

史料札记：了凡"实享年七十三岁，虚岁七十四岁。鉴于古人惯于虚岁计寿，故称'七十有四'，姑从之"。（参见《试论袁黄"留心经世"精神及其卓荦政绩》脚注部分，作者：沈定平。原载《首届袁了凡思想文化国际论坛学术论文集》）

录以备考：台湾大学《中国历朝编年史》记载中国 1606 年唯一事件：袁黄逝，著有《了凡四训》。

养子宝生（绍袁）回到吴江北库"叶家埭"老家（今叶周村）。

史料札记:叶绍袁，明代文学家，传世作品有被称为"流亡日记"的《甲行日注》等。

《皇都水利》和《祈嗣真诠》等九种，由建阳余氏（余象斗）刊刻《了凡杂著本》。

注：2014 年 10 月，《皇都水利》一书被收入《中国大运河历史文献集成》，由国家图书馆出版社出版。

万历三十五年（1607），逝世后 1 年

有人把《祈嗣真诠》中的《积善》与《立命篇》和《谦虚利中》三文合成册出版。[参见《了凡四训·前言》，作者：邱高兴。中州古籍出版社《国学经典》（第二辑）2010 年 6 月版]

万历三十九年（1611），逝世后 5 年

《群书备考》（类书）首次刊成。

史料札记：此书稿后经其子袁俨整理，"广而翼之"，登样成帙。

录以备考：《群书备考》为科举考试参考书。崇祯五年版本改书名为《增订二三场群书备考》。其书《举例》（相当于《凡例》）第一条说："论、表、策非拾牙慧则效眉颦，古学日湮，后生滋误，了凡先生综览秘籍，今事古事各因类著，经世石画俱是矣，勿作寻常括帖观。"将此书明确定位于科举考试的第二、三场。

天启元年（1621），逝世后 15 年

追叙袁了凡东征之功，赠尚宝司少卿。

史料札记：吏部尚书赵南星追叙袁黄东征功勋。

天启四年（1624），逝世后 18 年

《两行斋集》（14 卷）由其儿子袁俨刊行。

史料札记：袁了凡"至所作诗文，不自珍惜，散佚过半"。后来，还是其子袁俨从了凡友人处得所藏二千纸，刻《两行斋集》14 卷行世。（参见《槜李诗系》）

崇祯五年（1632），逝世后 25 年

《增订二三场群书备考》刊行。

清康熙十五年（1676），逝世后 70 年

《嘉兴藏》（亦称《径山藏》）刊刻成功。

经过八十七年的努力，刻藏伟业遂告完成。全藏分正藏、续藏和又续藏三个部分。共二千零九十部，一万二千六百余卷。

乾隆二年（1737），逝世后 131 年

入祀魏塘书院"六贤祠"。

史料札记：浙江巡抚纳兰常安撰《祠堂记》。

乾隆十年（1745），逝世后 139 年

新编乾隆《宝坻县志》收入《祭袁了凡文》。

史料札记：时任宝坻知县洪肇楙撰《祭袁了凡文》，称其"德泽惠民之厚"。清乾隆《宝坻县志》收录有关褒奖了凡的祭文和诗歌二十多篇（首）。

乾隆三十八年（1773），逝世后 167 年

四库馆成立，《四库全书》始编。

史料札记：颁诏向各郡征书，分"著录书"及"存目书"撰作提要收入《四库全书》。嘉善钱樾为缮书处分校官（缮书处，负责全书的缮定及校勘事宜），嘉善枫泾南镇的谢墉为这部巨著的总阅官。

乾隆四十年（1775），逝世后 169 年

江苏长州人彭绍升撰《居士传》。

史料札记：彭绍升在《居士传·袁了凡传》中，称其"江南吴江人"。其按语称："了凡既殁百有余年，而功过格盛传于世，世之欲善者，虑无不知效法了凡。"

乾隆四十六年（1781）十二月，逝世后 175 年

《四库全书》修纂完成（藏北京故宫文渊阁）。

史料札记：袁了凡的著述《皇都水利》《祈嗣真诠》《评注八代文宗》和《庭帏杂录》被列为《四库》存目。

其父袁仁所著《春秋考误》《尚书贬蔡编》（一卷）采入《四库全书》，《毛诗或问》（三卷）（由了凡五兄弟：衮、襄、裳、表、衮撰稿，其姐夫钱晓辑成）被列为《四库》存目。

注："存目书"（存目）和采入《四库全书》（著录书）不是一个概念，不能混为一谈。"存目书"不录全书，"著录书"则经整理、校勘及考证，按固定体例重抄存入。

2016 年 5 月初稿

2018 年 11 月修改稿

附二　嘉善袁氏诗选

袁顺诗选

袁顺，字巽之，号杞山。靖后，出逃吴江，作绝命词。投河遇援，旋蒙赦返。

按袁氏族谱，袁氏世居陶庄净池滩。始祖称，为文天祥幕府，同赴北，死难杞山。其从孙又邑志杞山，居陶庄净池上，袁家墙门疑即其遗址。

绝命词

北风萧萧秋水绿，木落松陵野老哭。周武岂不仁，乃耻食其粟。

生无益于时，九死又奚赎。吾将从彭咸，宁葬江鱼腹。

袁仁诗选

袁仁，字良贵，号参坡，顺曾孙。举嘉善县乡饮宾，后迁吴江赵田，有《一螺集》。

按《一螺集》，袁氏世居陶庄。自仁迁赵田，后世选家，遂有以为苏州人者。然祖茔旧宅仍在陶庄，子孙均籍嘉善，故袁氏自仁以下住赵田，而籍嘉善者并录入之。

乐闲歌

人事本无涯，流光恒苦短。不如有酒饮一杯，世事浮云何足管？古来英雄原不少，黄金白璧畴能保？君不见，韩王终悔走狗烹，李斯漫道苍鹰好。又不见，襄阳庞德公，一犁百亩补春风，吾今优游脱尘网。明月清风归北陇，朱门九仞掉臂行。微才不愿君王宠，吁哉此乐真世无。儿读诗书女辟纑，何时待我完？却向平债相携中，杖到处，醉醍醐。

呈座中诸公

东风吹水江南晴，草堂张宴罗群英。山肴野蔌杂然陈，淋漓把酒寻鸥盟。诸君为我须尽乐，莫使春光浪抛却。碧桃红杏开满园，高堂风月如可嚼。我辈俱是忘形友，饮酒何曾论升斗。兀然而醉恍然醒，落落不知天地久。人生笑脸能几开？请君试看戏马台。夕阳满山皆牧竖，英雄何在真堪哀。

书竹谢沈启南

昨见石田子，惠我一幅竹，萧然展阅生清风，丹凤翩翩下淇澳。仿佛坐我潇湘间，叶叶飞霞起华屋。见竹如见石田子，高节凛然凌众木。一支独倚岩谷寒，江水滔滔为谁缘？为君深贮莫轻开，葛帔风雨愁龙触。

幽澜泉

金谷对丛林，高人此夜情。
引瓶清露泉，汲月晓寒生。
漱玉云花落，餐黄梵宇清。
翻怜行路客，到处觅遗罂。

吊梅道人墓

日落霜飞百草枯，橡林暮雨咽寒乌。

空留妙墨驱尘世，犹有清风拂酒垆。

古垄烟浮闲夜月，空林露冷滴庭梧。

只今歌舞楼前月，不照梅花塔影孤。

送钱子元会试

送子寒江浒，临风折柳枝。

人从千里别，舟逐片帆移。

夜雨三年恨，春风一战奇。

龙门如有信，飞报莫教迟。

香和庵

竹锁芳庵野水边，松篁满地护茶烟。

三千法界元非远，五百声闻别有缘。

断碣卧云疏雨裹，香台横草落花前。

山人自证无生诀，不学空门五味禅。

寄文徵仲

诗似开元字永和，吴门小隐旧曾过。

骚坛有雪谐鸣鹤，笔冢无云负白鹅。

细草愁生今夜雨，空山落尽隔年萝。

相逢欲话雕虫事，为问先生意若何？

久雨

四月沉阴水拍扉，客窗犹未减寒衣。

涧逢急溜湴难度，行锁残云湿不飞。

苔藓上阶连草绿，螇蚷啼雨落花稀。

白头更觉长安远，尽日江头坐钓矶。

哭唐伯虎

敝屣残裘折角巾，石湖零落更伤神。
廿年知己灯前泪，两字功名地下尘。
茂苑有诗追大历，长沙无赋吊湘津。
思君不见愁如织，门掩黄昏月色新。

陈氏园

长安宫殿总成尘，怅望豪华立水滨。
茂苑有禽春草碧，故园无主野花新。
习池锦帐风前絮，金谷明珠梦里人。
试看武塘川上月，已沉幽涧照青苹。

神仙官看竹

仙家有地只种竹，多少清风激懦夫。
满院绿阴余晚节，桃花应合笑玄都。

伤农家

茅茨有田妇，扫机日云暮。
杼轴未停梭，先催完国赋。
忍视儿女寒，难禁胥吏怒。
儿啼泪暗流，吏怒情莫诉。
谁知织布人，身上无完裤。

酸橘行

去年尝橘爱橘甜，今年尝橘嫌橘酸。
欲将酸甜对君说，言未出口心先折。

岂知去年摘橘迟，瓶中有粟堪支饥。
今年升斗无积蓄，举室嗷嗷望橘熟。
橘尚青青便催采，采出市中裁价卖。
不待枝头熟及期，安得味如前日时？
生理一岁减一岁，普天之下皆如斯。
倚遍栏杆不成寐，独坐寒灯有所思。

云山阁

南山飞白云，朱帘敞丘阁。
山从帘外青，云向帘前落。

半亩池

花村一亩地，半凿养鱼池。
昨夜山童报，飞龙出短篱。

芙蓉湾

秋水泛芙蓉，花开曲涧红。
自言甘寂寞，不敢怨东风。

蔷薇架

寒林春欲尽，闭户特相留。
几点蔷薇雨，花飞香满楼。

送　别

搔首坐长亭，江花映画屏。
马嘶人去远，一点暮山青。

感　事

屈原非达士，悲愤寄兰椒。

谤口寻常事，含情不赋骚。

独　坐

幽壑绝人踪，空林有遗音。

独坐对清风，闲花落苔上。

怀郁九章

深夜石桥霜，清斋对石床。

怀人浑不寐，明月落空梁。

春　望

绿树有闲意，青山无俗情。

登楼见春色，隔水一花明。

看　竹

露重翠欲滴，林深烟未开。

幽情看不尽，明日杖藜来。

闻王伯安谪龙场

白简霜飞拂紫宸，一鞭遥指漳江春。

孤身愿作南飞雁，万里随云伴逐臣。

春日齐居

白头林下世缘微，小结幽居傍钓矶。

风暖日长无客到，数声啼鸟杏花飞。

闻王伯安靖江西

当年谈道薄鹅湖，此日挥戈净国魔。

夜静灯前看宝剑，先生应悔杀人多。

牡　丹

姚黄魏紫关年华，传说都开富贵家。

自是春风无拣择，蓬门先发数枝花。

秋　葵

春花不及秋花好，素节贞心澹翠微。

已约身心甘寂寞，芳姿肯逐艳阳飞。

萤

冉冉寒烟生暮草，微微野火起秋墟。

飞来故向芸窗舞，不道令人不读书。

松

谁信苍髯铁石心，满庭霜雪自森森。

小窗睡起日初午，白鹤一声清署深。

和朱箴

清夜怀君步月明，忽闻卧病客心惊。

梅花无语空山寂，听尽猿声与鹤声。

雁

秋风一夜到庭梧，日落长沙雁影孤。

拣尽寒枝栖不定，数声渔笛起菰芦。

寄沈抑之妹丈

衰草残阳满地红，苹花零落野棠风。

一秋多少怀君梦，半在青灯细雨中。

闻促织

寂寞蓬门水满堤，蛩声唧唧夕阳迟。

非关拙妇慵杼轴，二月农家已卖丝。

芦墟夜泊

菰蒲深处是吾家，渺渺湖光树影斜。

一叶孤舟千古梦，淡烟疏月卧芦花。

夜　归

东风清夜独扬舲，几点渔灯过远村。

波静月明归路杳，孤舟冲破一滩星。

烹　茶

家住寒塘上，呼童汲晓泉。

罂邀秋涧月，竹销惠山烟。

听雨蝇声细，翻荷蟹眼圆。

何须尝七碗，心境已冷然。

寄谭舜臣

湖海三年客，诗书一病身。

时危春水急，机息白鸥亲。

广汉愁鸣鹤，青灯忆故人。

茅茨甘寂寞，不用报平津。

舟次漫咏

淮海渐摇落，孤鸿万里天。

人随黄叶尽，家住白云边。

短笛生秋渚，轻舟带晚烟。

归途正迢递，月落枕蓑眠。

秋日怀陆绣卿

美人别我去，消息自沉浮。

露冷黄花瘦，凉生碧树秋。

蛩声依古砌，雁影落南洲。

无限江湖泪，低回不敢流。

答徐昌谷

廿年结社忆春沂，犹记沙头燕子飞。

啸傲江湖看宝剑，陆沉天地愧荷衣。

调传白雪凌秋水，坐对青山淡暮晖。

独怪寒林鸿雁少，诗简迢递到来稀。

寄吴器之

天南听雁雁无声，几度修书寄未成。

云树频烦千里梦，绨袍宁忘十年情。

海滨花满春常驻，岭外尘飞寇已平。

遥想寒毡吟啸处，荔枝几树晚风清。

旅　怀

寂寞寒塘秋夜徂，清尊独坐对黄芦。

乾坤落魄青山在，风雨扁舟白雪孤。

千载壮怀看宝镜，十年归梦逐江凫。

平身未挂崆峒剑，长笑掀髯愧丈夫。

对　雪

元圃同云冻不流，琼林飞霰曙光浮。

四郊缟素明书幌，一夜梅花遍古北。

玉树远从云外落，明珠都向暗中投。

而今寂寞寒塘路，不见山阴雪后舟。

袁黄诗选

袁黄，字坤仪，号了凡。仁子。万历丙戌进士，授知县升兵部主事，赞书辽阳军事。受抑归隐，赵田卒祠乡贤，有《两行斋集》。

借兵朝鲜呈国王

飞蝗食嘉禾，错怨东山狐。

晏安不可怀，清宵觅驹骖。

毁唇必及齿，左右宜相呼。

毋以厨中鱼，取笑獭兴鸬。

借此充朝饥，一餐胜醍醐。

旌旗间白日，深山伏鸥鶋。

征骑屯咸镜，分兵守当途。

胡为缩如猬，低首失良图。

吊曹操冢

人生会有死，何山不可埋？古有僭窃之，英雄乃在台。城之岗磁岭之涯，设为疑冢七十二。彷徨恐惧惜遗骸，我来吊之蒿我目。霜前日落玄猿哭，野水凄凄草空绿。吾恨邺中逐鹿翁，晦明风雨搏飞龙。压龙为鱼不敢吼，气凌日月撼苍穹。纡筹割据半天下，岂无寸土可以安吾躬？苍梧之云净如拭，会稽之水流如织。舜禹亦是寻常人，一身一家遥相忆。生平自拟周文王，死后空为鬼与蜮。乃知君心亦甚明，自信九原容不得。人非狼与豻，胡为长疑猜？早知白骨无所厝，悔杀辛勤铜雀台。铜雀台，令人哀。

送陆五台之任

移舟一送君，离别在今夕。

耿耿秋夜长，不寐成远忆。

岂无黄金垒，可以发胸臆。

我心匪白云，卷舒焉有迹？

弹冠武水滨，坐久暮山碧。

烂溪夜泊

载酒携琴访翠微，前村灯火对渔矶。

孤舟自傍芦花宿，老鹤应疑道士归。

明月满前春树冷，好山犹在主人非。

百年心事同流水，半夜闻鸡泪满衣。

入山访友

攀萝寻仙踪，云深杳难识。

相逢水石间，一笑暮山碧。

卜　居

结庐菰蒲中，柴门映碧水。

蒹葭何苍苍，两岸秋风起。

移家住翠微，明月落寒晖。

昨夜披襟坐，南楼一雁飞。

浔 江

浔阳江上鹧鸪啼，茅屋青灯隔水西。

独坐孤蓬伤往事，寒鸦飞尽楚天低。

林 居

帘卷东风日未斜，松溪竹径野人家。

空庭寂寞无人到，闲看黄鹂啄杏花。

赵田新居

晓服松间露，晚餐云外霞。

道情随薜荔，秋色冷蒹葭。

跌坐尘容老，焚香日影斜。

如何忘旧隐，落尽故园花。

感 兴

结屋分湖滨，渔樵自为伍。

寒蛩鸣何悲，明月正当午。

士有鸿鹄志，寸心自千古。

富贵会有时，箪瓢岂称窭。

握手谈片时，倾囊为君吐。

风雷惜变化，慷慨报明主。

长安五上书，独立泪如雨。

送陈德夫使鲁

帝曰封同姓，皇华遣使臣。

河山藏汉誓，宝玉殿周亲。

殿说零光古，经传孔壁新。

余生好文献，一为访先民。

秋　兴

仙仗行宫旧内居，花间往往驻鸾舆。

徒闻汉帝横汾曲，不见长卿谏猎书。

天水射蛟开水殿，奚官牧马遍郊墟。

兼葭苜蓿秋无限，怅望烟云万里余。

北平道中见杏花酬钱湛如

燕山匹马杏花丛，露滴春枝映日红。

一任黄鹂啼晓色，不随桃李竞东风。

农父篇

　　春日郊行江水绿，春云黯淡家家哭。书锁千门断野烟，白骨
纵横满川谷。去年五月风雨多，处处长鲸吼茅屋。姑苏城外天欲
浮，荇带荷钱春作谷。东家有女娇如花，西家有女惜如玉。天时
人事共厄危，女卖为奴男作仆。为奴作仆负初心，万户萧条春恨
深。皇家德泽浩如海，何时湛露下平林？湛露未零下落叶，室人
交悔谋生拙。蹴碎床头雨后犁，从今不复供锄锸。沿门残豆贵如金，
一步一呼肠一结。杼轴宵空鸟雀稀，梧桐冷落行踪绝。独有鸣鸱
巢嵯峨，王孙挟弹不敢诃。悠悠苍天奈尔何！

过李司业故居

国子先生堕宝弓，一行新鹭过琳宫。

庭梧不识兴亡事，犹是青青竞晓风。

朝鲜闻报二首

昔宰渔阳今渡辽，弯弧吐月落云雕。

可怜一夜心头血，化作全罗万里潮。

报国捐躯御虎狼，天山一箭泪千行。

不辞独树频遭雪，但愿群枝尽向阳。

初 归

萧萧战马忆三韩，门掩疏槐五月寒。

我仆既痛姑进酒，君恩未报独凭栏。

青山不逐流年变，玄思空随短鬓残。

为问黄粱曾熟否？而今不作梦中看。

登华山绝顶

尽道人间行路难，那知太华更嶙峋。

松横古径三峰回，目断危崖五月寒。

汉帝雄心青嶂外，陈公遗梦白云端。

从来仙俗皆尘土，渭树参差不忍看。

春游引

花开绮陌明，花落人心改。

寄语远行客，春风不相待。

偶 题

朱门飞玉屑，峻坡摧金辙。

熙然抱瓮翁，披襟坐明月。

有所思

吴江枫落时，夕阳淡桑柘。

悠悠有所思，独坐青松下。

平江秋望

停杯望寒陇，霜径野花明。

边马犹南牧，漕帆竞北征。

朔风催病草，孤雁落荒城。

到处蓬蒿茂，离人淹泪行。

逢金生远归

昔日送君行，吴江秋水平。

今朝相晤语，越岫野花明。

风雨闻鼙鼓，乾坤半甲兵。

如何两地泪，都向暮山倾。

下　第

世事如春草，荣枯不上眉。

尝怀千古虑，肯为一身悲。

机息忘多难，才疏负有司。

相逢更相勖，何以答明时。

对　弈

千古兴亡事，乾坤此一枰。

战酣明月上，谋定晚风清。

黑白观玄化，围攻耻世情。

边庭有骄气，乘兴欲谈兵。

袁俨诗选

袁俨，字若思，又字天启，号素水。黄子。天启乙丑进士，广东高要知县，卒于任。崇祀名宦，有《抱膝斋集》。

登南高峰偶题

江风肃肃，风清江浊。我脂我车，有辊无轴。
驱车陟阪，阪高路穷。顾彼柏舟，与波湍东。
高山峨峨，云坠石升。彼田既芜，怼邻之耕。
履彼周行，枳棘其婆。仙非乘鹤，禅或鸣狐。
落叶分飞，浮云不属。眷我友生，生死相逐。

送龙元温归粤

浮云翳天末，修溜滴空阶。
悠悠远行客，翩翩度水涯。
日暮入我除，赠我黄金羁。
援琴再三弹，倡和雍且僖。
六籍出秦灰，断简多无词。
此心苟不怼，艺圃犹可治。
章句结深交，无乃重歔欷。
与子非一身，安能不别离？
但欲乘扶摇，宁用巢南枝。

过润州

铁瓮城边潮欲回，浪声不住起惊雷。
征帆极望高天尽，丛竹狂吟暮雨来。
萍梗百年双短鬓，云山万里一空台。
莺花虽好非吾土，莫向尊前带露开。

与彭炼师过邓尉山夜饮达旦作

为语三生约，同登二月槎。
莺啼将晓树，蝶抱欲开花。
对竹两无语，看山疑是家。

吾今弃一锸，君好作丹砂。

禁　足

林树散朝晞，愁人只掩扉。

蜗文生敝榻，剑气冷春衣。

帘外一僮至，尊前双燕飞。

羊裘随处着，不上钓鱼矶。

东　归

遥望蒹葭问旧庐，吴淞森森独愁予。

月随银汉当轩转，雨霁疏星点户虚。

偃子弓强争射石，游人剑老不歌鱼。

带将建业江头水，自写青莲醉后书。

广陵小集分韵得愁字

千年山色照孤舟，两岸空蒙一寺浮。

芳草锦帆迷渡口，小筝深院合梁州。

乱红交壁飞黄鸟，丛绿园池养白鸥。

长笛遏云来倚幕，朱弦招月下高楼。

意中花发庭前艳，梦里人来江上愁。

么凤欲飞春絮尽，海棠将睡午风柔。

狂歌白苎翻新典，笑指青山问旧游。

莫道闲情消不得，主人起舞客重留。

过扬子江

风回钲鼓动江湍，短尘胡床薜荔冠。

舟岸俱驰无定影，波涛不改又前滩。

园花今向片途落，篱菊翻从水次看。

霞带石城双阙回，征尘影里一渔竿。

过友人园池小集

孤城急柝动春风，山转桃源小径通。
指点千秋棋局里，陆沈一世酒杯中。
溪光草色如争翠，霞影花枝欲竞红。
醉拔湛庐频起舞，案头击碎博山铜。

秋日偶题

秋老淡斜晖，疏桐昼掩扉。
闷多亲角枕，力少怯鹑衣。
情向愁中尽，交从病后稀。
宁为孤鹤瘦，肯作野鸢肥。

辛酉季秋吴淞道中即事

月照西岸明，舟望东浦发。
儿童指林端，问是谁家月。
向水捉其影，跽祝江流竭。
我狂招月光，同傍菰蒲歇。

宿小九华山寺

倚栏尽日立空池，为爱晴云出岫迟。
山遇客闲偏有景，树随人瘦亦无枝。
欲摹鸟迹翻奇篆，好采樵歌补逸诗。
夜半忽闻清吹起，沙禽啼向月明时。

同友人宿山寺

人影藤萝上，千秋一布袍。

天空群岫小，江迥片帆高。
霞气夜弥紫，剑光寒不凋。
灯前喧笑语，带醉看吴刀。

闲　居

寂寂孤村里，风光尽自赊。
梅花偎屋角，薜荔绕檐牙。
梦破茶声沸，诗成日影斜。
门前几株柳，不是学陶家。

附三　嘉善袁氏家训

了凡四训

第一篇　立命之学

余童年丧父，老母命弃举业学医，谓可以养生，可以济人，且习一艺以成名，尔父夙心也。后余在慈云寺遇一老者，修髯伟貌，飘飘若仙，余敬礼之。语余曰："子仕路中人也，明年即进学，何不读书？"余告以故，并叩老者姓氏里居。曰："吾姓孔，云南人也。得邵子皇极数正传，数该传汝。"余引之归，告母。母曰："善待之。"试其数，纤悉皆验。余遂起读书之念，谋之表兄沈称，言："郁海谷先生，在沈友夫家开馆，我送汝寄学甚便。"余遂礼郁为师。

孔为余起数：县考童生，当十四名；府考七十一名，提学考第九名。明年赴考，三处名数皆合。复为卜终身休咎，言：某年考第几名，某年当补廪，某年当贡，贡后某年当选四川一大尹，在任三年半，即宜告归。五十三岁八月十四日丑时，当终于正寝，惜无子。余备录而谨记之。

自此以后，凡遇考校，其名数先后皆不出孔公所悬定者。独算余食廪米九十一石五斗当出贡；及食米七十余石，屠宗师即批准补贡，余窃疑之。后果为署印杨公所驳。直至丁卯年（1567），殷秋溟宗师见余场中备卷，叹曰："五策，即五篇奏议也，岂可使博洽淹贯之儒，老于窗下乎！"遂依

208

县申文准贡，连前食米计之，实九十一石五斗也。余因此益信进退有命，迟速有时，澹然无求矣。

贡入燕都，留京一年，终日静坐，不阅文字。己巳（1569）归，游南雍，未入监，先访云谷会禅师于栖霞山中，对坐一室，凡三昼夜不瞑目。

云谷问曰："凡人所以不得作圣者，只为妄念相缠耳。汝坐三日，不见起一妄念，何也？"余曰："吾为孔先生算定，荣辱死生，皆有定数，即要妄想，亦无可妄想。"

云谷笑曰："我待汝是豪杰，原来只是凡夫。"问其故，曰："人未能无心，终为阴阳所缚，安得无数？但惟凡人有数，极善之人，数固拘他不定；极恶之人，数亦拘他不定。汝二十年来被他算定，不曾转动一毫，岂非是凡夫？"

余问曰："然则数可逃乎？"曰："命由我作，福自己求。《诗》《书》所称，的为明训。我教典中说：'求富贵得富贵，求男女得男女，求长寿得长寿。'夫妄语乃释迦大戒，诸佛菩萨，岂诳语欺人？"

余进曰："孟子言：'求则得之。'是求在我者也。道德仁义可以力求，功名富贵如何求得？"云谷曰："孟子之言不错，汝自错解了。汝不见六祖说：'一切福田，不离方寸。从心而觅，感无不通。'求在我，不独得道德仁义，亦得功名富贵，内外双得，是求有益于得也。若不返躬内省，而徒向外驰求，则求之有道而得之有命矣，内外双失，故无益。"

因问："公算汝终身若何？"余以实告。云谷曰："汝自揣应得科第否？应生子否？"余追省良久，曰："不应也。科第中人，类有福相，余福薄，又不能积功累行以基厚福，兼不耐烦剧，不能容人，时或以才智盖人，直心直行，轻言妄谈。凡此皆薄福之相也，岂宜科第哉！"

"地之秽者多生物，水之清者常无鱼；余好洁，宜无子者一。和气能育万物，余善怒，宜无子者二。爱为生生之本，忍为不育之根，余矜惜名节，常不能舍己救人，宜无子者三。多言耗气，宜无子者四。喜饮铄精，宜无子者五。好彻夜长坐而不知葆元毓神，宜无子者六。其余过恶尚多，不能悉数。"

云谷曰："岂惟科第哉？世间享千金之产者，定是千金人物。享百金之产者，定是百金人物。应饿死者，定是饿死人物。天不过因材而笃，几曾加纤毫意思？即如生子，有百世之德者，定有百世子孙保之。有十世之德者，定有十世子孙保之。有三世二世之德者，定有三世二世子孙保之。其斩焉无后者，德至薄也。汝今既知非，将向来不发科第及不生子之相尽情改刷。务要积德，务要包荒，务要和爱，务要惜精神。从前种种，譬如昨日死；从后种种，譬如今日生。此义理再生之身也。夫血肉之身尚然有数，义理之身岂不能格天？太甲曰：'天作孽，犹可违；自作孽，不可活。'《诗》云：'永言配命，自求多福。'孔先生算汝不登科第、不生子者，此天作之孽，犹可得而违。汝今扩充德性，力行善事，多积阴德，此自己所作之福也，安得而不受享乎？《易》为君子谋，趋吉避凶。若言天命有常，吉何可趋，凶何可避？开章第一义，便说：'积善之家，必有余庆。'汝信得及否？"

余信其言，拜而受教。因将往日之罪，佛前尽情发露，为疏一通，先求登科；誓行善事三千条，以报天地祖宗之德。

云谷出"功过格"示余，令所行之事逐日登记，善则记数，恶则退除，且教持《准提咒》，以期必验。

语余曰："符篆家有云：'不会书符，被鬼神笑。'此有秘传，只是不动念也。执笔书符，先把万缘放下，一尘不起。从此念头不动处，下一点，谓之'混沌开基'。由此而一笔挥成，更无思虑，此符便灵。

"凡祈天立命，都要从无思无虑处感格。孟子论立命之学，而曰：'夭寿不贰。'夫夭与寿，至贰者也。当其不动念时，孰为夭，孰为寿？细分之，丰歉不贰，然后可立贫富之命；穷通不贰，然后可立贵贱之命；夭寿不贰，然后可立生死之命。人生世间，惟死生为重，夭寿则一切顺逆皆该之矣。至'修身以俟之'，乃积德祈天之事。曰修，则身有过恶，皆当治而去之。曰俟，则一毫觊觎，一毫将迎，皆当斩绝之矣。到此地位，直造先天之境，即此便是实学。汝未能无心，但能持《准提咒》，无记无数，不令间断，持得纯熟，于持中不持，于不持中持。到得念头不动，则灵验矣。"

余初号学海，是日改号了凡。盖悟立命之说，而不欲落凡夫窠臼也。从此而后，终日兢兢，便觉与前不同。前日只是悠悠放任，到此自有战兢惕厉景象。在暗室屋漏中常恐得罪天地鬼神，遇人憎我毁我，自能恬然容受。

到明年（1570），礼部考科举，孔先生算该第三，忽考第一，其言不验。而秋闱中式矣。然行义未纯，检身多误。或见善而行之不勇，或救人而心常自疑，或身勉为善而口有过言，或醒时操持而醉后放逸。以过折功，日常虚度。自己巳岁（1569）发愿，直至己卯岁（1579），历十余年，而三千善行始完。

时方从李渐庵入关，未及回向。庚辰（1580）南还。始请性空、慧空诸上人就东塔禅堂回向。遂起求子愿，亦许行三千善事。辛巳（1581），生汝天启。

余行一事，随以笔记。汝母不能书，每行一事，辄用鹅毛管印一朱圈于历日之上。或施食贫人，或买放生命，一日有多至十余圈者。至癸未（1583）八月，三千之数已满，复请性空辈就家庭回向。九月十三日，复起求中进士愿，许行善事一万条。丙戌（1586）登第，授宝坻知县。

余置空格一册，名曰"治心篇"。晨起坐堂，家人携付门役，置案上，所行善恶，纤悉必记。夜则设桌于庭，效赵阅道焚香告帝。

汝母见所行不多，辄颦蹙曰："我前在家相助为善，故三千之数得完。今许一万，衙中无事可行，何时得圆满乎？"夜间偶梦见一神人，余言善事难完之故，神曰："只减粮一节，万行俱完矣。"盖宝坻之田，每亩二分三厘七毫。余为区处，减至一分四厘六毫。委有此事，心颇惊疑。适幻余禅师自五台来，余以梦告之，且问此事宜信否？师曰："善心真切，即一行可当万善，况合县减粮，万民受福乎。"吾即捐俸银，请其就五台山斋僧一万而回向之。

孔公算予五十三岁有厄。余未尝祈寿，是岁竟无恙，今六十九矣。《书》曰："天难谌，命靡常。"又云："惟命不于常。"皆非诳语。吾于是而知：凡称祸福自己求之者，乃圣贤之言；若谓祸福惟天所命，则世俗之论矣。

汝之命未知若何？即命当荣显，常作落寞想；即时当顺利，常作拂逆想；即眼前足食，常作贫窭想；即人相爱敬，常作恐惧想；即家世望重，常作卑下想；即学问颇优，常作浅陋想。远思扬祖宗之德，近思盖父母之愆；

上思报国之恩，下思造家之福；外思济人之急，内思闲己之邪。务要日日知非，日日改过。一日不知非，即一日安于自是。一日无过可改，即一日无步可进。天下聪明俊秀不少，所以德不加修，业不加广者，只为因循二字耽阁一生。云谷禅师所授立命之说，乃至精至邃，至真至正之理，其熟玩而勉行之，毋自旷也。

第二篇　改过之法

春秋诸大夫，见人言动，亿而谈其祸福，靡不验者，《左》《国》诸记可观也。大都吉凶之兆，萌乎心而动乎四体，其过于厚者常获福，过于薄者常近祸。俗眼多翳，谓有未定而不可测者。至诚合天，福之将至，观其善而必先知之矣。祸之将至，观其不善而必先知之矣。今欲获福而远祸，未论行善，先须改过。

但改过者，第一要发耻心。思古之圣贤与我同为丈夫，彼何以百世可师？我何以一身瓦裂？耽染尘情，私行不义，谓人不知，傲然无愧，将日沦于禽兽而不自知矣。世之可羞可耻者，莫大乎此。孟子曰："耻之于人大矣。"以其得之则圣贤，失之则禽兽耳。此改过之要机也。

第二要发畏心。天地在上，鬼神难欺，吾虽过在隐微，而天地鬼神实鉴临之，重则降之百殃，轻则损其现福，吾何可以不惧？不惟是也。闲居之地，指视昭然，吾虽掩之甚密，文之甚巧，而肺肝早露，终难自欺，被人觑破，不值一文矣，乌得不懔懔？不惟是也。一息尚存，弥天之恶，犹可悔改。古人有一生作恶，临死悔悟，发一善念，遂得善终者。谓一念猛厉，足以涤百年之恶也。譬如千年幽谷，一灯才照，则千年之暗俱除。故过不论久近，惟以改为贵。但尘世无常，肉身易殒，一息不属，欲改无由矣。明则千百年担负恶名，虽孝子慈孙不能洗涤；幽则千百劫沉沦狱报，虽圣贤佛菩萨不能援引，乌得不畏？

第三，须发勇心。人不改过，多是因循退缩。吾须奋然振作，不用迟疑，不烦等待。小者如芒刺在肉，速与抉剔。大者如毒蛇啮指，速与斩除，无丝毫凝滞，此风雷之所以为益也。

具是三心，则有过斯改，如春冰遇日，何患不消乎？然人之过，有从事上改者，有从理上改者，有从心上改者，工夫不同，效验亦异。如前日杀生，今戒不杀；前日怒詈，今戒不怒。此就其事而改之者也。强制于外，其难百倍，且病根终在，东灭西生，非究竟廓然之道也。

善改过者，未禁其事，先明其理。如过在杀生，即思曰：上帝好生，物皆恋命，杀彼养己，岂能自安？且彼之杀也，既受屠割，复入鼎镬，种种痛苦，彻入骨髓。己之养也，珍膏罗列，食过即空。疏食菜羹，尽可充腹，何必戕彼之生，损己之福哉？又思血气之属，皆含灵知，既有灵知，皆我一体。纵不能躬修至德，使之尊我亲我，岂可日戕物命，使之仇我憾我于无穷也？一思及此，将有对食痛心，不能下咽者矣。如前日好怒，必思曰：人有不及，情所宜矜；悖理相干，于我何与？本无可怒者。又思天下无自是之豪杰，亦无尤人之学问。行有不得，皆己之德未修，感未至也。吾悉以自反，则谤毁之来，皆磨炼玉成之地，我将欢然受赐，何怒之有？又闻谤而不怒，虽谗焰熏天，如举火焚空，终将自息。闻谤而怒，虽巧心力辩，如春蚕作茧，自取缠绵。怒不惟无益，且有害也。其余种种过恶，皆当据理思之。此理既明，过将自止。

何谓从心而改？过有千端，惟心所造，吾心不动，过安从生？学者于好色、好名、好货、好怒种种诸过，不必逐类寻求，但当一心为善，正念现前，邪念自然污染不上。如太阳当空，魍魉潜消，此精一之真传也。过由心造，亦由心改，如斩毒树，直断其根，奚必枝枝而伐，叶叶而摘哉？

大抵最上治心，当下清净，才动即觉，觉之即无。苟未能然，须明理以遣之。又未能然，须随事以禁之。以上事而兼行下功，未为失策。执下而昧上，则拙矣。

顾发愿改过，明须良朋提醒，幽须鬼神证明。一心忏悔，昼夜不懈，经一七，二七，以至一月，二月，三月，必有效验。或觉心神恬旷，或觉智慧顿开，或处冗沓而触念皆通，或遇怨仇而回瞋作喜，或梦吐黑物，或梦往圣先贤提携接引，或梦飞步太虚，或梦幢幡宝盖，种种胜事，皆过消灭之象也。然不得执此自高，画而不进。

昔蘧伯玉当二十岁时，已觉前日之非而尽改之矣。至二十一岁，乃知前之所改未尽也。及二十二岁，回视二十一岁，犹在梦中。岁复一岁，递递改之，行年五十，而犹知四十九年之非。古人改过之学如此。

吾辈身为凡流，过恶猬集，而回思往事，常若不见其有过者，心粗而眼翳也。然人之过恶深重者，亦有效验：或心神昏塞，转头即忘；或无事而常烦恼；或见君子而赧然消沮；或闻正论而不乐；或施惠而人反怨；或夜梦颠倒，甚则妄言失志。皆作孽之相也。苟一类此，即须奋发，舍旧图新，幸勿自误。

第三篇　积善之方

《易》曰："积善之家，必有余庆。"昔颜氏将以女妻叔梁纥，而历叙其祖宗积德之长，逆知其子孙必有兴者。孔子称舜之大孝，曰："宗庙飨之，子孙保之。"皆至论也。试以往事征之。

杨少师荣，建宁人。世以济渡为生。久雨溪涨，横流冲毁民居，溺死者顺流而下。他舟皆捞取货物，独少师曾祖及祖，惟救人，而货物一无所取，乡人嗤其愚。逮少师父生，家渐裕。有神人化为道者，语之曰："汝祖父有阴功，子孙当贵显，宜葬某地。"遂依其所指而窆之，即今白兔坟也。后生少师，弱冠登第，位至三公。加曾祖、祖、父如其官。子孙贵盛，至今尚多贤者。

鄞人杨自惩，初为县吏，存心仁厚，守法公平。时县宰严肃，偶挞一囚，血流满前，而怒犹未息。杨跪而宽解之。宰曰："怎奈此人越法悖理，不由人不怒。"自惩叩首曰："上失其道，民散久矣。如得其情，哀矜勿喜。喜且不可，而况怒乎？"宰为之霁颜。家甚贫，馈遗一无所取。遇囚人乏粮，常多方以济之。一日，有新囚数人待哺，家又缺米，给囚则家人无食，自顾则囚人堪悯。与其妇商之，妇曰："囚从何来？"曰："自杭而来，沿路忍饥，菜色可掬。"因撤己之米，煮粥以食囚。后生二子，长曰守陈，次曰守址，为南北吏部侍郎。长孙为刑部侍郎，次孙为四川廉宪，又俱为名臣。今楚亭、德政，亦其裔也。

昔正统间，邓茂七倡乱于福建，士民从贼者甚众。朝廷起鄞县张都宪楷南征，以计擒贼。后委布政司谢都事搜杀东路贼党。谢求贼中党附册籍，凡不附贼者，密授以白布小旗，约兵至日插旗门首，戒军兵无妄杀，全活万人。后谢之子迁中状元，为宰辅。孙丕复中探花。

莆田林氏，先世有老母好善，常作粉团施人，求取即与之，无倦色。一仙化为道人，每旦索食六七团，母日日与之，终三年如一日。乃知其诚也，因谓之曰："吾食汝三年粉团，何以报汝？府后有一地，葬之，子孙官爵，有一升麻子之数。"其子依所点葬之，初世即有九人登第，累代簪缨甚盛。福建有"无林不开榜"之谣。

冯琢庵太史之父，为邑庠生。隆冬早起赴学，路遇一人，倒卧雪中，扪之，半僵矣。遂解己绵裘衣之，且扶归救苏。梦神告之曰："汝救人一命，出至诚心，吾遣韩琦为汝子。"及生琢庵，遂名琦。

台州应尚书，壮年习业于山中。夜鬼啸集，往往惊人，公不惧也。一夕闻鬼云："某妇以夫久客不归，翁姑逼其嫁人。明夜当缢死于此，吾得代矣。"公潜卖田，得银四两，即伪作其夫之书，寄银还家。其父母见书，以手迹不类，疑之。既而曰："书可假，银不可假，想儿无恙。"妇遂不嫁。其子后归，夫妇相保如初。公又闻鬼语曰："我当得代，奈此秀才坏吾事。"旁一鬼曰："尔何不祸之？"曰："上帝以此人心好，命作阴德尚书矣，吾何得而祸之？"应公因此益自努励，善日加修，德日加厚。遇岁饥，辄捐谷以赈之；遇亲戚有急，辄委曲维持；遇有横逆，辄反躬自责，怡然顺受。子孙登科第者，今累累也。

常熟徐凤竹栻，其父素富，偶遇年荒，先捐租以为同邑之倡，又分谷以赈贫乏，夜闻鬼唱于门曰："千不诓，万不诓，徐家秀才做到了举人郎。"相续而呼，连夜不断。是岁，凤竹果举于乡。其父因而益积德，孳孳不怠，修桥修路，斋僧接众，凡有利益，无不尽心。后又闻鬼唱于门曰："千不诓，万不诓，徐家举人，直做到都堂。"凤竹官终两浙巡抚。

嘉兴屠康僖公，初为刑部主事，宿狱中，细询诸囚情状，得无辜者若干人。公不自以为功，密疏其事，以白堂官。后朝审，堂官摘其语以讯诸囚，无不服者，释冤抑十余人。一时辇下咸颂尚书之明。公复禀曰："辇毂之下，尚多冤民，四海之广，兆民之众，岂无枉者？宜五年差一减刑官核实而平反之。"尚书为奏,允其议。时公亦差减刑之列,梦一神告之曰:"汝命无子,今减刑之议深合天心,上帝赐汝三子,皆衣紫腰金。"是夕夫人有娠,后生应埙、应坤,应埈,皆显官。

嘉兴包凭,字信之。其父为池阳太守,生七子,凭最少。赘平湖袁氏,与吾父往来甚厚。博学高才,累举不第,留心二氏之学。一日东游泖湖,偶至一村寺中,见观音像,淋漓露立,即解囊中得十金,授主僧,令修屋宇。僧告以功大银少,不能竣事。复取松布四匹,检箧中衣七件与之。内纻褶系新置,其仆请已之。凭曰:"但得圣像无恙,吾虽裸裎何伤?"僧垂泪曰:"舍银及衣布,犹非难事。只此一点心,如何易得。"后功完,拉老父同游,宿寺中。公梦伽蓝来谢曰:"汝子当享世禄矣。"后子汴、孙柽芳,皆登第,作显官。

嘉善支立之父,为刑房吏,有囚无辜陷重辟,意哀之,欲求其生。因语其妻曰:"支公嘉意,愧无以报。明日延之下乡,汝以身事之。彼或肯用意,则我可生也。"其妻泣而听命。及至,妻自出劝酒,具告以夫意。支不听,卒为尽力平反之。囚出狱,夫妻登门叩谢曰:"公如此厚德,晚世所稀。今无子,吾有弱女,送为箕帚妾,此则礼之可通者。"支为备礼而纳之,生立,弱冠中魁,官至翰林孔目。立生高,高生禄,皆贡为学博。禄生大纶,登第。

凡此十条,所行不同,同归于善而已。若复精而言之,则善有真有假,有端有曲,有阴有阳,有是有非,有偏有正,有半有满,有大有小,有难有易,皆当深辨。为善而不穷理,则自谓行持,岂知造孽,枉费苦心,无益也。

何谓真假?昔有儒生数辈,谒中峰和尚,问曰:"佛氏论善恶报应,如影随形。今某人善而子孙不兴;某人恶而家门隆盛;佛说无稽矣。"中峰云:"凡情未涤,正眼未开,认善为恶,指恶为善,往往有之。不憾己之是非颠倒,而反怨天之报应有差乎。"众曰:"善恶何致相反?"中峰令试言其状。一人谓:"詈人殴人是恶,敬人礼人是善。"中峰云:"未必然也。"一人谓:"贪财妄取是恶,廉洁有守是善。"中峰云:"未必然也。"众人历言其状,中峰皆谓不然。因请问。中峰告之曰:"有益于人是善;有益于己是恶。有益于人,则殴人詈人皆善也。有益于己,则敬人礼人皆恶也。是故人之行善,利人者公,公则为真;利己者私,私则为假。又根心者真,袭迹者假。又无为而为者真，有为而为者假。皆当自考。"

何谓端曲？今人见谨愿之士，类称为善而取之。圣人则宁取狂狷。至于谨愿之士，虽一乡皆好，而必以为德之贼。是世人之善恶分明与圣人相反。推此一端，种种取舍，无有不谬。天地鬼神之福善祸淫，皆与圣人同是非，而不与世俗同取舍。凡欲积善，决不可徇耳目，惟从心源隐微处，默默洗涤。纯是济世之心则为端；苟有一毫媚世之心即为曲；纯是爱人之心则为端，苟有一毫愤世之心即为曲。纯是敬人之心则为端，有一毫玩世之心即为曲。皆当细辨。

何谓阴阳？凡为善而人知之则为阳善；为善而人不知则为阴德。阴德天报之，阳善享世名。名，亦福也。名者，造物所忌。世之享盛名而实不副者，多有奇祸。人之无过咎而横被恶名者，子孙往往骤发，阴阳之际微矣哉！

何谓是非？鲁国之法，鲁人有赎人臣妾于诸侯，皆受金于府。子贡赎人而不受金，孔子闻而恶之，曰："赐失之矣。夫圣人举事，可以移风易俗，而教道可施于百姓，非独适己之行也。今鲁国富者寡而贫者众，受金则为不廉，何以相赎乎？自今以后，不复赎人于诸侯矣。"子路拯人于溺，其人谢之以牛，子路受之。孔子喜曰："自今鲁国多拯人于溺矣。"自俗眼观之，子贡不受金为优，子路之受牛为劣，孔子则取由而黜赐焉。乃知人之为善，不论现行而论流弊，不论一时而论久远，不论一身而论天下。现行虽善，其流足以害人，则似善而实非也。现行虽不善，而其流足以济人，则非善而实是也。然此就一节论之耳。他如非义之义，非礼之礼，非信之信，非慈之慈，皆当抉择。

何谓偏正？昔吕文懿公初辞相位，归故里，海内仰之如泰山北斗。有一乡人醉而詈之，吕公不动，谓其仆曰："醉者勿与较也。"闭门谢之。逾年，其人犯死刑入狱。吕公始悔之曰："使当时稍与计较，送公家责治，可以小惩而大戒。吾当时只欲存心于厚，不谓养成其恶，以至于此。"此以善心而行恶事者也。又有以恶心而行善事者。如某家大富，值岁荒，穷民白昼抢粟于市。告之县，县不理。穷民愈肆。遂私执而困辱之，众始定。不然，几乱矣。故善者为正，恶者为偏，人皆知之。其以善心而行恶事者，正中偏也；

以恶心而行善事者，偏中正也。不可不知也。

何谓半、满？《易》曰："善不积，不足以成名。恶不积，不足以灭身。"《书》曰："商罪贯盈。"如贮物于器，勤而积之则满，懈而不积则不满，此一说也。

昔有某氏女入寺，欲施而无财，止有钱二文，捐而与之。主席者亲为忏悔。及后入宫富贵，携数千金入寺舍之，主僧惟令其徒回向而已。因问曰："吾前施钱二文，师亲为忏悔，今施数千金，而师不回向，何也？"曰："前者物虽薄，而施心甚真，非老僧亲忏，不足报德。今物虽厚，而施心不若前日之切，令人代忏足矣。"此千金为半，而二文为满也。

钟离授丹于吕祖，点铁为金，可以济世。吕问曰："终变否？"

曰："五百年后，当复本质。"吕曰："如此，则害五百年后人矣，吾不愿为也。"曰："修仙要积三千功行，汝此一言，三千功行已满矣。"此又一说也。

又为善而心不著善，则随所成就，皆得圆满。心著于善，虽终身勤励，止于半善而已。譬如以财济人，内不见己，外不见人，中不见所施之物，是谓三轮体空，是谓一心清净，则斗粟可以种无涯之福，一文可以消千劫之罪。倘此心未忘，虽黄金万镒，福不满也。此又一说也。

何谓大小？昔卫仲达为馆职，被摄至冥司，主者命吏呈善恶二录。比至，则恶录盈庭，其善录一轴，仅如箸而已。索秤称之，则盈庭者反轻，而如箸者反重。仲达曰："某年未四十，安得过恶如是多乎？"曰："一念不正即是，不待犯也。"因问："轴中所书何事？"曰："朝廷尝兴大工，修三山石桥，君上疏谏之，此疏稿也。"仲达曰："某虽言，朝廷不从，于事无补，而能有如是之力？"曰："朝廷虽不从，君之一念，已在万民。向使听从，善力更大矣。"故志在天下国家，则善虽少而大。苟在一身，虽多亦小。

何谓难易？先儒谓克己须从难克处克将去。夫子论为仁，亦曰先难。必如江西舒翁，舍二年仅得之束脩代偿官银，而全人夫妇；与邯郸张翁，舍十年所积之钱代完赎银，而活人妻子。皆所谓难舍处能舍也。如镇江靳翁，虽年老无子，不忍以幼女为妾，而还之邻，此难忍处能忍也，故天降之福亦厚。凡有财有势者，其立德皆易，易而不为，是为自暴。贫贱作福皆难，难而能为，斯可贵耳。

随缘济众，其类至繁，约言其纲，大约有十：第一与人为善，第二爱敬存心，第三成人之美，第四劝人为善，第五救人危急，第六兴建大利，第七舍财作福，第八护持正法，第九敬重尊长，第十爱惜物命。

何谓与人为善？昔舜在雷泽，见渔者皆取深潭厚泽，而老弱则渔于急流浅滩之中，恻然哀之。往而渔焉，见争者，皆匿其过而不谈；见有让者，则揄扬而取法之。期年，皆以深潭厚泽相让矣。夫以舜明哲，岂不能出一言教众人哉？乃不以言教而以身转之，此良工苦心也。

吾辈处末世，勿以己之长而盖人，勿以己之善而形人，勿以己之多能而困人。收敛才智，若无若虚。见人过失，且涵容而掩覆之，一则令其可改，一则令其有所顾忌而不敢纵。见人有微长可取，小善可录，翻然舍己而从之，且为艳称而广述之。凡日用间，发一言，行一事，全不为自己起念，全是为物立则，此大人天下为公之度也。

何谓爱敬存心？君子与小人，就形迹观，常易相混，惟一点存心处，则善恶悬绝，判然如黑白之相反。故曰："君子所以异于人者，以其存心也。"君子所存之心，只是爱人敬人之心。盖人有亲疏贵贱，有智愚贤不肖，万品不齐，皆吾同胞，皆吾一体，孰非当敬爱者？爱敬众人，即是爱敬圣贤。能通众人之志，即是通圣贤之志。何者？圣贤志本欲斯世斯人各得其所，吾合爱合敬而安一世之人，即是为圣贤而安之也。

何谓成人之美？玉之在石，抵掷则瓦砾，追琢则圭璋。故凡见人行一善事，或其人志可取而资可进，皆须诱掖而成就之。或为之奖借，或为之维持，或为白其诬而分其谤，务使成立而后已。大抵人各恶其非类，乡人之善者少，不善者多。善人在俗，亦难自立。且豪杰铮铮，不甚修形迹，多易指摘，故善事常易败，而善人常得谤。惟仁人长者匡直而辅翼之，其功德最宏。

何谓劝人为善？生为人类，孰无良心？世路役役，最易没溺。凡与人相处，当方便提撕，开其迷惑。譬犹长夜大梦而令之一觉，譬犹久陷烦恼而拔之清凉，为惠最溥。韩愈云："一时劝人以口，百世劝人以书。"较之与人为善，虽有形迹，然对证发药，时有奇效，不可废也。失言失人，当反吾智。

何谓救人危急？患难颠沛，人所时有。偶一遇之，当如痌瘝之在身，速为解救。或以一言伸其屈抑,或以多方济其颠连。崔子曰:"惠不在大,赴人之急,可也。"盖仁人之言哉!

何谓兴建大利?小而一乡之内,大而一邑之中,凡有利益,最宜兴建。或开渠导水,或筑堤防患,或修桥梁以便行旅,或施茶饭以济饥渴,随缘劝导,协力兴修,勿避嫌疑,勿辞劳怨。

何谓舍财作福?释门万行以布施为先。所谓布施者,只是舍之一字耳。达者内舍六根,外舍六尘,一切所有无不舍者。苟非能然,先从财上布施。世人以衣食为命,故财为最重。吾从而舍之,内以破吾之悭,外以济人之急。始而勉强,终则泰然,最可以荡涤私情,祛除执吝。

何谓护持正法?法者,万世生灵之眼目也。不有正法,何以参赞天地?何以裁成万物?何以脱尘离缚?何以经世出世?故凡见圣贤庙貌、经书典籍,皆当敬重而修饬之。至于举扬正法,上报佛恩,尤当勉励。

何谓敬重尊长?家之父兄,国之君长,与凡年高德高、位高识高者,皆当加意奉事。在家而奉侍父母,使深爱婉容、柔声下气,习以成性,便是和气格天之本。出而事君,行一事,毋谓君不知而自恣也。刑一人,毋谓君不知而作威也。事君如天,古人格论,此等处最关阴德。试看忠孝之家,子孙未有不绵远而昌盛者。切须慎之。

何谓爱惜物命?凡人之所以为人者,惟此恻隐之心而已。求仁者求此,积德者积此。《周礼》:"孟春之月,牺牲毋用牝。"孟子谓"君子远庖厨",所以全吾恻隐之心也。故前辈有四不食之戒,谓闻杀不食,见杀不食,自养者不食,专为我杀者不食。学者未能断肉,且当从此戒之。渐渐增进,慈心愈长,不特杀生当戒,蠢动含灵,皆为物命。求丝煮茧,锄地杀虫,念衣食之由来,皆杀彼以自活。故暴殄之孽,当与杀生等。至于手所误伤,足所误践者,不知其几,皆当委曲防之。古诗云:"爱鼠常留饭,怜蛾不点灯。"何其仁也!

善行无穷,不能殚述。由此十事而推广之,则万德可备矣。

第四篇　谦德之效

《易》曰:"天道亏盈而益谦,地道变盈而流谦,鬼神害盈而福谦,人道恶盈而好谦。"是故《谦》之一卦，六爻皆吉。《书》曰："满招损，谦受益。"予屡同诸公应试，每见寒士将达，必有一段谦光可掬。辛未（1571）计偕，我嘉善同袍凡十人，惟丁敬宇宾年最少，极其谦虚。予告费锦坡曰："此兄今年必第。"费曰："何以见之？"予曰："惟谦受福。兄看十人中，有恂恂款款，不敢先人，如敬宇者乎？有恭敬顺承，小心谦畏，如敬宇者乎？有受侮不答，闻谤不辩，如敬宇者乎？人能如此，即天地鬼神犹将佑之，岂有不发者？"及开榜，丁果中式。

丁丑（1577）在京，与冯开之同处，见其虚己敛容，大变其幼年之习。李霁岩直谅益友，时面攻其非，但见其平怀顺受，未尝有一言相报。予告之曰："福有福始，祸有祸先，此心果谦，天必相之，兄今年决第矣。"已而果然。

赵裕峰光远，山东冠县人，童年举于乡，久不第。其父为嘉善三尹，随之任。慕钱明吾，而执文见之。明吾悉抹其文，赵不惟不怒，且心服而速改焉。明年，遂登第。

壬辰岁（1592），予入觐，晤夏建所，见其人气虚意下，谦光逼人，归而告友人曰："凡天将发斯人也，未发其福，先发其慧。此慧一发，则浮者自实，肆者自敛。建所温良若此，天启之矣。"及开榜，果中式。

江阴张畏岩，积学工文，有声艺林。甲午（1594），南京乡试，寓一寺中，揭晓无名，大骂试官，以为眯目。时有一道者在傍微笑，张遽移怒道者。道者曰："相公文必不佳。"张益怒曰："汝不见我文，乌知不佳？"道者曰："闻作文贵心气和平，今听公骂詈，不平甚矣，文安得工？"张不觉屈服，因就而请教焉。道者曰："中全要命。命不该中，文虽工，无益也。须自己做个转变。"张曰："既是命，如何转变？"道者曰："造命者天，立命者我。力行善事，广积阴德，何福不可求哉？"张曰："我贫士，何能为？"道者曰："善事阴功，皆由心造。常存此心，功德无量。且如谦虚一节，并不费钱，你如何不自反而骂试官乎？"张由此折节自持，善日加修，德日加厚。丁酉（1597），梦至一高房，得试录一册，中多缺行。问旁人，曰："此今科试录。"问："何多缺名？"曰："科第阴间三年一考，较须积德无咎者，方有名。如前所缺，皆系旧该中式，因新有薄行而去之者也。"后指一行云："汝三年来持身颇慎，或当补此，幸自爱。"是科果中一百五名。

由此观之，举头三尺，决有神明，趋吉避凶，断然由我。须使我存心制行，毫不得罪于天地鬼神，而虚心屈己，使天地鬼神时时怜我，方有受福之基。彼气盈者必非远器，纵发亦无受用。稍有识见之士，必不忍自狭其量，而自拒其福也。况谦则受教有地，而取善无穷，尤修业者所必不可少者也。

古语云："有志于功名者，必得功名。有志于富贵者，必得富贵。"人之有志，如树之有根。立定此志，须念念谦虚，尘尘方便，自然感动天地，而造福由我。今之求登科第者，初未尝有真志，不过一时意兴耳，兴到则求，兴阑则止。孟子曰："王之好乐甚，齐其庶几乎！"予于科名亦然。

训儿俗说

明·袁黄 撰

立志第一

汝今十四岁，明年十五，正是志学之期，须是立志求为大人。大人之学，在明明德，在亲民，在止于至善。此不但是孔门正脉，乃是从古学圣之规范。只为儒者谬说，致使规程不显，正脉沉埋。我在学问中，初受龙溪先生之教，始知端倪。后参求七载，仅有所省。今为汝说破，明德不是别物，只是虚灵不昧之心体。此心体，在圣不增，在凡不减，扩之不能大，拘之不能小，从有生以来，不曾生，不曾灭，不曾秽，不曾净，不曾开，不曾蔽，故曰明德。乃气禀不能拘，物欲不能蔽，万古所常明者。汝今为童子，自谓与圣人相远。汝心中有知是知非处，便是汝之明德。但不昧了此心，便是明明德。针眼之空，与太虚之空，原无二样。吾人一念之明，与圣人全体之明，亦无二体。若观圣人作清虚皎洁之相，观己及凡人作暗昧昏垢之相，便是着相。今立志求道，如不识此本体，更于心上生心。向外求道，着相用功，愈求愈远。此德本明，汝因而明之，无毫发可加，亦无修可证，是谓明明德。然明德不是一人之私，乃与万民同得者，故又在亲民。以万物为一体则亲，以中国为一家则亲。百姓走到吾面前，视他与自家儿子一般，故曰如保赤子。此是亲民真景象。汝今未做官，无百姓可管，但见有人相接，便要视他如骨肉则亲，敬他如父母则亲。倘有不善，须生恻然怜悯之心。可训导，则多方训导，不可训导，则负罪引慝，以感动之。即未必有实益及人，立志须当如此。然明德亲民不可苟且，故又在止至善。如人在外，不行路，不能到家。若守路而不舍，终无入门之日。如人觅渡，不登舟，不能过河。若守舟而不舍，岂有登岸之期？今立志求道，不学则不能入道。若守学而不舍，岂有得道之理？故既知学，须知止，止者无作之谓。道理本是现成，岂烦做作？岂烦修造？但能无心，便是究竟。《易》曰："继之者善。"善是性中之理，至善乃是极则尽头之理。如人行路，若到极处，便无可那移，无可趋向，自然要止矣。故止非至善，何由得止？至善非止，何以见至善？此德明朗，犹如虚空。举心动念，即乖本体。我亲万民，博济功德，本自具足，不假修添。遇缘即施，缘息即寂。若不决定信此是道，而欲起心作事以求功用，皆是梦中妄为。明德、亲民、止至善，只是一件事。当我明明德时，便不欲明明德于一身，而欲明明德于天下。盖古大圣大贤，皆因民物而起恻隐，因恻隐而证明德。故至诚尽性时，便合天地民物一齐都尽了。当明德亲民时，便不欲着相驰求，专欲求个无求无着。故先欲知止，先知此止，然后依止修行，依止而修，是即无修。修而依止，是以无修为修。无修为修，是全性起修；修即无修，是全修在性。大率圣门入道，只有性教二途。真心不昧，触处洞然。不思而得、不勉而中者，性也。先明乎善，而后实造乎理者，教也。今人认工夫为有作，而欲千修万炼勤苦求成者，此是执教。认本体为现成，而谓放任平怀为极则者，此是执性，二者皆非中道也。须先识性体，然后依性起教，方才不错。

敦伦第二

《中庸》以五伦为达道，乃天下古今之所通行，终身所不可离者。明此是大学问，修此是大经纶。五伦之中，造端乎夫妇。《易》首《乾》《坤》《诗》始《关雎》，王化之原，实基于衽席。且道无可修，只莫染污。闺门之间，情欲易肆,能节而不流,则去道不远矣。夫妇之道,惟是有别。故禁邪淫为最,可以养德,可以养福,切宜戒之。有夫妇然后有父子,爱敬父母,正是童子急务。汝幼有至性,颇竭孝思,第须要之于道。倘此志不同,此学各别,即称纯孝,终是血肉父子。今当以父母为严君,养吾真敬,使慢易之私不形;求父母之顺豫,养吾真爱,使乐易之容可掬。常敬常爱,即是礼乐不斯须去身,即是致中和之实际。以此事君则为忠臣,以此事长则为悌弟。无时无处而不爱敬,则随在感格,可通神明。昔杨慈湖游象山之门,未得契理。归而事父,一日父呼其名,恍然大悟,作诗寄象山云:"忽承父命急趋前,不觉不知造深奥。"即承欢奉养,可以了悟真诠。故洒扫应对可以精象入神,乃是实事。有父子然后有兄弟,吾生汝一人,原无兄弟。然合族之人,长者是兄,幼者是弟,皆祖宗一体而分。即天佑、天与,吾既收养,便是汝之亲弟兄。昔浦江郑氏,其初兄弟二人,犹在从堂之列,因一人有死亡之祸,一人极力救之获免,遂不忍分居,盖因患难。真情感激,共爨数百年,累朝旌其门,为天下第一家,前辈称其有过于王侯之福。吾家族属不多,自吾罢宦归田,卜居于此,族人皆依而环止。今拟岁中各节,遍会族人。正月初一外,十五为灯节,三月清明、五月端午、六月六日、七月七日、八月中秋、九月重阳、十月初一、十一月冬至,远者亦遣人呼之。来,不来,唯命。此会非饮酒食肉,一则恐彼此间隔,情意疏而不通;二则有善相告,有过相规,即平日有间言,亦可从容劝谕,使相忘于杯酒间。汝当遵行毋怠。五服之制,先王称情而立。大凡伯叔期功之服,皆不可废,庶成礼义之家。兄弟相疏,皆起于妇人之言。凡稍有丈夫气者,初时亦必不听,久久浸润,积羽沉舟,非至明者,不能察也,切须戒之。语云:"君臣之义,无所逃于天地之间。"不论仕与隐,皆当以尊君报国为主。凡我辈今日得饱食暖衣、悠优田里者,皆吾皇之赐也,岂可不知感激?他日出仕,须要以勿欺为本。勿欺,所谓忠也。上疏陈言,世俗所谓气节。然须实有益于社稷生民则言之,若昭君过,以博虚名,切不可蹈此敝辙。孔子宁从讽谏,其意最深。至于朋友之交,切宜慎择。苟得其人,可以研精性命,可以讲究文墨,可以排难解纷。须要虚己求之,委心待之,勿谓末俗风微,世鲜良友。取人以身,乃是格论。门内有君子，门外君子至。只如馆中看文，我先以直施，彼必以直报。日尝相与，我先以厚施，彼必以厚报。常愧先施之未能，勿患哲人之难遇。又交友之道，以信为主。出言必吐肝胆，谋事必尽忠诚，宁人负我，毋我负人。纵遇恶交相侮，亦当自反自责，勿向人轻谈其短。至嘱。五典本自天秩，凡相处间，不可参一毫机智。须纯肠实意，盎然天生，斯谓之敦。《中庸》修道以仁，亦是此意。昔有人以忠孝自负者，有禅师语之曰："即使五伦克尽，无纤毫欠缺。自孔子言之，只是民可使由之，非豪杰究竟事也。"今忠臣孝子，世或有之，然不闻道，终是行之而不着、习矣而不察，是故，以立志求道为先。孟宗之笋、王祥之鱼，皆从真心感召。宋谢述随兄纯在江陵，纯遇害，述奉丧还都，中途遇暴风，纯丧舫漂流不知所在，述乘小舟寻求。嫂谓曰："小郎去必无反，宁可存亡俱尽耶？"述号泣曰："若安全至岸，尚须管理。如其变出意外，述亦无心独存。"因冒浪而进，见纯丧几没。述号泣呼天，幸而获免。咸以为精诚所致，此所谓笃行也。学不到此，终是假在，即修饰礼貌，向外周旋，徒令人作伪耳。

事师第三

子生十年，则就外传，礼也。事师有常仪，不可不习。一者每朝当早起。古人鸡初鸣，则盥漱，趋父母之侧。汝从来娇养，不能与鸡俱兴，然亦不可太晏，致使师起而不出。二者诣师户外，必微咳一声，勿卒暴而入。三者蚤入，当问安。四者师有所须，当如教办给。五者粥饭茶汤，当嘱家僮应时供送，迟则催之，遇见则亲阅而亲馈之。六者师有所谈，当虚怀听教，讲书则字字详察，讲课则舍己从人，勿执己见，而轻慢师长。七者远见师来则起，师至则拱手侍立，须起敬心，出而随行，勿践其影。八者师或无礼相责，必默然顺受，不可出声相辨。九者勿见师过，人或来告，必解说掩覆之。十者夜间呼童，预整卧具，或亲视之，师眠当周旋掩覆之。昔林子仁，登科后，事王心齐为师，亲提夜壶，服役尽礼。近日冯开之，亦命其子提壶事师，此皆前辈懿行，可以为法。

事师之道，全在虚心求益。倘能随处求益，则三人同行，必有我师。

若执己自是，则圣人与居，亦不能益我。舜好问、好察迩言，当时之人，岂复有浚哲文明过于舜者？惟问不遗菅茏，则人人皆可师。惟察不遗迩言，则言言皆至教。汝能有而若无、实而若虚，能受一切世人之益，能使一切世人皆可为师，方是大人家法。

处众第四

弟子之职，不独亲仁，亦当爱众。盖亲民原是吾儒实学，故一切众人，皆当爱敬。孟子曰："仁者爱人，有礼者敬人。"所谓爱人者，非拣好人而爱之也。仁者无不爱，善人固爱，恶人亦爱。如水之流，不择净秽，周遍沦洽，故曰泛爱。问：既如此，何故说仁者能恶人？曰：民吾同胞，君子本心，只有好无恶，惟其间有伤人害物、戕吾一体之怀者，故恶之。是为千万人而恶，非私恶也。去一人而使千万人安，吾如何不去？杀一人而使千万人惧，吾如何不杀？故放流诛戮，纯是一段恻隐之心流注。总是爱人，此惟仁者能之，而他人不与也。识得此意，纵遇恶人相侮，自无纤毫相碍。孟子三自反之说，最当深玩。吾肯真心自反，即处人十分停当，岂肯自以为仁、自以为礼、自以为忠？彼愈横逆，吾愈修省，不求减轻、不求效验，所谓终身之忧也。一可磨炼吾未平之气，使冲融而茹纳。二可修省吾不见之过，使砥砺而精莹。三可感激上天玉成之意，使灾消而福长。汝今后与人相处，遇好人，敬之如师保，一言之善，一节之长，皆记录而服膺之，思与之齐而后已。遇恶人切莫厌恶，辄默默自反，如此过言、如此过动，吾安保其必无？又要知世道衰微，民散已久，过言过动，是众人之常事，不惟不可形之于口，亦不可存之于怀。汝但持正，则恶人自远，善人自亲。汝父德薄，然能包容。人有犯者，不相较量，亦不复记忆，汝当学之。"《易》曰：地势坤，君子以厚德载物。夫持之而不使倾，捧之而不使坠，任其践蹈而不为动，斯之谓载。今之人至亲骨肉，稍稍相拂，便至动心，安能载物哉？《中庸》亦云：博厚，所以载物也，高明，所以覆物也。人只患德不博厚，不高明耳。须要宽我肚皮，廓吾德量，如闻过而动气，见恶而难容，此只是隘。有言不能忍，有技不能藏，此只是浅。勉强学博，勉强学厚，天下之人，皆吾一体，皆吾所当负荷而成就之者。尽万物而载之，亦吾分内，不局于物则高，不蔽于私则明。吾苟高明，自能容之而不拒，被之而不遗，此皆是吾人本分之事，不为奇特。汝遇一切人，皆思载之覆之，胸中勿存一毫怠忽之心，勿起一毫计较之心，自然日进于博厚高明矣。

《易》曰："君子能通天下之志。"昔子张问达，正欲通天下之志也。夫子告之曰："质直而好义，察言而观色，虑以下人。"大凡与人相处，文则易忌，质则易乎，曲则起疑，直则起信。故以质直为主，坦坦平平，率真务实，而又好行义事，人谁不悦？然但能发己自尽，而不能徇物无违，人将拒我而不知，自以为是而不耻，奚可哉！故又须察人之言，观人之色，常恐我得罪于人，而虑以下之，只此便是实学。亲民之道，全要舍己从人，全要与人为等，全要通其志而浸灌之，使彼心肝骨髓，皆从我变易。此等处，岂可草草读过？

处众之道，持己只是谦，待人只是恕，这便终身可行。凡与二人同处，切不可向一人谈一人之短。人有短，当面谈。又须养得十分诚意，始可说二三分言语。若诚意未孚，且退而自反。即平常说话，凡对甲言乙，必使乙亦可闻，方始言之。不然，便犯两舌之戒矣。老者安，朋友信，少者怀，天下只有此三种人。凡长于汝者，皆所谓老者也。《曲礼》曰："年长以倍，则父事之。十年以长，则兄事之。五年以长，则肩随之。"又曰："见父之执，不谓之进，不敢进。不谓之退，不敢退。不问，不敢对。"又曰："父之齿随行，任轻则并之，任重则分之。"谦卑逊顺，求所以安其心，而不使之动念；服劳奉养，求所以安其身，而不使之倦勤，皆当曲体而力行者也。同辈即朋友，有亲疏善恶不齐，皆当待之以诚。下于汝者，即少者也，当怀之以恩。御童仆，接下人，偶有过误，不得动色相加，秽言相辱，须从容以礼谕之。谕之不改，执而杖之。必使我无客气，彼受实益，方为刑不虚用。《书》曰："毋忿嫉于顽。"彼诚顽矣，我有一毫忿心，则其失在我，何以服人？故未暇治人之顽，先当平己之忿，此皆是怀少之道，切须记取。

修业第五

进德、修业，原非两事。士人有举业，做官有职业，家有家业，农有农业，随处有业。乃修德日行，见之行者。善修之，则治生产业，皆与实理不相违背。不善修，则处处相妨矣。汝今在馆，以读书作文为业。修业有十要：一者要无欲。使胸中洒落，不染一尘，真有必为圣贤之志，方可复读圣贤之书，方可发挥圣贤之旨。二者要静。静有数端：身好游走，或无事间行，是足不静。好博奕呼卢，是手不静。心情放逸，恣肆攀缘，是意不静，切宜戒之。三者要信。圣贤经传，皆为教人而设，须要信其言言可法，句句可行。中间多有拖泥带水，有为着，相之语，皆为种种病人而发。人若无病，法皆可舍，不可疑之。入道之门，信为第一。若疑自己不能作圣，甘自退屈，或疑圣言不实，未肯遵行，纵修业，无益也。四者要专。读书，须立定课程，孳孳汲汲，专求实益。作文，须凝神注意，勿杂他缘，种种外务，尽情抹杀。勿好小技，使精神漏泄。勿观杂书，使精神常分。五者要勤。自强不息，天道之常。人须法天，勿使惰慢之气设于身体。昼则淬砺精神，使一日千里。夜则减省眠睡，使志气常清。周公贵无逸，大禹惜寸阴，吾辈何人，可以自懈？六者要恒。今人修业，勤者常有，恒者不常有。勤而不恒，犹不勤也。涓涓之流，可以达海；方寸之芽，可以参天，惟其不息耳。汝能有恒，何高不可造、何坚不可破哉？七者要日新。凡人修业，日日要见工程。如今日读此书，觉有许多义理，明日读之，义理又觉不同，方为有益。今日作此文，自谓已善，明日视之，觉种种未工，方有进长。如蘧伯玉二十岁，知非改过，至二十一岁回视昔之所改，又觉未尽。直至行年五十，犹知四十九年之非，乃真是寡过的君子。盖读书、作文，与处世、修行，道理原无穷尽，精进原无止法。昔人喻检书如扫尘，扫一层，又有一层。又谓一翻拈动一翻新，皆实话也。八者要逼真。读书，俨然如圣贤在上，觌面相承，问处如自家问，答处如圣贤教我，句句消归自己，不作空谈。作文，亦身体而口陈之，如自家屋里人谈自家屋里事，方亲切有味。九者要精。管子曰："思之，思之，又重思之。思之不通，鬼神将通之。非鬼神之力，精神之极也。"《吕氏春秋》载孔丘、墨翟，昼日讽诵习业，夜亲见文王周公，思而问焉，用志如此其精也。《唐史》载赵璧弹五弦，人问其术，璧云："吾之于五弦也，始则心驱之，中则神遇之，终则天随之。吾方浩然眼如耳，耳如鼻，不知五弦之为璧，璧之为五弦也。"学者必如此，乃可语精矣。十者要悟。志道、据德、依仁，可以已矣，而又曰游于艺，何哉？艺，一也。溺之而不悟，徒敝精神。游之而悟，则超然于象数之表，而与道德性命为一矣。昔孔子学琴于师襄，五日而不进。师襄曰："可以益矣。"孔子曰："丘得其声矣，未得其数也。"又五日，曰："丘得其数矣，未得其理也。"又五日，曰："丘得其理矣，未得其人也。"又五日，曰："丘知其人矣。其人颒然而长，黝然而黑，眼如望羊，有四国之志者，其文王乎？"师襄避席而拜曰："此文王之操也。"夫琴，小物也，孔子因而知其人，与文王觌面相逢于千载之上，此悟境也。今诵其诗、读其书，不知其人，可乎？到此田地，方知游艺有益，方知器数无妨于性命。

崇礼第六

礼仪三百，威仪三千，皆是儒家实事。儒教久衰，礼仪尽废。程伯子见释徒会食，井井有法，叹曰："三代威仪，尽在于此。"吾晚年得汝，爱养慈惜，不以规绳相督。今汝当成人之日，宜以礼自闲。礼之大者，如冠婚丧祭之属，有《仪礼》一书，及先儒修辑《家礼》等书，可斟酌行之。且以日用要节、画为数条，切宜谨守：一曰视，二曰听，三曰行，四曰立，五曰坐，六曰卧，七曰言，八曰笑，九曰洒扫，十曰应对，十一曰揖拜，十二曰授受，十三曰饮食，十四曰涕唾，十五曰登厕。

孔子教颜回四勿，以视为先。孟子见人，先观眸子，故视不可忽。邪视者奸，故视不可邪。直视者愚，故视不可直。高视者傲，故视不可高。下视者深，故视不可下。礼经教人，尊者则视其带，卑者则视其胸，皆有定式。遇女色，不得辄视。见人私书，不得窥视。凡一应非礼之事，皆不可辄视。

凡听人说话，宜详其意，不可草率。语云："听思聪。"如听先生讲书，或论道理，各从人浅深而得之。浅者得其粗，深者得其精，安可不思聪哉！今人听说话，有彼说未终，而辄申己见者，此粗率之极也。听不可倾头侧耳，亦不可覆壁倚门。凡二三人共语，不可窃听是非。

凡行，须要端详次第。举足行路，步步与心相应，不可太急，亦不可太缓。不得猖狂驰行，不得两手摇摆而行，不得跳跃而行，不得蹈门阈，不得共人挨肩行，不得口中啮食行，不得前后左右顾影而行，不得与醉人狂人前后互随行。当防迅车驰马，取次而行。若遇老者、病者、瞽者、负重者、乘骑者，即避道傍，让路而行。若遇亲戚长者，即避立下肩，或先意行礼。

凡立次须要端正。古人谓"立如斋"，欲前后襜如，左右斩如，无倾侧也。不得当门中立，不得共人牵手当道立，不得以手叉腰立，不得侧倚而立。

凡坐欲恭而直。欲如奠石，欲如槁木，古人谓"坐如尸"是也。不得敧坐，不得箕坐，不得跷足坐，不得摇膝，不得交胫，不得动身。

凡卧未闭目，先净心，扫除群念，惺然而息，则夜梦恬愉，不致暗中放逸。须封唇以固其气，须调息以潜其神。不得常舒两足卧，不得仰面卧，所谓"寝不尸"也。亦不得覆身卧。古人多右胁着席，曲膝而卧。

宋儒有云："凡高声说一句话，便是罪过。"凡人言语，要常如在父母之侧，下气柔声。又须任缘而发，虚己而应，当言则言，当默则默。言必存诚，所谓谨而信也。当开心见诚，不得含糊，令人不解。不得恶口，不得两舌，不得妄语，不得绮语。切须戒之。

一嚬一笑，皆当慎重。不得大声狂笑，不得无缘冷笑，不得掀喉露齿。凡呵欠大笑，必以手掩其口。

洒扫原是弟子之职，有十事须知。一者先卷门帘，如有圣像，先下厨幔。二者洒水要均，不得厚薄。三者不得污溅四壁。四者不得足蹈湿土。五者运帚要轻。六者扫地当顺行。七者扫令遍净。八者吸时当以箕口自向。九者不得存聚，当分择弃除。十者净拭几案。

应对之节，要心平气和，不得闻呼不应，不得高呼低应，不得惊呼怪应，不得违情怒应，不得隔屋咤声呼应。凡拜见尊长，问及来历，或正问，或泛问，或相试，当识知问意，或宜应，或不宜应。昔王述，素有痴名，王导辟之为椽，一见但问江东米价，述张目不答。导语人曰："王郎不痴，此不宜答。"而不答也，或问及先辈，切不可辄称名号。如马永卿见司马温公，问："刘某安否？"马应云："刘学士安。"温公极喜之，谓："后生不称前辈表德，最为得体。"

此等处，皆应对之所当知者也。

凡揖拜须先两足并齐，两手相叉，当心，然后相让而揖。不可太深，不可太浅。揖则不得回头相顾，拜则先屈左足，次屈右足。起则先右足，以两手枕于膝上而起。古礼有九拜之仪，今不悉也。凡遇长者，不得自己在高处向下作礼。见长者用食，未辍，不得作礼。如长者传命特免，不得强为作礼。如遇逼窄之地，长者不便回礼，须从容取便作礼。

凡授物与人，向背有体。如授刀剑，则以刃自向。授笔墨，则以执处向人。《曲礼》中，献鸟者，佛其首；献车马者，执策绥；献甲者，执胄；献杖者，执末；献民房者，操右袂；献粟执右美，献米者，操量鼓；献热食者，操酱齐；献田宅者，操书致。凡遗人弓者，张弓尚筋，弛弓尚角，右手执箫，左手承弣，尊卑垂帨。若主人拜则客还辟，辟拜主人自受，由客之左接下承弣乡与客并然后受。进剑者，左首。进戈者前其镈，后其刃。进矛戟者，前其镦。进几杖者，拂之。效马效羊者，右牵之。效犬者，左牵之。执禽者，左首。饰羔雁者以缋，受珠玉者以掬。受弓剑者，以袂；饮玉爵者，弗挥。凡以弓剑苞苴箪笥问人者，操以受命，如使之容。此段可记也。受人之物，最宜慎重。执虚如执盈，执轻如执重，不可忽也。

如沐时，以巾授尊长，亦有五事。须知：一者须当抖擞之；二者当两手托巾两头；三者不得太近太远，相离二尺许；四者冬则两手展巾，近炉烘暖；五者尊长用毕，仍置常处。其余诸类，皆当据此推之。

饮食乃日用之需，不可拣择美恶、肥浓甘脆，或至伐胃。箪瓢蔬食，可以怡神，须当存节食之意。不得仰面食，不得曲身食。与人同食，不可自拣精者。客未食，不敢先食。食毕不敢后。不得急喉食，不得颊食，不得遗粒狼藉，不得怒食，不得缩鼻食，不得嚼食有声，不得向人语话。将口就食，失之贪，将食就口，失之傲，皆宜戒之。食毕，漱口，不得大向，令人动念。

涕唾理不可忍，亦不可数，但不得已，必酌其宜。不得对客涕唾，不得于正厅涕唾，不得向人家静室内涕唾，不得于房壁上涕唾，不得当道净地上涕唾，不得于生花草上涕唾，不得于溪泉流水涕唾，当于隐僻处，方便行之，勿触人目。

登厕亦有十事：一者当行即行，不得急迫，左右顾视。二者厕上有人，当少待，不得故作声迫促之。三者当高举衣而入。四者入厕，当微咳一声。五者厕上不得共人语笑。六者不可涕唾于厕中。七者不得于地上壁上划字。八者不得频低头返视。九者不得遗秽于厕椽上。十者毕当濯手方持物。以上数条，特其大概。汝真有志三千之仪，皆可据此推广。智及仁守，大本已正。然必临之以庄，动之以礼，方为尽善。故礼虽至卑，崇之可以发育万物，峻极于天，勿视为末节而忽之也。

报本第七

伊川先生云："豺獭皆知报本。士大夫乃忽此，厚于奉养，而薄于先祖，奚可哉！"甘泉先生曰："祭继养也。祖父母亡，而子孙继养不逮，故为春秋忌祭，以继其养。然祖考之神，尤有甚于祖考之存时。故七日戒、三日斋，方望其来格。不然，虽丰牲不享也。"观二先生之言，如此，祭其可忽哉！古礼久不行，今自我复之。每遇祭前十日，即迁坐静所，不饮酒茹荤，为散斋。七日，又夙夜丕显，不言不笑，专精聚神。为致斋三日，有客至门，仆辈以诚告之。族人愿行此者，相与共为。此追远之诚，亦养德之要。吾儿务遵行之，传之世世，勿视为迂也。祭之日，尤须竭诚尽慎，事事如礼，勿盱视，忽怠荒。我在宝坻，每祭必尽诚，祷无不验。天人相与之际，亦微矣哉！

每岁春秋二祭，皆用仲月，卜日行事。祭之日，夙兴，具衣冠，谒祠祝过，遂以次奉神主于正寝。其仪一遵朱子《家礼》。始祖南向，二昭西向，二穆东向，每世一席。附位列于后，食品半之。上昭穆相向，不正相对。下昭穆各稍后，两向亦不正对。易世但以上下为尊卑，不以尊卑为昭穆。俗节各就家庙行之。时物虽微必献，未献，子孙不得先尝。

治家第八

作家之事，道德为先。道德无端，起于日用。一日作之，日日继之，毋怠惰，而常新焉，如是而已。吾为汝试言其概：如行一事，必思于道无妨，于德无损，即行之。如出一言，必思于道无妨，于德无损，即出之。拟之而后言，议之而后动，凡一视、一听、一出、一入，皆不可苟。又要处处圆融，尘尘方便。凡遇拂逆，当闭门思过，反躬自责，则闺门之内，不威而肃矣。古人谓齐家以修身为本，岂虚哉！

修身要矣，御人急焉。群仆中，择一老成忠厚者管家，推心任之，厚廪养之。其余诸仆，亦不可使无事而食，量才器使。人有专业，田园、仓库、舟车、器用，各有所司。立定规矩，时为省试，因其勤惰而赏罚之，则事省而功倍矣。至顽至蠢，婢仆之常，须反覆晓谕，不可过求。纵有不善，亦宜以隐恶扬善之道，宽厚处之。一念伤慈，甚非大体。我性不喜责人，故家庭之内，鞭朴常弛，僮仆多懒，汝宜稍加振作。

齐家之道，非刑即礼。刑与礼，其功不同。用刑则积惨刻，用礼则积和厚，一也。刑惩于已然之后，礼禁于未然之先，二也。刑之所制者浅，礼之所服者深，三也。汝能动遵礼法，以身率物，斯为上策。不得已而用刑，亦须深存恻隐之心，明告其过，使之知改。切不可轻口骂詈，亦不可使气怒人。虽遇鸡犬无知之物，亦等以慈心视之，勿用杖赶逐，勿抛砖击打，勿当客叱斥。我家戒杀已久，此最美事，汝宜遵之。

人各有身，身各有家。佛氏出家之说，亦方便法门也。家何尝累人，人自累耳。世人认定身家，私心太重，求望无穷，不特贫者有衣食之累，虽富者亦终日营营，不得清闲自在，可惜也。须将此身此家，放在天地间平等看去，不作私计，无为过求，贫则蔬食菜羹，可以共饱，富则车马轻裘，可以共敝。近日陆氏义仓之设，其法甚善，当仿而行之。田租所入，除食用外，凡有所余，不拘多寡，悉推之以应乡人之急，请行谊老成者主其事。陆氏不许子孙侵用，我则不然。家无私蓄，外以济农，内以自济，原无彼我。凡有所需，即取而用之，但不得过用亏本。仍禀主计者，应用悉凭裁夺，不得擅自私支。

庭帏杂录

庭帏杂录　序

余小子，生也晚。不获事吾祖参坡先生暨吾祖母李孺人。阅吾父及吾诸伯叔所述《庭帏杂录》，未尝不哑然惊，惕然惧，而悚然思奋也。开辟生人至夥矣。独称朱均为不肖，何哉？以尧舜至德，不能相肖耳。故为众人之子孙易，为贤人之子孙难。记称，文王无忧，岂前有所承，后有所托，而可以无忧哉？殆谓文王宜忧而不忧耳。盖前有贤父，毫发不类便堕家声；后有圣子，身范稍亏便难作则。况曰，父作之在文王，必有所绍之者；曰，子述之在文王，必有所开之者。惟文王能尽道，所以无忧也。不然，蔡叔以文王为父、蔡仲为子，而宁能免于忧哉？今吾祖何如人？吾伯叔何如人？吾父又何如人？而为子孙者，可泄泄已乎？闻诸吾父谓吾祖之学，无所不窥而特寓意于医，借以警世觉人。察脉而知其心之多欲也，则告以淡泊清虚；察脉而知其心之多忿也，则告以涌容宽裕；察脉而知其心之荡且浮也，则告以凝静收敛。引经据传，切理当情，闻者莫不有省。虽家庭指示，片语微词，皆可书而诵也。伯氏春谷先生先录其言，以备观省，已而诸伯叔竞效而录之，共二十余卷，经倭乱存者无几，吾父虑其尽逸也，遂辑其存者，厘为上下二卷，付之梓人，吾王父母心术之微，不尽在是也。行谊之大，亦不尽在是也，然善观人者，尝其一脔可以知全鼎之味矣。勉承父命，谨题其端，以自励云。

万历丁酉季秋吉旦孙　男　袁天启　拜手谨书

庭帏杂录　卷上

明·嘉善　钱晓　订

问尧让天下于许由，经传不载，岂后人附会欤？父参坡曰："按《左传》，许，太岳之后，古者申、吕、许、甫，皆四岳之后。"《书》云："咨，四岳。朕在位七十载，汝能庸命巽朕位，让由之举，或即此乎。"

宋韩琦为谏官三年，所存谏稿，欲敛而焚之，以效古人谨密之义。然恐无以见人主从谏之美，乃集主上所信从及足以表主上之德者，七十余章，曰《谏垣存稿》。自序于其首，大略曰："谏主于理，而以至诚将之。"前辈之忠厚如此，今乃有以进言要名者，良可悼也。

有王某者，善风鉴，江湖奇士也。来访父，坐定，闻门外履声橐橐，王倾耳曰："有三品官来。"及至，则表兄沈科也。王谛观之，曰："肉胜骨，须肉稍去则发矣。"科不怿，即起入内见吾母。是冬科患病，大肉尽脱，吾与三弟调理之，将愈。父谓曰："此病但平其胃火，火去则脾胃自调，必愈。若滋其肾水，水旺则邪火自退，亦愈。然胃火去则善食，必肥。不若肾水旺，则骨坚而可应王生之言也。"因书一方授予，使付科，如法修服，后果精神日旺而浮肉不生。明年举乡荐，甲辰登第，终苑马卿。

传称孔子家儿不知骂，曾子家儿不知怒，生而善教也。汝祖生平不喜责人，每僮仆有过当刑，辄与汝祖母私约："我执杖往，汝来劝止。"我体其意，终身未尝以怒责仆，亦未尝骂仆，汝曹识之。

汝曾祖菊泉先生尝语我云："吾家世不干禄仕，所以历代无显名。然忠信孝友则世守之，第令子孙不失家法，足矣！"即读书，亦但欲明理义，识古人趣向，若富贵则天也。

问："吾祖凿半亩池水，冬夏不涸，邻池常涸，何也？"曰："池中置牛骨则不涸。"出《西都志》。

沈科问："《六艺》御为卑，今凡上用之物皆称御，官称御史，何也？"曰："吴临川云，君之在车，与御者最相亲近，故君所亲近之人谓之御，君所亲用之物亦谓之御。"

钱南士问："何以谓之市井？"曰："古者，一井之地以二十亩为庐舍，因为市以交易，故云。"

袁裳问："俗以每月初五、十四、二十三日为月忌，凡事皆避之，何所取义？"曰："阴阳书以是三日为九良星直日，故不用，其义亦不明。河图九数，趋三避五，初一日起一居坎，至初五日五居中，十四日，二十三日，五皆居中，五为君象，故民庶不可用。"

凡言语、文字、与夫作事、应酬，皆须有涵蓄，方有味。说话到五七分便止，留有余不尽之意令人默会。作事亦须得五七分势便止，若到十分，如张弓然，过满则折矣。

钱昞问："寒食禁火，相传为介子推而设，果尔，止该行于晋地，何四方皆然也？"曰："予尝读《丹阳集》云，龙是木之位，春属东方，心为大火，惧火盛，故禁火。是以有龙禁之忌，未必为子推设也。"

袁襄问月令言孟冬腊先祖："郑元注云，腊，即周礼所谓蜡祭也，然则腊、蜡同乎？"曰："尝观《玉烛宝典》云，腊祭先祖，蜡祭百神，则腊与蜡异。蜡祭因飨农以终岁勤动而息之。腊，猎也，猎取禽兽祭先祖，重本始也。二祭寓意不同，所以腊于庙，蜡于郊。"

子华子曰："人之性，其犹水然，水之源至洁而无秽，其所以湛之者，久则不能无易也。是故，方圆曲折湛于所遇，而形易矣；青黄亦白湛于所受，而色易矣；砰訇淙射湛于所阁，而响易矣；洄伏悠容湛于所容，而态易矣。此五易者，非水性也。而水之流则然，咸淡芳奥湛于所染，而味易矣，此五易者非水性也，而水之流则然。"孔子曰，性相近也，习相远也。尔辈慎习。

沈科初授南京行人司副，归别吾父。吾父谓之曰："前辈谓仕路乃毒蛇聚会之场，余谓其言稍过，然君子缘是可以自修，其毒未形也。吾谨避之，质直好义，以服其心；察言观色，虑以下之，以平其忿。其毒既形，吾顺受之，彼以毒来，吾以慈受可也。"

记称：吊丧不能赙，不问其所费；问疾不能馈，不问其所欲；见人不能馆，不问其所舍。此言最尽物情。故张横渠谓物我两尽，自曲礼入，非虚言也。汝辈处世，宜一一据此推广，如见讼不能解，不问其所由。见灾不能恤，不问其所苦。见穷不能赈，不问其所乏。

问天下事皆重根本而轻枝叶。记称："天下有道则行有枝叶，无道则词有枝叶，岂行贵枝叶乎？"父曰："枝叶从根本而出，邦有道，则人务实，故精神畅于践履。无道，则人尚虚，故精神畅于词说。"

予与二弟□□□侍吾母，□□□□予辈不自知其非己出也。新衣初试，旋或污毁，吾母夜缝而密浣之，不使吾父知也。正食既饱，复索杂食，吾母量授而撙节之，不拂，亦不恣也。坐立言笑，必教以正。吾辈幼而知礼。先母没，期年，吾父继娶吾母来时，先母灵座尚在，吾母朝夕上膳，必亲必敬。当岁时佳节，父或他出，吾母即率吾二人躬行奠礼。尝洒泪告曰："汝母不幸蚤世，汝辈不及养，所可尽人子之心者，惟此祭耳。"为吾子孙者，幸勿忘此语。

以上男袁衮录

宋儒教人专以读书为学，其失也俗。近世王伯安尽扫宋儒之陋，而教人专求之言语、文字之外，其失也虚。观子路曰，何必读书然后为学？则孔门亦尝以读书为学，但须识得本领工夫，始不错耳。孟子曰："学问之道无他，求其放心而已矣。"求放心是本领，学问是枝叶。

作文、句法、字法，要当皆有源流。诚不可不熟玩古书，然不可蹈袭，亦不可刻意摹拟，须要说理精到，有千古不可磨灭之见。亦须有关风化，不为徒作。乃可言文，若规规摹拟，则自家生意索然矣。

近世操觚习艺者，往往务为艰词、晦语，或二字三字为句，以自矜高古。甚或使人不可句读，而味其理趣，则漠然如嚼蜡耳。此文章之一大陋也。尔辈切不可效之！

文字最可观人。如正人君子，其文必平正通达。如奸邪小人，其文必艰涩崎岖。

士之品有三。志于道德者为上，志于功名者次之，志于富贵者为下。近世人家生子，禀赋稍异父母，师友即以富贵期之。其子幸而有成，富贵之外，不复知功名为何物，况道德乎！吾祖生吾父，岐嶷秀颖，吾父生吾亦不愚。然皆不习举业而授以五经义古义。生汝兄弟始教汝习举业，亦非徒以富贵望汝也。伊周勋业、孔孟文章，皆男子常事，位之得不得在天，德之修不修在我。毋弃其在我者，毋强其在天者。欲洁身者，必去垢，欲愈疾者，必求医。昔曹子建文字好人讥弹，应时改定，岂独文艺当尔哉？进德、修业，皆当如此。

晏元献公尝言韩退之扶持圣教，划除异端，则诚有功。若其祖述坟典，宪章骚雅，上传三古，下笼百世，横行阔视于缀述之场者，子厚一人而已。盖深取柳而抑韩也。尔辈试虚心观之，二公之学识相去颇远，当知晏公之言不虚耳。唐人余知古与欧阳生书，讥韩愈之陋曰："其作《原道》，则崔豹《答牛生书》。作《讳辩》，则张诚《论旧名》也。作《毛颖传》，则袁淑《太兰王九锡》也。作《送穷文》，则杨子云《逐贫赋》也。"当时盖甚轻之，惜今人读书不多，不知韩之蹈袭耳。

当理之言，人未必信，修洁之行，物或相猜。是以至宝多疑，荆山有泪。

读书贵博亦贵精。苏文《管仲论》，近世刊本皆作："彼管仲者何以死哉？"及得宋刻，则"何"字乃"可"字，与上文"可以死"正相应。许浑诗"湘潭云尽暮山出"此世本也。及观刘巨济收浑手书，则"山"字乃"烟"字也。潘荣《史断》引"少仕伪朝"，责李密《陈情》之谬。尝见释氏书引此文，"伪朝"作"荒朝"，盖密之初文也。"伪朝"字乃晋人改之入史耳。孔明《出师表》，今世所传皆本《三国志》，查《文选》所载，则"先帝之灵"下，尚有"若无兴德之言"六字。必如是，而其义始完也。自杜牧有"西子下姑苏，一舸逐鸱夷"之句，世皆传范蠡载西施以逃。及观《修文御览》引《吴越春秋》逸篇云："吴亡后，浮西施于江，令随鸱夷以终。"盖当时子胥死，盛以鸱夷浮之江。今沉西施于江，所以谢子胥也。范蠡去越，亦号鸱夷子，杜牧遂误以胥为蠡耳。墨子曰："吴起之裂，其功也；西施之沉，其美也。"岂非明证哉？

作诗以真情说真境，方为作者。周濂溪《和费令游山》诗云："是处尘劳皆可息，清时终不忍辞官。"此由衷之语，何其温柔敦厚也！若婴情魏阙，托与青山，徒令人可厌耳。

杨升庵尝评韩退之《赠张曙》诗云："久钦江总文才妙，自叹虞翻骨相屯。"以忠直自比，而以奸邪待人，岂圣贤谦己恕人之意，此乃韩公生平病处。而宋人多学之，谓之占地步，心术先坏矣，何地步之有？此论最当今之人抑又甚焉。阴含讥讽，如讪如詈，此小人之尤者，不可效也。

问《史记》"庾死狱中"何以谓之"庾"？曰，按《说文》，束缚捽抴为臾，"臾""庾"古通用也。

郁九章来访，坐谈伍员之"员"，宜作"运"。父曰："岂惟如此！澹台灭明之'澹'，《管子》《淮南子》皆音'潭'。"郁曰："'澹'与'淡'同乎？'淡'去声，'澹'音'潭'。《文选》'澹澹'连用，本二字，非一字也。锺繇，字元常，取'咎繇陈谟，彰厥有常'之义，今多呼'繇'为'由'亦误也。"郁曰："此更有何证？"曰："晋《世说》载，庾公谓锺会曰，何以久望卿遥遥不至？谓举其父讳以嘲之。此明证矣。又五代王朴，朴，平豆反，而今人皆呼为樸，似此之类，不可枚举。"

宋儒谓《易经》彖、象、卦、爻皆取义于物。彖者,犀之名,状如犀而小角,善知吉凶交广有之。土人名曰猪神,犀形独角,知几知微,是则彖者,取于几也。象,大荒之兽,人希见生象,按其图以想其形,名之曰像,是则象者取于像也。孔颖达曰:"卦者,挂也。"挂之于壁也,盖悬物之杙也。近世杨慎非之,谓卦者,圭也。古者造律制量,六十四黍为一圭,则六十四象总名为卦。亦自有理。应劭曰:"圭者,自然之形,阴阳之始;则卦者,亦自然之形,阴阳之始。其为字从卜,为义从圭,为声亦为义,古文圭亦音卦。"《本经》云:"爻者,交疏之窗也。其字象窗形,今之象眼窗也。一窗之孔六十四,六窗之孔凡三百八十四也。是则爻者,义所旁通也。"

坤顺乾而育物,阳资阴也。月远日而生明,阴避阳也。

鱼生流水者,皆鳞白。鱼生止水者,皆鳞黑。

子夜读《君陈篇》,父问曰:"君陈是何人?"对曰:"不知。"曰:"是周公之子,伯禽之弟,王伯厚言之甚详,且《坊记注》有明文可证也。"

比邻沈氏世雠予家。吾母初来,吾弟兄尚幼。吾家有桃一株,生出墙外,沈辄锯之。予兄弟见之,奔告吾母。母曰:"是宜然,吾家之桃,岂可僭彼家之地?"沈亦有枣生过予墙。枣初生,母呼吾弟兄戒曰:"邻家之枣,慎勿扑取一枚!"并诫诸仆为守护。及枣熟,请沈女使至家面摘之,以盒送还。吾家有羊走入彼园,彼即扑死。明日,彼有羊窜过墙来,群仆大喜,亦欲扑之以偿昨憾。母曰:"不可!"命送还之。沈某病,吾父往诊之,贻之药。父出,母复遣人告群邻曰:"疾病相恤,邻里之义。沈负病,家贫,各出银五分以助之。"得银一两三钱五分,独助米一石。由是沈遂忘雠感义,至今两家姻戚往还。古语云,天下无不可化之人,谅哉!

有富室娶亲,乘巨舫自南来。经吾门风雨大作,舟触吾家船坊,倒焉。邻里共挢其舟人,欲偿所费。吾母闻之,问曰:"媳妇在舟否?"曰:"在舟中。"因遣人谢诸邻曰:"人家娶妇,期于吉庆,在路若赔钱,舅姑以为不吉矣。况吾坊年久,积朽将颓,彼舟大风急,非力所及,幸宽之。"众从命。

吾母爱吾兄弟逾于己出。未寒思衣,未饥思食,亲友有馈果馔,必留以相饲。既娶妇,依然呴育,无异龆龀也。吾妇感其殷勤泣语予曰:"即亲生之母，何以逾此？"妻家或有馈，虽甚微尠，不敢私尝，必以奉母。一日偶得鳜，妇亲烹，命小僮胡松持奉。松私食之。少顷，妇见姑，问曰："鳜堪食否？"姑愕然良久，曰："亦堪食。"妇疑，退而鞫松，则知其窃食状。复走谒姑曰："鳜不送至，而曰堪食，何也？"吾母笑曰："汝问鳜则必献，吾不食，则松必窃。吾不欲以口腹之故，见人过也。"其厚德如此。

以上男袁襄 录

庭帏杂录　卷下

明·嘉善　钱晓　订

王虚中解书法，词之内不可减，减之则为凿，凿则失本意。词之外不可增，增之则为赘，赘则坏本意。此至要之言。然得其词者浅，得其意者深。汝辈读书，勿专守著词语，须逆其志于词之内，会其神于词之外，庶有益耳。

仲尼题吴季子墓，止曰"有吴延陵季子之墓"，议者谓胜碑碣千言。张子韶祭洪忠宣，止曰"维某年月日，具官某谨以清酌之奠，昭告于某官之灵，呜呼哀哉，伏惟尚飨"。景庐深美其情悲怆乃过于词，可见文不如质，实能胜华，此可为作文之法。

象纬术数，君子通之，而不欲以是成名。诗、词、赋、命，君子学之，而不欲以是哗世。何也？有本焉故也。

六朝颜之推家法最正，相传最远。作《颜氏家训》，谆谆欲子孙崇正教，尊学问。宋吕蒙正晨起，辄拜天，祝曰："顾敬信三宝者，生于吾家。"不特其子公著为贤宰相，历代诸孙如居仁、祖谦辈，皆闻人贤士，此所当法也。

吾目中见毁佛、辟教，及拆僧房、僭寺基者，其子孙皆不振，或有奇祸，碌碌者姑不论。昆山魏祭酒崇儒辟释，其居官，毁六祖遗钵。居乡，又拆寺兴书院，毕竟绝嗣。继之者亦绝。聂双江为苏州太守，以兴儒教、辟异端为己任，劝僧蓄发归农，一时诸名公如陆粲、顾存仁辈，皆佃寺基。闻聂公无嗣，即有嗣，当亦不振也。吾友沈一之孝弟忠信，古貌古心，醇然儒者也。然亦辟佛，近又拆庵为家庙。闻陆秀卿在岳州亦专毁淫祠而间及寺宇。论沈陆之醇肠硕行，虽百世子孙保之可也。论其毁法轻教，窎能无报乎？尔曹识之，吾不及见也。

问作诗之法，曰："以性情为境，以无邪为法，以人伦物理为用，以温柔敦厚为教，以凝神为入门，以超悟为究竟。"

诗起于三百篇。学诗者皆沿其下，稍忘其本始。

起非分之思，开无谓之口，行无益之事，不如其已！

自小学久废，《尔雅》《说文》无留心者。士人行文多所谬误，虽正史不免焉。按《说文》，率鸟者系生鸟以来之，名圝。圝音由，故圝猎人有鹿，唐吕温乃作《由鹿赋》，以圝为由，误也。蜀人谓老为皤，取皤皤黄发义。有贼王小皤作乱，《宋史》乃作王小波，当改正。

可爱之物，勿以求人；易犯之愆，勿以禁人；难行之事，勿以令人。

终日戴天，不知其高；终日履地，不知其厚。故草不谢荣于雨露；子不谢生于父母。有识者，须反本而图报，勿贸贸焉已也。

语云：斛满，人概之；人满，神概之。此良言也。智周万物，守之以愚；学高天下，持之以朴；德服人群，莅之以虚。不待其满而常自概之，虽鬼神无如吾何矣。

"呢喃燕子语梁间，底事来惊梦里闲，说与旁人浑不解，杖藜携酒看芝山。"此刘季孙诗也，季孙时以殿直监饶州酒。王荆公以提刑至饶，见是诗，大称赏之。适郡学生持状，请差官摄州学事，公判监酒殿直，一郡大惊，由是知名。"青衫白发旧参军，旋粜黄粱置酒樽，但得有钱留客醉，也胜骑马傍人门。"此庐秉诗也，荆公见而称之。立荐于朝，不数年登卿贰。《石林珊瑚诗话》侈载其事，今之上官有惜才如荆公者乎？即著书满车，谁肯顾者？此英雄所以长摈，世道所以日衰也。

见精，始能为造道之言；养盛，始能为有德之言。其见卑而言高，与养薄而徒事造语者，皆典谟风雅之罪人也。黄、苏，皆好禅，谈者谓子瞻是士夫禅，鲁直是祖师禅，盖优黄而劣苏也。人皆知二公终身以诗文为事，然二公岂浅浅者哉！子瞻无论其立朝大节，即阳羡买房焚券一细事，亦足砭污起懦。鲁直与人书、论学、论文，一切引归根本，未尝以区区文章为足恃者。《余冬序录》尝类其语。如云，学问文章，当求配古人，不可以贤于流俗自足。

孝弟忠信是此物根本，养得醇厚使根深蒂固，然后枝叶茂耳。又云，读书须一言一句，自求己身，方见古人用心处。如欲进道，须谢外慕，乃得全功。又云，置心一处，无事不辨，读书先令心不驰走，庶言下有理会。又云，学问以自见其性为难，诚见其性，坐则伏于几，立则垂于绅，饮则形于尊彝，食则形于笾豆，升车则鸾和舆之言，奏乐则钟鼓为之说，故无适而不当，至于世俗之学，君子有所不暇。又云，学问须从治心养性中来，济以玩古之功。三月聚粮，可至千里，但勿欲速成耳。此等处，皆汝辈所当服膺也。

顾子声、王天宥、刘光浦在坐，设酒相款。刘称吾父大节凛然，细行不苟，世之完德君子也！父曰："岂敢当！尝自默默检点，有十过未除，正赖诸君之力，共刷除之。"王问："何者为十？"父曰："外缘役役，内志悠悠，常使此日闲过，一也。闻人之过，口不敢言，而心常尤之，或遇其人而不能救正，二也。见人之贤，岂不爱慕？思之而不能与齐，辄复放过，三也。偶有横逆，自反不切，不能感动人，四也。爱惜名节，不能包荒，五也。（原文缺六）终日闲邪，而心不能无妄思，七也。有过辄悔如不欲生，自谓永不复作矣！而日复一日，不觉不知，旋复忽犯，八也。布施而不能空其所有，忍辱而不能遣之于心，九也。极慕清净而不能断酒肉，十也。"顾曰："谨受教！"且顾余兄弟曰："汝曹识之，此尊翁实心寡过也！"

夏雨初霁，槐阴送凉，父命吾兄弟赋诗。余诗先成，父击节称赏。时有惠葛者，父命范裁缝制服赐余，而吾母不知也。及衣成，服以入谢。母询知其故，谓余曰："二兄未服，汝何得先？且以语言文字而遽享上服，将置二兄于何地？"褫衣藏之，各制一衣赐二兄，然后服。

吾父不问家人生业，凡薪菜交易皆吾母司之。秤银既平，必稍加毫厘。余问其故，母曰："细人生理至微，不可亏之。每次多银一厘，一年不过分外多使银五六钱。吾旋节他费补之，内不损己，外不亏人，吾行此数十年矣。儿曹世守之，勿变也！"

余幼颇聪慧，母欲教习举子业。父不听曰："此儿福薄，不能享世，禄寿且不永，不如教习六德六艺，作个好人。医可济人，最能种德，俟稍长，当遣习医。"余十四岁，五经诵遍，即遣游文衡山先生之门，学字学诗。既毕姻，授以古医经，令如经史潜心玩之。且嘱余曰："医有八事须知。"余请问，父曰："志欲大而心欲小，学欲博而业欲专，识欲高而气欲下，量欲宏而守欲洁。发慈悲恻隐之心，拯救大地含灵之苦，立此大志矣。而于用药之际，兢兢以人命为重，不敢妄投一剂，不敢轻试一方，此所谓小心也。上察气运于天，下察草木于地，中察情性于人，学极其博矣。而业在是，则习在是。如承蜩，如贯虱，毫无外慕，所谓专也。穷理养心，如空中朗月无所不照，见其微而知其著，察其迹而知其因，识诚高矣。而又虚怀降气，不弃贫贱，不嫌臭秽若恫瘝乃身，而耐心救之，所谓气之下也。遇同侪相处，己有能，则告之，人有善，则学之，勿存形迹，勿分尔我，量极宏矣。而病家方苦，须深心体恤。相酬之物，富者资为药本，贫者断不可受，于阁室皱眉之日，岂忍受以自肥？戒之！戒之！"

表弟沈称病，心神恍惚，多惊悸不宁，求药于余。既授之，父偶见，命取半天河水煎之。半天河水者，乃竹篱头空树中水也。称问："水不同乎？"父曰："不同。衍义会辨之，未悉也。半天河水在上，天泽水也，故治心病。腊雪水，大寒水也，故解一切热毒。井华水，清冷澄澈水也，故通九窍、明目、去酒后热痢。东流水者，顺下之水也，故下药用之。倒流水者，回旋流止之水也，故吐药用之。地浆水者，掘地作坎，以水搅浑，得土气之水也，故能解诸毒。甘烂水者，以木盆盛水，杓扬千遍，泡起作珠数千颗，此乃搅揉气发之水也，故治霍乱，入膀胱，止奔豚也。

以上男袁裳 录

古人慎言，不但非礼勿言也。《中庸》所谓庸言，乃孝弟忠信之言，而亦谨之。是故万言万中，不如一默。

童子涉世未深，良心未丧，常存此心，便是作圣之本。

癸卯除夕家宴，母问父曰："今夜者，今岁尽日也。人生世间，万事皆有尽日，每思及此，辄有凄然遗世之想。"父曰："诚然！禅家以身没之日，为腊月三十日，亦喻其有尽也。须未至腊月三十日而预为整顿，庶免临期忙乱耳。"母问："如何整顿？"父曰："始乎收心，终乎见性。"予初讲《孟子》，起对曰："是学问之道也。"父颔之。

余幼学作文，父书"八戒"于稿簿之前，曰："毋剿袭，毋雷同，毋以浅见而窥，毋以满志而发，毋以作文之心而妄想俗事，毋以鄙秽之念而轻测真诠，毋自是而恶人言，毋倦勤而怠己力。"

"韩退之《符读书城南》诗，专教子取富贵，识者陋之。吾今教尔曹正心诚意，能之乎？"予应曰："能！"问："心若何而正？"对曰："无邪即正。"问："意若何而诚？"曰："无伪即诚。"叱曰："此口头虚话，何可对大人？须实思其何以正、何以诚，始得。"余瞿然有省。

诗文有主有从。文以载道，诗以道性情，道即性情。所谓主也，其文词。从也，但使主人尊重，即无仆从可以遗世独立，而蕴藉有余。今之作文者，类有从无主，馨悦徒饰，而实意索然。文果如斯而已哉。

野葛虽毒，不食则不能伤生。情欲虽危，不染则无由累己。问："何得不染？"曰："但使真心不昧，则欲念自消，偶起即觉，觉之即无，如此而已。"

古人有言畸人，硕士，身不容于时，名不显于世，郁其积而不得施，终于沦落。而万分一不获自见者，岂天遗之乎？时已过矣，世已易矣，乃一旦其后之人勃兴焉，此必然之理，屡屡有征者也。吾家积德，不试者数世矣，子孙其有兴焉者乎。

父自外归，辄掩一室而坐，虽至亲，不得见之。予辈从户隙私窥，但见香烟袅绕，衣冠俨然，素须飘飘，如植如塑而已。

父与予讲太极图，吾母从旁听之。父指图曰："此一圈从伏羲一画圈将转来。"以形容无极太极的道理。母笑曰："这个道理亦圈不住，只此一圈，亦是妄。"父告予曰："太极图汝母已讲竟。"遂掩卷而起。

父每接人，辄温然如春。然察之，微有不同。接俗人，则正色缄口，诺诺无违。接尊长，则敛智黜华，意念常下。接后辈，则随方寄诲，诚意可掬。唯接同志之友，则或高谈雄辩，耸听四筵，或婉语微词，频惊独坐，闻之者，未始不爽然失，帖然服也。

毋以饮食伤脾胃，毋以床笫耗元阳，毋以言语损现在之福，毋以天地造子孙之殃，毋以学术误天下后世。

丙午六月，父患微疾，命移榻于中堂，告诸兄曰："吾祖、吾父，皆预知死期，皆沐浴更衣，肃然坐逝，皆不死于妇人之手。我今欲长逝矣！"遂闭户谢客，日惟焚香静坐。至七月初四日，亲友毕集，诸兄咸在，呼予携纸笔进前，书曰："附赘乾坤七十年，飘然今喜谢尘缘，须知灵运终成佛，焉识王乔不是仙？身外幸无轩冕累，世间漫有性真传，云山千古成长往，哪管儿孙俗与贤！"投笔而逝。

遗书二万余卷，父临没，命检其重者，分赐侄辈，余悉收藏付余。母指遗书泣告曰："吾不及事汝祖，然见汝父博极群书，犹手不释卷，汝若受书而不能读，则为罪人矣！"予因取遗籍恣观之，虽不能尽解，而涉猎广记，则自蚤岁然矣。

吾母当吾父存日，宾客填门，应酬不暇，而吾不见其忙。及父没，衡门悄然，形影相吊，而吾不见其逸。

以上男袁表 录

潘用商与吾父友善，其子恕无子，余幼鞠于其家。父没，母收回。告曰："一家有一家气习，潘虽良善，其诗书礼义之习不若吾家多矣。吾蚤收汝随诸兄学习，或有可成。"

予随四兄夜诵，吾母必执女工相伴，或至夜分，吾二人寝乃寝。

吾父不刻吾祖文集，以吾祖所重不在文也。及书房雨漏，先集朽不可整，始悔之。吾父亡，吾母命诸兄先刻《一螺集》，曰"毋贻后悔"。

遇四时佳节，吾母前数日造酒以祭，未祭，不敢私尝一滴也。临祭，一牲、一菜，皆洁诚专设。既祭，然后分而享之。尝语予曰："汝父年七十，每祭未尝不哭，以不逮养也。汝幼而无父，欲养无由，可不尽诚于祀典哉。"每遇时物，虽微必献。未献，吾辈不敢先尝。

四兄善夜坐，尝至四鼓。余至更余辄睡，然善蚤起。四兄睡时母始睡，及吾起，母又起矣，终夜不得安枕，鞠育之苦，所不忍言。

二兄移居东墅，予与四兄从之学。家僮名阿多者，送吾二人至馆，及归见路旁蚕豆初熟，采之盈襜。母见曰："农家待此以食，汝何得私取之！"

命付米一升偿其直。四兄闻而问母曰：“娘虽付米，阿多必不偿人。”母曰：“必如此，然后吾心始安。”

四兄补邑弟子。母语余曰：“汝兄弟二人譬犹一体，兄读书有成而弟不逮，岂惟弟有愧色？即兄之心当亦歉然也。愿汝常念此，努力进修，读书未熟，虽倦不敢息，作文未工，虽钝不敢限，百倍加工，何远不到。”

乙卯四兄进浙场，文极工，本房取首卷。偶以中庸义太凌驾，不得中式。后代巡行文给赏，母语余曰：“文可中而不中，是谓之命；倘文犹未工，虽命非命也。尔勉之，第勤修其在己者，得不得勿计也。”

三兄蚤世，吾母哭之哀，告余曰：“汝父原说其不寿，今果然。”因收七侄、八侄，教育之如吾兄弟幼时，茹苦忍辛盖无一日乐也。

余与二侄同入泮，母曰：“今日服衣巾，便是孔门弟子，纤毫有玷，便遗愧儒门。”以是余兢兢自守，不敢失坠。

吾祖怡杏翁置房于亭桥西浒间。父遗命授余，母告曰：“房之西，王鸾之屋也，当时鸾初造楼，而邑丞倪玑严行火巷之例，法应毁。汝父怜之，毁己之房以代彼。但就倪批一官帖，以明疆界而已。汝体父此意，则一切邻居皆当爱恤，皆当屈己伸人。尝记汝父有言，‘君子当容人，毋为人所容。宁人负我，毋我负人。倘万分一为人所容，又万分一我或负人，岂惟有愧父兄，实亦惭负天地，不可为人矣’。”

吾母暇则纺纱，日有常课。吾妻陆氏劝其少息。曰：“古人有一日不作，一日不食之戒，我辈何人，可无事而食？”故行年八十而服业不休。

远亲旧戚，每来相访，吾母必殷勤接纳，去则周之。贫者，必程其所送之礼，加数倍相酬。远者，给以舟行路费，委曲周济，惟恐不逮。有胡氏、徐氏二姑，乃陶庄远亲，久已无服，其来尤数，待之尤厚，久留不厌也。刘光浦先生尝语四兄及余曰：“众人皆趋势，汝家独怜贫。吾与汝父相交四十余年，每遇佳节，则穷亲满座，此至美之风俗也！汝家后必有闻人，其在尔辈乎！”

九月将寒，四嫂欲买绵，为纯帛之服以御寒。母曰：“不可。三斤绵用银一两五钱，莫若止以银五钱买绵一斤，汝夫及汝冬衣，皆以枲为骨，以绵覆之，足以御冬。余银一两，买旧碎之衣，浣濯补缀，便可给贫者数人之用。

恤穷济众，是第一件好事，恨无力不能广施，但随事节省，尽可行仁。"

母平日念佛，行、住、坐、卧皆不辍。问其故，曰："吾以收心也。尝闻汝父有言，人心如火，火必丽木，心必丽事，故曰，必有事焉。一提佛号，万妄俱息，终日持之，终日心常敛也。"

四兄登科，报至，吾母了无喜色。但语予曰："汝祖、汝父，读尽天下书，汝兄今始成名，汝辈更须努力。"

以上男袁衮 录

《庭帏杂录》者，吾内兄袁衷等录父参坡公并母李氏之言也。参坡初娶王氏，生子二，曰衷，曰襄。衷五岁，襄四岁，王氏没，继娶李氏，生子三，曰裳，曰表，曰衮。衮十岁，参坡公亡，又二十七年李氏弃世。故衷襄所录父言居多。而衮幼不及事父，独佩母言自淑耳。参坡博学敦行，世罕其俦。李氏贤淑有识，磊磊有丈夫气。观兹录，可以想见其人矣。

钱晓 识

主要参考文献

一、著作

钱佳、丁廷烺辑.魏塘诗陈（十五卷）[M].清乾隆六年（1741）刻本。

周斌编.柳溪诗征 [M].上海：中华书局，1936。

王云五主编.郑氏规范及其他二种（庭帏杂录、许云邨贻谋）[M].上海：商务印书馆，1939。

（英国）霭理士著，潘光旦译注.性心理学 [M].北京：生活·读书·新知三联书店，1987。

（明）洪应明著，王同策注释.菜根谭注释 [M].杭州：浙江古籍出版社，1989。

施杞、吕明方.实用中国养生大全书 [M].上海：学林出版社，1990。

何兹全.中国历代名僧 [M].郑州：河南人民出版社，1995。

潘乃穆、潘乃和编.潘光旦文集 第 3 卷 [M].北京：北京大学出版社，1995。

章太炎.国学讲演录 [M].上海：华东师范大学出版社，1995.

金一平.柳洲词派——一个独特的江南文人群体 [M].上海：同济大学出版社，2002。

嘉善县地方志编委会办公室编.袁了凡文集 [M].北京：线装书局，2007。

袁了凡著.邱高兴、王连冬注译.了凡四训 [M].郑州：中州古籍出版社，2010。

（日）酒井忠夫著，刘岳兵、孙雪梅、何英莺译.中国善书研究（增补版）[M].南京：江苏人民出版社，2010。

沈春荣编著.吴江知县 [M].扬州：广陵书社，2014。

刘伟见.了凡处：了凡先生为政五风十论 [M].北京：中国言实出版社，2016。

黄祖琳.青年刘少奇 [M].北京：中央文献出版社，2012。

黄智海演述.《了凡四训》白话解释 [M].浙江天台国清寺翻印，1943。

二、方志稿本

佚名.赵田袁氏家谱（一卷）[M].1920 年抄本。

沈卫新主编.嘉靖吴江县志 [M].扬州：广陵书社，2013。

章士雅编修，盛唐、袁黄纂.嘉善县志 [M].明万历年间刻本。

清雍正年间官修.畿辅通志 卷四十六（水利营田·宝坻县）[M].文渊阁四库全书本。

吴江市档案局编.道光吴江县志汇编 [M].扬州：广陵书社，2010。

（清）江峰青.重修嘉善县志 [M].1918 年重印本。

嘉善县志编纂委员会编.嘉善县志 [M].北京：生活·读书·新知三联书店，1995。

吴江市地方志编纂委员会编.吴江县志 [M].南京：江苏科学技术出版社，1994。

吴静顺主编，宝坻县志编修委员会编著.宝坻县志 [M].天津：天津社会科学院出版社，1995。

张殿成主编.宝坻县志 [M].天津：天津社会科学院出版社，2010.

吴江汾湖经济开发区、吴江市档案局编.分湖三志 [M].扬州:广陵书社，2008。

三、报纸、期刊

（日）酒井忠夫著，尹建华译.袁了凡的生平及著作 [J].宗教学研究，

1998（2）：78—82。

杨越岷.袁黄与《菜根谭》的作者 [N].嘉善报 [M].1998 -12-22（4）。

杨越岷.曾在魏塘驻锡的两位高僧 [N].嘉兴日报，1999 -11-27（6）。

杨越岷.嘉善养生三大家 [N].嘉兴日报，1999 -12 -29（10）。

杨越岷.袁了凡其人其事 [N].嘉兴日报，2004 -9 -25（7）。

杨越岷.刻藏伟业的两位先驱者 [N].嘉兴日报，2005 -1 -24（7）。

杨越岷.与嘉善有关的两位神童／下篇：袁黄的干儿子叶绍袁 [N].嘉兴日报，2005-7 -18（B3）。

杨越岷.一位嘉善名人的文化效应——袁了凡及其著述对人文社会的影响 [N].嘉兴日报，2005 -11 -2（B3）。

章宏伟.袁了凡生卒年考 [J].中国道教，2007（6）:50-52。

杨越岷.试论传世家训的权威性、实践性和普适性 [N].嘉兴日报，2015-8-24（B3）。

四、论文（题记）

楼宇烈.胡适读禅籍题记、眉批选 [A].耿云志主编.胡适研究丛刊 第1辑.北京：北京大学出版社，1995：270—301。

沈定平.试论袁黄"留心经世"精神及其卓荦政绩 [A].首届袁了凡思想文化国际论坛学术论文集，2016：1—13。

姚立军.嘉言善行一书生 功绩何止在四训——袁黄及其思想述评 [A].首届袁了凡思想文化国际论坛学术论文集，2016：14—20。

张金奎.万历援朝战争中的袁黄 [A].首届袁了凡思想文化国际论坛学术论文集，2016：23—38。

赵现海.晚明时代危局与袁黄的历史角色 [A].首届袁了凡思想文化国际论坛学术论文集，2016：39—48。

张献忠.袁黄与科举考试用书的编纂——兼谈明代科举考试的两个问题 [A].首届袁了凡思想文化国际论坛学术论文集，2016：54—63。

张兆裕.明代的工赈与袁黄在宝坻的实践 [A].首届袁了凡思想文化国际论坛学术论文集，2016：80—85。

章宏伟.袁了凡生籍贯嘉善考 [A].首届袁了凡思想文化国际论坛学术论文集，2016：92—109。

何孝荣.论袁黄与佛教 [A].首届袁了凡思想文化国际论坛学术论文集，2016：165—176。

严蔚冰.袁了凡与《静坐要诀》[A].首届袁了凡思想文化国际论坛学术论文集，2016：241—248。

冯玉荣.医儒互济：明代江南袁黄家族的谋生与立命 [A].首届袁了凡思想文化国际论坛学术论文集，2016：90。

五、内部资料

嘉善县政府教育科编辑《嘉善县地方性教材（上、下册）》，1937。

嘉善县陶庄镇人民政府、嘉兴日报社嘉善分社主编，杨越岷著《了凡与陶庄》，2011。

袁黄著，刘邦谟、王好善辑，张殿成、尹玉辉、杨松点校、翻译，倪守强主审《宝坻政书》，2014 。

后　记

　　由中共嘉善县委宣传部、嘉善县名人与乡贤文化研究会策划并具体指导的、作为嘉善历史文化名人丛书之一的《袁黄传》现已正式竣稿并交付出版。这是我退休后撰写并出版的第九部有关嘉善历史文化的专著，也是我受聘于嘉兴市文史研究馆馆员后完成的第二部地方历史文化的书稿。

　　说实话，写《袁黄传》这部书我早有想法，但一直苦于没有相对充裕的时间。过年后的某一天，嘉善县名人与乡贤文化研究会李剑明会长到我的办公室来，说要出嘉善历史文化名人丛书，要为五个嘉善历史文化名人每人写一本传记。他的意思是，让我写袁黄这个人物的传。

　　当时我觉得有点儿为难，因为我手头还有一部书稿是"县文化精品工程重点项目"，必须在今年完成。另外，近年来我的身体状况大不如前，特别是前年头部遭受意外重创后，至今尚未痊愈，还留下了头疼和流鼻血的后遗症，所以已不能像以前那样晚上加班加点了。尤其是这套地方文化名人丛书的出版时间又比较紧促，必须要在上半年完稿。

　　说真的，我确实有点左右为难，但面对这位曾经是我在报社工作时的老领导，他既诚恳又充满了期待的目光，使我最终下了狠心，揽下了这个任务。我在想，都说"养兵千日，用兵一时"，组织和领导培养、教育了我这么多年，现在他们想到了我，要我出力的时候，怎么能就这样"掉链子"了呢？这也不是我的一贯风格。再说，这也是完成夙愿的一个极好机会。

想到了去年冬天，作为嘉兴市文史研究馆的首批馆员，我从毛宏芳市长手中接过那份沉甸甸的、由他亲笔签署的聘书时，曾经立下的"要为地方历史文化事业建设，贡献自己的绵薄之力"的誓言。作为一名土生土长的嘉善人，一名地方历史文化的爱好者、研究者，接受和完成这个任务，我应该是责无旁贷的，决不能因为客观原因而辜负组织和领导对我的信任。

好在对于袁黄（了凡）我已关注了几十年，他的事迹与素材我还是相对熟悉的。以前也曾围绕这个人物写过许多东西，资料的积累也相对丰富。袁黄这个人在《明史》中并无"传"（指个人列传），但《明史·艺文志》中却收有他著作；其多部著述被清乾隆所编的《四库全书》收录，或列为存目，是本县收入《四库全书》（包括存目）著述最多的人之一。《辞海》（1979 年缩印本）中也有"袁了凡"的条目。这个人物的传记，是应该写的。

记得我写他的第一篇文章是在 1998 年 12 月。当时，只知道这个人写了一部《了凡四训》，与《菜根谭》的作者洪应明有过交往。后来随着资料的挖掘和不断发现，我便零星地写起了有关袁黄的文史稿来。从 1998 年开始，我曾在报刊上发表了《袁了凡与〈菜根谭〉的作者》《袁黄的干儿子叶绍袁》《〈四库全书〉中收录的嘉善人著述》《嘉善养生三大家》《袁了凡其人其事》《袁了凡的家族史》《袁了凡何许人氏》和《一位嘉善名人的文化效应——袁了凡及其著述对人文社会的影响》等有关研究性著述二万多字。其中，人物传略《袁了凡其人其事》（2004 年 9 月）写了 6 个部分，共一万多字。我撰写的《嘉善之子袁黄》（2011 年 10 月）共 15 章，六七万字，在本埠报纸上连载。

在我以往撰写和发表有关袁黄的文章时，我得到了嘉善县政府网、嘉善报社领导和版面编辑的大力支持与具体帮助，我从心底里感谢他们，他们为宣传袁黄这个嘉善历史人物做出了贡献，也给我提供了发表那些文章的平台。

记得那年嘉善县"袁了凡研究会"成立，当时嘉善政府网的负责人沈建康为予以配合，打电话向我索要我写的《袁了凡其人其事》。当时，我并非是这个研究会的会员，但我还是很爽快地把稿子发给了他。于是，这篇人物传略被转载于嘉善县政府网上。

殊料，借助互联网的力量，这篇文章在宣传了凡及其善学思想，特别是在廓清"袁黄的籍贯"这个问题上起到了正本清源的作用。作为文章的作者，我由此与国内的许多袁黄研究者开始交流和切磋。从此，我的袁黄研究走出了嘉善，并与天津宝坻、江苏吴江的相关人士，保持了学术交流上的联系。

2016年5月，我在天津"首届袁了凡思想文化国际论坛"（由中国社科院历史研究所和天津宝坻区政府举办）上，以《袁了凡及其嘉善袁氏家族家风和家训》为题发表演讲。后接受津京媒体采访，镜头被辑入大型电视专题片《了凡家风》，同年9月1日，该专题片在中央电视台"社会法制"频道播出。

同年10月，我的袁了凡研究新著《了凡及其善学思想二十六讲》在上海三联书店出版。本书附录了《袁了凡年谱》、《嘉善袁氏诗词选》和《嘉善袁氏家训》。其中《袁了凡年谱》（未定稿）是国内首部有关这位嘉善历史名人的年谱。

当时北京大学、复旦大学、香港理工大学和台湾元智大学等两岸三地的专家学者对这本书作了点评。复旦大学历史系冯贤亮教授在评阅意见中说："书稿史料运用妥贴，考述细致全面，已经超出了一般通俗读物的品质，堪称袁黄（了凡）善学研究的集大成之作。"

2018年12月，我在苏州"吴江·嘉善·宝坻2018年了凡善学思想文化研讨会"（由苏州市吴江区政府举办）上，以《袁了凡的著述及其对读者的影响》为题发表演讲。后被收录于该研讨会的资料集——《善文化切中中华文化大意——嘉善"善文化"及其袁了凡研究文集》一书中。

而这部作为嘉善历史文化名人丛书之一的《袁黄传》，正是前些年我在参加全国性的袁黄学术研究活动，与国内外学者交流中逐渐掌握的那些资料的基础上撰写而的。重点记述了袁黄艰难曲折的仕途经历；宰官宝坻时，推行南稻北栽、减粮善政和反腐倡廉等一系列的行政实践；东征朝鲜时，在抗击倭寇中立下的赫赫战功；下野后，著书立说，传承袁氏家族良好的家风，在苏浙交界地区有很大的社会影响。新撰的《袁黄传》，将生动形象地展示袁黄跌宕起伏、充满传奇色彩的一生。

杨越岷

2021年6月

图书在版编目（CIP）数据

袁黄传 / 杨越岷著. — 上海：上海三联书店，
2021.6
ISBN 978-7-5426-7452-4

Ⅰ. ①袁… Ⅱ. ①杨… Ⅲ. ①袁黄—传记 Ⅳ. ①K825.2

中国版本图书馆CIP数据核字（2021）第101321号

袁黄传

著　　者 / 杨越岷

责任编辑 / 程　力　陆雅敏
特约编辑 / 孙　嘉
装帧设计 / 长　岛
监　　制 / 姚　军
责任校对 / 丁　实

出版发行　上海三联书店
　　　　　（200030）中国上海市漕溪北路 331 号 A 座 6 楼
邮购电话 / 021-22895540
印　　刷 / 苏州市越洋印刷有限公司

版　　次 / 2021 年 6 月第 1 版
印　　次 / 2021 年 6 月第 1 次印刷
开　　本 / 787×1092 毫米　1/16
字　　数 / 210 千字
印　　张 / 16.5
书　　号 / ISBN　978-7-5426-7452-4 / K·646
定　　价 / 78.00 元

敬启读者，如发现本书有质量问题，请与印刷厂联系：0512-68180638